本书由：

大连市人民政府资助出版
The published book is sponsored
by the Dalian Municipal Government

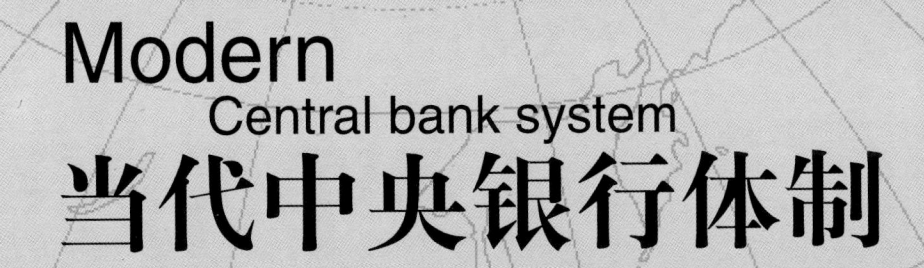

Modern
Central bank system
当代中央银行体制
世界趋势与中国的选择

World trend and China's choice

刘丽巍 著

人民出版社

目 录

序 ……………………………………………………… (1)
内容摘要 ……………………………………………… (4)
ABSTRACT …………………………………………… (6)

绪 论 ……………………………………………… (9)
   0.1 问题的提出 ………………………………… (11)
   0.2 研究目的与研究方法 ……………………… (12)
   0.3 本书的结构安排 …………………………… (14)

第一章 中央银行制度与当代中央银行体制发展的世界趋势 …… (17)
   1.1 基本概念的界定 …………………………… (19)
      1.1.1 经济制度与经济体制 ………………… (19)
      1.1.2 中央银行制度与中央银行体制 ……… (22)
   1.2 中央银行的制度特征与体制差异 ………… (25)
      1.2.1 中央银行制度的基本特征 …………… (25)
      1.2.2 中央银行的体制差异 ………………… (29)

1.3 当代中央银行体制变革与发展的趋势 ……………………… (33)
- 1.3.1 更强的独立性 …………………………………………… (33)
- 1.3.2 更高的透明度 …………………………………………… (36)
- 1.3.3 金融监管职能从中央银行分离 ………………………… (40)

第二章 当代中央银行体制变革的理论基础 ……………………… (45)

2.1 中央银行的独立性 …………………………………………… (47)
- 2.1.1 独立性的含义 …………………………………………… (47)
- 2.1.2 倡导加强中央银行独立性的主要观点 ………………… (48)
- 2.1.3 对中央银行独立性的批评和质疑 ……………………… (57)

2.2 货币政策的透明度 …………………………………………… (60)
- 2.2.1 货币政策透明度的内涵 ………………………………… (60)
- 2.2.2 货币政策透明度的理论基础 …………………………… (64)
- 2.2.3 对货币政策透明度的质疑 ……………………………… (69)

2.3 货币政策与金融监管职能的分离 …………………………… (71)
- 2.3.1 主张货币政策与金融监管职能分离的主要观点 ……… (72)
- 2.3.2 反对货币政策与金融监管职能分离的若干理由 ……… (76)

第三章 当代中央银行体制特征的形成原因 ……………………… (81)

3.1 货币制度演进对当代中央银行体制变革的要求 …………… (84)
- 3.1.1 信用货币制度与中央银行体制变革 …………………… (84)
- 3.1.2 浮动汇率制度与中央银行体制变革 …………………… (86)

3.2 金融体系变化对当代中央银行体制变革的影响 …………… (89)
- 3.2.1 虚拟资本扩张与金融危机加重 ………………………… (90)
- 3.2.2 金融业放松管制与货币政策实施环境的变化 ………… (94)
- 3.2.3 混业经营与综合监管趋势 ……………………………… (97)

3.3 政府职能演变对当代中央银行体制的影响 ………………… (99)
- 3.3.1 国家干预理论与政府对中央银行职能的强化 ………… (100)

3.3.2　经济自由主义思想的复兴与中央银行体制变革……………（103）
3.4　独立性、透明度与监管职能分离三大趋势之间的关系　…（108）
　　3.4.1　中央银行的独立性与透明度………………………………（108）
　　3.4.2　中央银行的独立性与银行监管职能分离…………………（111）
　　3.4.3　中央银行的透明度与银行监管职能分离…………………（114）
　　3.4.4　中央银行的独立性、透明度与银行监管职能分离………（114）

第四章　当代中央银行体制的世界趋势与中国的改革…………（117）

4.1　当代中央银行体制的世界趋势对中国的影响………………（119）
　　4.1.1　影响途径：制度移植………………………………………（119）
　　4.1.2　改革开放以来中国中央银行体制的重要变革……………（122）
4.2　现行中国人民银行体制存在的主要问题……………………（127）
　　4.2.1　治理层面的问题：独立性、透明度与责任性……………（127）
　　4.2.2　监管职能分离后的货币稳定与金融稳定问题……………（137）
4.3　中国人民银行现行体制的基本矛盾…………………………（139）
　　4.3.1　货币政策目标设定的矛盾…………………………………（140）
　　4.3.2　中央银行间接调控手段与微观主体行为之间的矛盾……（141）
4.4　中国中央银行体制改革的逻辑与思路………………………（144）
　　4.4.1　与商业银行体制改革平行推进……………………………（144）
　　4.4.2　与金融自由化进程同步进行………………………………（146）
　　4.4.3　独立性、透明度和责任性协调发展………………………（149）

第五章　改进中国人民银行的货币政策决策体制………………（151）

5.1　货币政策决策体制的内容与分类……………………………（153）
　　5.1.1　货币政策决策体制的内容…………………………………（153）
　　5.1.2　货币政策决策体制的分类…………………………………（154）
5.2　货币政策委员会制度的国际比较……………………………（158）
　　5.2.1　地位和作用…………………………………………………（158）

5.2.2 人员组成与人事制度 ………………………………… (162)
5.2.3 会议制度和程序 ……………………………………… (165)
5.2.4 信息披露 ……………………………………………… (168)

5.3 中国货币政策决策体制的现状与问题 ………………… (171)
5.3.1 中国货币政策决策体制的历史与现状 ……………… (171)
5.3.2 中国货币政策决策体制存在的主要问题 …………… (173)

5.4 中国货币政策决策体制的改进 …………………………… (177)
5.4.1 货币政策决策体制的目标框架 ……………………… (177)
5.4.2 货币政策委员会制度的改革 ………………………… (181)

第六章 改革中国人民银行的组织管理体制 ……………… (185)

6.1 中央银行组织管理体制的主要内容 …………………… (187)
6.1.1 内部机构设置的依据和特点 ………………………… (187)
6.1.2 分支机构设置的基本模式与一般原则 ……………… (188)

6.2 中央银行分支机构设置的国际比较 …………………… (190)
6.2.1 设立方式 ……………………………………………… (190)
6.2.2 组织定位 ……………………………………………… (194)
6.2.3 功能与角色 …………………………………………… (196)

6.3 中国的大区中央银行管理体制改革评析 ……………… (202)
6.3.1 改革背景与体制框架 ………………………………… (202)
6.3.2 中国大区中央银行体制面临的困境 ………………… (205)
6.3.3 内在缺陷与原因剖析 ………………………………… (208)

6.4 中国人民银行组织管理体制的模式选择 ……………… (212)
6.4.1 总行内部机构设置的调整思路 ……………………… (212)
6.4.2 分支机构的改革方向 ………………………………… (213)

第七章 构建中国人民银行与金融监管机构的协调合作机制……(221)

7.1 货币政策与金融监管职能的分配模式及中国的选择……(223)
- 7.1.1 货币政策与金融监管职能的分配模式……(223)
- 7.1.2 对中国人民银行分离监管职能改革的再认识……(228)
- 7.1.3 中国模式下的机构协调问题……(233)

7.2 中央银行与金融监管机构协调合作机制的国际比较……(237)
- 7.2.1 协调合作机制的层次和内容……(237)
- 7.2.2 协调机制的设计原则……(240)

7.3 中国人民银行与金融监管机构协调合作机制的架构及内容……(243)
- 7.3.1 协调机制的总体架构……(243)
- 7.3.2 协调内容……(248)

参考文献……(257)

后　记……(270)

序

刘丽巍同志的《当代中央银行体制：世界趋势与中国的选择》一书，是在其博士论文的基础上修改而成的。作为她的导师，我想在此书出版时谈一下个人的想法。

金融是现代经济的核心，而中央银行在一个国家金融体系当中又处于领导与核心的地位。正如马克思在《资本论》当中所说："中央银行是信用制度的枢纽"。在最近的二十多年当中，世界货币制度与金融体系发生了巨大的变化。金融业内各部门之间的界限日益模糊、金融自由化和全球化的迅猛发展，对中央银行的角色和功能提出了新的要求，各国纷纷变革中央银行体制以期提高宏观调控的能力与效果。世界范围内的中央银行体制出现了一些比较集中的变化趋势，包括提高独立性和透明度以及银行监管职能的分离，这些趋势引起了国内外许多学者的关注。在传统的主流经济学的研究范围中，制度和体制问题似乎不大受重视，对于中央银行的研究更是主要集中在货币政策方面，而很少触及体制问题。自从1977年基德兰德和普雷斯科特开创"时间不一致性理论"以来，巴罗和高登等人在80年代将其扩展到货币政策领域，建立起一种全新的货币政策研究框架，在这个框架中，才开始强调中央银行动机对于货币政策的重要性，并且突出了可信度的作用，于是政策分析的焦点发生了转移，即从对单个政策决策的分析转移到能够缓解时间不一致性问题的制度设计上来。此后，许多货币经济学家继续发展这一理论以帮助人们理解制度结构对政策结果的影响，直到目前，这一领域的许多问题仍然处于争论和探索阶段，成为经济学研究的前沿课题之一。相比之下，我国在这一领域的研究起步较晚，尽管近年来在引进和吸收方面取得了不少研究成果，但系统性仍显不足。本书作者能够专注于中央银行体制问题，吸收国内外货币经济学的优秀成果，从当代中央银行体制发展的世界性趋势入手，系统研究其内在的规律性特征，这种探索和尝试对于完善中国金融体制改革的理论基础有着重要的意义。

20世纪80年代以来正是中国改革开放不断扩大与加深的时期。自1984年中国人民银行专门行使中央银行职能开始，我国的中央银行体制得以确立。1992年党的十四大提出了建立社会主义市场经济体制的目标模式之后，中央银行体制进行了一系列改革，其中有些改革也引起了相当激烈的争论。应该说，我国中央银行体制的确立和发展伴随着借鉴发达国家成功经验和引进国外先进经济制度的历程，既反映了中国经济发展的特殊要求，也受到人类社会经济制度发展演进一般规律的潜在影响。问题的关键在于，我们应该如何认识这种特殊性和一般性，并在二者之间找到适当的结合点，从而实现"把中国人民银行办成真正中央银行"的目标。金融业的自由化、国际化、现代化对中央银行体制的演变发生着潜移默化的影响。随着中国金融业对外开放的程度不断加深，国内金融机构正在逐渐向国际惯例靠拢。尽管WTO并没有对各成员国的中央银行做出整齐划一的要求，但在经济全球化的背景下，中央银行体制发展的世界趋势必然会影响到中国。而如何完善与金融开放程度相适应的金融调控与金融监管体系，维护国家金融安全，则是当前我国中央银行理论与实践领域面临的巨大挑战。体制问题是一个比较敏感的问题，但也是绕不过去的问题。在引进和吸收发达市场经济国家相关体制的过程中，其经验教训急需总结，而未来我国的中央银行应采取哪些步骤以及如何进行改革，也需要经过更加充分的研究和论证。因此，选择将中央银行体制问题作为研究对象，无疑具有重要的现实意义。

本书的突出特点是，既对中央银行体制发展的世界趋势进行了历史角度的深入分析，但又没有停留在国际经验的总结和介绍上，而是对中国近年来的改革实践进行了大量深入细致的研究，这种研究的思路和勇气是值得提倡的。本书首先总结了自上世纪80年代以来中央银行体制发展的世界性趋势，分析了当代中央银行变革的理论基础，然后将这些趋势纳入一个综合分析框架来认识其出现的原因。并且提出，由于这些因素交互作用，使得独立性、透明度与监管职能分离三大趋势之间表现出明显的相关性，在解释这种相关性时，作者注意区分了发达国家与发展中国家的不同情况。书中的分析和研究，并未囿于中央银行体制改革的各种争论与利弊分析之中，而是将中央银行的体制设计建立在经济与政治、市场与政府相互依存和发展的大背景之中，去探寻中央银行体制演进的内在逻辑和规律，从而为研究中国中央银行体制改革的总体思路和路径奠定基础。作者用了相当篇幅将视角转向我国中央银行体制的改革，并特别强调了体制改革的"协调"问题。指出中国作为一个新兴的转轨国家，中央银行体制改革在追随世界潮流的同时也带来了一些问题，其根本原因在于未能实现体制改革的"平行推进"。在此基础上，提出现阶段中国中央银行体制改革的基本思路应当是与商业银行改革平行推进，与金融自由化进程保持同步。在这一思想指导下，作者对货币政策决策体制、中央银行的组织管理体制以及协调机制等方面分别进行了研究，在剖析改革的经验教训的基础上，通过大量细致的国际比较，提出了对当前及未来一段时间中国人民银行体制改革的一些具体建议。其中对于货币政策委员会制度、央行分支机构的功能定位、货币政策与金融监管职能的分配模式等方面的研究，相信会给实际工作部门以有益的启发。从这个角度看，本书也同样有着重要的实践意义。

当然，作为一个阶段性成果，本书仍然有待充实和完善，希望刘丽巍同志能以此为开端，持续关注中央银行理论的发展，不断探索改革当中出现的新现象和新问题，在货币金融研究领域取得更大的成绩。

艾洪德

2007年4月10日

内容提要

中央银行制度已经成为人类社会的基本经济制度之一。但在其演变发展过程的不同时期以及同一时期的不同国家，中央银行体制却存在明显的差异。从历史的角度来看，中央银行体制的总体变化趋势反映了其制度变迁的规律性；从国别的角度来看，中央银行体制的差异则反映了各国的经济、政治和文化特色，也是各国基本经济制度差异的一个重要方面。这种由时间和空间交织而成的庞大坐标系，确立了本文研究中国中央银行体制的视角——总结当代中央银行体制变革的世界趋势，并结合中国的实际来分析和探讨中央银行体制的改革取向。

当代世界范围的中央银行体制变革集中表现为三大趋势：更强的独立性、更高的透明度以及金融监管职能从中央银行分离。这些趋势的形成首先得到了理论上的支持。增强中央银行的独立性主要基于"时间不一致性"理论、政治性经济周期理论的发展完善；提高货币政策透明度则与理性预期理论、信息不对称理论、"时间不一致性"理论及公共选择理论的兴起密切相关；金融监管职能从中央银行分离主要依据利益冲突说、道德风险说、成本—效率说等理论。然而上述理论存在许多争议，批评和质疑的观点也相当尖锐。因此，还必须从历史发展的轨迹当中寻找其形成的现实基础。

货币制度的演进、金融体系的变化以及政府职能的演变是导致当代世界范围内的中央银行体制出现变革的主要原因。而且这些因素交互作用，使得独立性、透明度与监管职能分离三大趋势之间表现出明显的相关性。但要解释这种相关性，还必须注意区分发达国家与发展中国家的不同情况。

世界各国中央银行体制纷纷进行改革和调整的时期，也正是中国经济对外开放不断扩大与加深的时期,因此世界趋势对中国的影响相当明显,这种影响往往通过制度移植得以实现。中国人民银行自1984年专门履行中央银行职能以来,其独立性、透明度不断改进,金融监管职能也已基本分离出去。然而作为一个新兴的转轨国家,追随世界潮流的同时也带来了一些问题,突出表现为实际独立性增强的同时未能相应提高透明度与责任性,这种条件下的监管职能分离又为金融稳定留下隐患。究其原因,选择与世界趋势相适应的中央银行体制必然要求选择以追求价格稳定为出发点的货币体系,而中国现实国情所决定的货币政策目标设定的矛盾以及中央银行间接调控手段与微观主体行为之间的矛盾,导致了制度移植过程中的水土不服。因此现阶段中国中央银行体制改革的基本思路应当是与商业银行改革平行推进,与金融自由化进程保持同步,在监管职能既已分离的基础上,提高中央银行独立性并同时增强透明度和责任性。

当前中国人民银行体制需要解决的突出问题集中在下述三个方面:其一是货币政策决策体制,应适当借鉴发达国家经验,建立一整套包括决策中枢、决策咨询和决策信息在内的货币政策决策系统,其中最为关键的是完善我国的货币政策委员会制度;其二是组织管理体制,特别是分支机构的改革要适应独立性、透明度的要求,金融监管职能分离以后,大区分行的功能定位应转向金融稳定和货币政策调查研究;其三是与金融监管机构的协调机制,在充分、全面地认识国际上中央银行体制与金融监管体制发展共性特征的基础上,可以看出中国人民银行分离监管职能并非金融体系结构变化的要求,而主要是出于利益冲突的考虑以及对此前分支机构超前改革的适当调整,有鉴于此,建立一个由国务院牵头、以中国人民银行为主导的金融稳定委员会,可能是一条切实可行的正确途径,而现有的三家金融监管部门未来整合为单一的综合性监管机构,将是必然的选择。

关键词:中央银行制度;中央银行体制;中央银行独立性;货币政策透明度;综合监管;货币政策委员会制度;大区中央银行体制;协调机制

ABSTRACT

Today central bank system has become one of the basic economic systems of human society. However, there are distinct differences in central bank systems during various periods of its evolution process, as well as during the same period among different nations. Seen from a historical point of view, the overall trend of diversifications of central bank systems response the laws of system transition; while from a national point of view, the diversifications of central bank systems reflect the individual characters of the economy, polity and culture of different nations, which is also an important aspect of the differences among various fundamental economic systems. The visual angle of this dissertation for studying central bank system of China is set up within such a huge reference frame, which is interwove by time and space, that is, to summarize the world trend of transformation of modern Chinese central bank system, analyze and discuss the reform orientation of it together with reform practices of China.

Modern worldwide institutional transformation of central bank concentrative takes on three trends: independence, transparency and separation of financial supervision function from central bank. The presentation of these trends is above all theoretically supported. The enhancement of central bank independence is mainly based on the development and consummation of Time Inconsistency Theory and Theory of Political Economic Cycles; the increase of monetary policy transparency is tied up closely with the rise of Rational Expectation Theory, Asymmetric Information Theory, Time Inconsistency Theory and Public Selection Theory; and the separation of supervision function from central bank goes on Interest Conflict Hypothesis, Moral Hazard Hypothesis, and Cost – Efficiency Theory. However, there are still many disputes on the above theories, some of which are quite edgy. Therefore, we have to search for the realistic foundation for its emergence from a historical development track.

The evolution of monetary regime, the variation of financial systems, and the evolvement of government function are the principal causes of modern worldwide transformation of central bank systems. Moreover, the interaction of these factors makes the three trends of independence, transparence, and separation of function present apparent pertinence. While it is very necessary to differentiate various circumstances between developing and developed countries in order to give an explanation to this pertinence.

When all nations carry out their reforms and measures of adjustment on central bank systems, China is enlarging and deepening her economic opening to the world, so the trends of the world have great impact on China, which is usually realized by way of institutional transplant. The independence and transparence of the People's Bank of China have been constantly improved since it played its own role as a central bank in 1984, and its financial supervision function has been scaled off. As a newly arising transitional country, a lot of problems arise as well as it pursues trend of the world, and one of them is transparence an responsibility have not been increased the same time as practical independence has been enhanced, under which condition the separation of supervision function embedded hidden trouble for the financial security. When we search for its causations, it surely goes like this, it is the necessary selection of a monetary system in pursuit of price stability so as to choose a central bank system seasoned with the world trend, while the transplantation of institution failed to adapt the practical situation of China because there are great contradictions during the enactment of monetary policy targets and between central bank macro – adjustment measures and micro – subject behaviors. Therefore, nowadays the main course of institutional reform of Chinese central bank is to increase central bank's independence as well as enhance its transparence and responsibility on the basis of a separated supervision function, which is paralleled with reforms of commercial banks, and in step with the tenor of financial liberalization.

Currently the prominent issues of the system of the People's Bank of China that are in urgent need of settlement focus on the following three aspects: First of all it is the decision system of monetary policy. We should use the experiences of developed countries as reference, and set up a whole set of monetary policy decision system including decision centrum, decision consultation and decision information, among which the vital part is to consummate our monetary policy committee system. Secondly, it is the organization and management system. In particular, the reform of the branches should meet the need for independence and transparence, and after the separation of supervision function, the function orientation of major regional branches should be aimed at financial stability and monetary policy research. Thirdly, it is the coordinate mechanism with the financial supervision institution. We can see through the common characters of the international central bank systems and financial supervision systems that, the separation of supervision function of the PBC is not the requirement of the change of financial structure, but on the consideration of interest conflicts and taken as a proper adjustment for the former over-reform of its branches. In view of such a fact, it will be a feasible and operational route to establish a State Department - drafted and the PBC - headed financial stability committee, and the necessary alternative is to consolidate the current three financial supervision institutions into a single comprehensive one in the future.

Key words: central bank institution; central bank system; independence of the central bank; monetary policy transparency; comprehensive supervision; monetary policy committee system; major regional central bank system; coordinate mechanism

绪 论

0.1 问题的提出

0.2 研究目的与研究方法

0.3 本文的结构安排

0.1 问题的提出

金融是现代经济的核心,而中央银行又是一国金融体系的领导与核心。1993年《国务院关于金融体制改革的决定》中指出:"深化金融体制改革,首要的任务是把中国人民银行办成真正的中央银行。中国人民银行的主要职能是:制定和实施货币政策,保持货币的稳定;对金融机构实行严格的监管,保证金融体系安全、有效地运行。"然而,什么是真正的中央银行?对这个问题的回答似乎不甚清晰。一方面,综观各国的金融制度体系,由于其形成和发展过程具有独特的社会历史背景,具有制度演变的路径依赖(Path dependence)特点,其具体表现形式各不相同;另一方面,中央银行作为人类发展史上的一种制度存在,它也在不断发展变化,特别是在中国改革开放以后的二十多年当中,世界范围内的中央银行体制出现了一些比较集中的变化趋势——独立性、透明度、监管职能分离。基于国际比较,以及"发达国家向发展中国家展示了其发展前景"这一朴素认识,对这些趋势进行全面深入的研究和总结,认识其中的本质特征和规律,并在此基础上结合中国经济发展的路径和特点进行"量体裁衣"式的制度设计,是中国经济体制改革的重要研究课题。

从既有的理论研究来看,关于中央银行体制和行为的争论都很突出,其中最关键的问题就是:中央银行应在多大程度上与政府保持独立性?这一争论由来已久,从20世纪20年代几次国际会议倡导建立独立的中央银行,到30年代大危机后对中央银行独立性的广泛批判,再到80年代以后独立性思潮的卷土重来,充分表明了独立性问题对中央银行体制安排的重要性。而在当代中央银行纷纷采取措施增强独立性的同时,"透明度"一词也频繁出现在各国中央银行改革的宣言之中,而且很快就在国际上达成共识。而当代又一个引人注目的现象是,传统中央银行的一项重要职能——银行监管——在一些国家特别是发达国家分离出去，这表明人们已经开始重新认识中央银行的功能，尽管这种趋势看起来不如前两者那样显著，但由此引发的争论相当激烈。

为什么世界范围内的中央银行会在同一时代出现上述三大趋势，它们之间又有怎样的关系？这本身就是一个令人感兴趣的话题，而对处于改革开放进程中的中国来说，这些趋势意味着什么？对中国的中央银行体制已经或即将产生哪些影响？

中国人民银行从1984年专门行使中央银行职能开始，就一直在摸索中寻求着如何成为真正的中央银行的答案，突出体现在怎样理顺与政府及财政的关系、怎样完善内部组织体系和职能分工、怎样推进制度创新等问题上。其中最为引人注目的改革步骤包括：1995年颁布《中国人民银行法》；1997年设立货币政策咨询议事机构——货币政策委员会；1998年以提高中央银行独立性、摆脱地方政府对其分支机构的干预为主要目的建立跨行政区的分行；2003年分离中央银行的银行监管职能。回顾这些重要的改革不难发现，中国中央银行体制确立与发展的过程正是不断引进发达国家制度的过程。然而将这些制度嫁接到脱胎于"大一统"银行体制的中国人民银行身上，并且要适应中国政治、经济、历史和文化的土壤与环境，它们能否顺利地生长，能否与中国的经济转轨节奏合拍？2003年中国银监会成立之后，人民银行大区行体制出现了解体的迹象。这对中国人民银行体制改革而言是前进还是倒退？未来的中国人民银行在完善体制方面应该如何规划？对这些问题的关注和思考，构成了本文的写作动机。

0.2 研究目的与研究方法

中国的经济体制从计划经济到有计划的商品经济，再到社会主义市场经济，经历了较长的历程和艰难的探索。中国当前的经济发展和体制转轨过程，是全世界独一无二的，中国发生的经济活动，既有经济发展，又有体制转型；既有发达国家曾经历过的阶段，也有中国独有的问题。改革开放以来短短的二十多年中，中国走过了发达国家很多年走过的路，而且探索了有自己特色的新路，积累了新的经验。在这前无古人的发展探索过程中，新问题新现象层出不穷，不仅需要及时概括、总结和解释，更需要开创性的研究与实践。

作为市场经济的基础性制度之一，中央银行制度的确立与发展成为我国经济体制改革的重要环节。尽管自从1992年党的十四大提出了建立社会主义市场经济体制的目标模式之后，中央银行体制改革的大方向也随之确立，但围绕这一目标中央银行应采取哪些步骤以及如何进行改革，在理论与实践两方面都是相对缺乏的，并且现有的研究中观点也不尽相同。综观市场化国家的中央银行体制，无不与本国的政治、经济、法律、文化等方面的制度相互渗透融合，从而显示出各具特色的模式，它们在为中国提供经验的同时也提出了选择吸收的难题。因此，本文试图通过对当代世界范围内中央银行体制的理论与实践发展进行归纳，探寻规律，总结经验，从而对中国中央银行体制的历史变迁、目标模式以及今后的变迁路径等进行较为全面和深入的理论研究，其最终目的在于明确建立怎样的组织形式并采取怎样的运作方式才能更好地发挥中国中央银行的功能。具体而言包括以下几个方面：

第一，研究和总结20世纪80年代以后世界范围内中央银行体制发展的理论基础与现实趋势，并将这些趋势纳入一个综合分析框架来认识其出现的原因。这个分析框架建立在中央银行三大基本职能——"发行的银行、银行的银行、政府的银行"——基础之上，将中央银行置于货币制度、金融体系结构、政府职能的历史变迁过程之中，因而既是全景式的，又是随发展阶段调整和变化的动态的模型，从而跳出中央银行体制改革的种种争论和利弊分析，将中央银行体制设计建立在经济与政治、市场与政府相互依存和发展的大背景中，分析其发展变化的规律性特征。

第二，在总结和研究当代世界范围内中央银行体制的变革趋势及其原因的基础上，探究中国人民银行体制改革的内在逻辑，分析现行体制存在的问题及解决问题的难点所在，思考未来中国人民银行体制改革的总体思路。

第三，在上述分析的基础之上，结合中国金融体制改革的进展情况，深入地研究中国人民银行体制的几个关键问题，即决策体制、组织管理体制和外部协调机制，围绕提高中国人民银行的宏观调控能力和促进中国经济体制改革的协调发展提供具体的建议和参考。

基于上述研究内容和目的，本文将历史分析与比较分析相结合，整体分析与个体分析相结合，实证分析与规范分析相结合，深入研究我国中央银行体制的发展与变迁。对于体制问题而言，比较研究是一种行之有效的方法，它有利于我们摆脱固有观念的束缚，站到一个更高的层次上。只有这样，大相异致的东西方社会才会更清晰地展现在我们面前，达到瑕瑜互见的境地。在这方面无疑有许多开拓性的工作要做，本文对中央银行体制的研究正是其中之一。

在研究当代中央银行体制发展的世界趋势时，主要采用同类比较法，即对比研究市场经济国家中央银行体制改革的实践，总结异同点，分析成因，找出一般性的规律和特殊的规律。鉴于历史的经验与历史方法对于制度变迁问题研究具有特殊的重要性，本文特别强调将对相关制度环境、影响事物发展变化的主客观因素以及这些因素彼此间的内在联系与本质的分析，放到特定的历史时空中进行，从历史发展的来龙去脉、演进的历史逻辑、承递关系和发展趋势中加以考虑和说明。

在研究我国中央银行体制改革的具体问题时，主要采用结构功能比较法，即选取特定的角度分别比较典型国家中央银行体制的结构安排及其运行的条件和状况。对于主题相同的研究，尽量选择基于经验研究的案例分析，特别是跨案例分析（Cross-Case Analysis）——在多个彼此独立的案例内分析的基础上，进一步对所有案例进行归纳、总结，并得出抽象的研究结论。因为国际经验是重要的参考资讯来源，让我们能够找到最佳的运作方法，所以研究和比较世界各地中央银行体制安排是必不可少的内容。然而，笔者认为在进行有关比较时要非常谨慎，要做出中肯的判断，以中国的独特情况来决定，什么是值得考虑的，什么是不值得考虑的。

0.3 本书的结构安排

全书共分 7 章。

第 1 章"中央银行制度与当代中央银行体制发展的世界趋势"主要确定本书的研究范围和出发点。从历史发展的角度来说，中央银行得以产生并存在的原因一般而言主要有两点：一是宏观上需要一个公共机关来满足维持币值稳定的需要，二是从微观上我们需要它来确保银行及金融体系的稳定（Goodhard，1988）。但是由于历史、经济环境等各方面的原因各国中央银行在实践上职能范围的外延和内涵也各不相同，而且随着金融体系本身的发展其职能范围也在发生着转变。本章首先界定了中央银行体制研究所涉及内容，然后总结并介绍当代（20世纪80年代以来）中央银行体制在世界范围内出现的变革趋势。

第2章"当代中央银行体制变革的理论分析"与第3章"当代中央银行体制特征的形成原因"并列，主要针对当代中央银行体制变革过程中出现的独立性、透明度与监管职能分离问题，分析其理论基础与现实原因。在理论上存在争议的情况下，通过历史的经验分析得出了上述三大趋势形成的现实背景以及前提条件，从而为下一步分析我国中央银行体制的发展提供了理论基础和参照系。

第4章"当代中央银行体制的世界趋势与中国中央银行体制改革"是承上启下的关键环节，主要考察我国中央银行体制的历史变迁，表明世界趋势对中国的影响以及由此带来的深层次矛盾，在此基础上，结合前两章分析的结论，探讨我国中央银行体制改革目标模式和未来路径的总体思路。

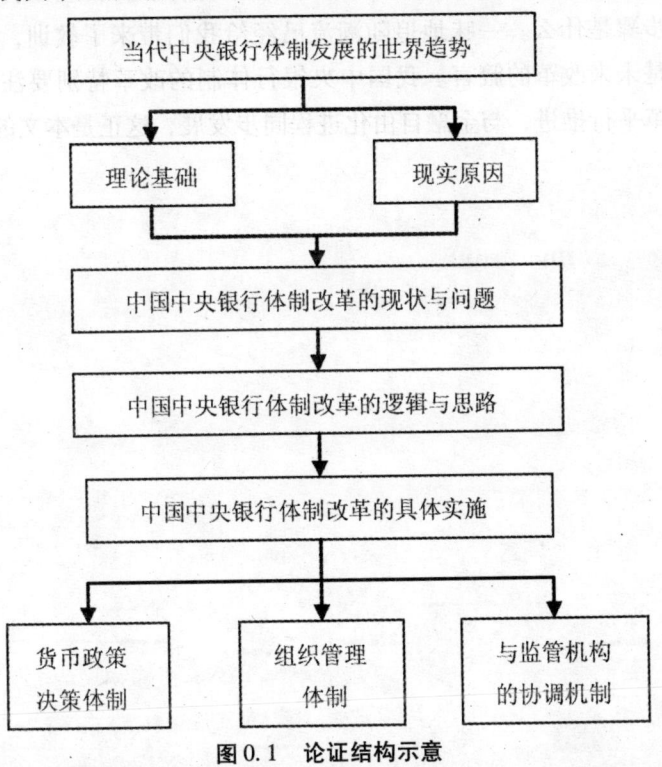

图0.1 论证结构示意

第5章"改进中国人民银行的货币政策决策体制"、第6章"完善中国人民银行的组织管理体制"和第7章"构建中国人民银行与金融监管机构的协调合作机制"是并列关系，开始转入对中国中央银行体制问题的具体研究。从决策体制、组织管理体制、外部协调体制三个视角分别研究了我国中央银行的现状和问题，并对发达国家中具有代表性的中央银行体制进行了相关方面的比较分析，进而提出了中国人民银行在上述方面的目标模式和未来改革路径。

经过以上7章的论证，基本上回答了"如何认识当代中央银行体制发展的世界趋势"以及"中国中央银行体制如何继续推进改革"这两个命题，实现了本文的写作目的。

总之，在中国市场化的经济体制改革目标模式下，中央银行体制必然要受到世界潮流的影响，但关键的问题是如何与国内政治、经济等各方面的体制改革相互协调，这就需要我们系统地研究世界各国中央银行体制发展的历史和经验，从中看到我们的改革具备了哪些条件，缺少哪些条件，现实可行的措施和步骤是什么。一味地追随潮流已经给我们带来了教训，整体的协调发展应该是未来改革的箴言。我国中央银行体制的改革特别要注意与商业银行体制改革平行推进，与金融自由化进程同步发展，这正是本文的主旨所在。

第一章

DANG DAI ZHONG YANG YIN HANG TI ZHI SHI JIE QU SHI YU ZHONG GUO DE XUAN ZE

中央银行制度与当代中央银行体制发展的世界趋势

1.1 基本概念的界定

1.2 中央银行的制度特征与体制差异

1.3 当代中央银行体制变革与发展的趋势

1.1 基本概念的界定

1.1.1 经济制度与经济体制

根据《辞海》的解释①,制度是指"(1)要求成员共同遵守的、按一定程序办事的规程。如工作制度、学习制度;(2)在一定的历史条件下形成的政治、经济、文化等各方面的体系。如:社会主义制度、资本主义制度"(我们不妨把第一重含义称之为"狭义"的制度,第二重含义称之为"广义"的制度)。体制是指"国家机关、企业和事业单位机构设置和管理权限划分的制度。如:国家体制、企业体制"。

西方各种经济学派的经济学家对"制度"的定义与马克思政治经济学研究中的概念大多不同。在《资本论》中,马克思明确指出,他所研究的"是资本主义生产方式以及和它相适应的生产关系和交往关系"②。也就是说,马克思政治经济学研究的是以社会生产关系为核心的基本经济制度。19世纪末到20世纪初,资本主义基本矛盾的发展,迫使资产阶级在资本主义生产关系内部进行调整,出现垄断组织,自由资本主义发展成垄断资本主义。美国成了最为典型的垄断资本主义国家,成为经济最发达、贫富差距最大、社会鸿沟最深的国家。这促使反垄断行动的不断发展。适应这种背景的需要,在美国出现了回避基本经济制度而研究制度的制度经济学说。制度学派虽以"制度"为研究对象,但并未触动以生产关系为核心的基本经济制度,而且对于制度的概念也没有一个一致的理解。老制度主义的创始人凡勃伦从社会心理角度把制度定义为"广泛存在的社会习惯",认为"制度实质上就是个人或社会对有关的某些关系或某些作用的一般思想习惯,而生活方式所由构成的是,

---

① 《辞海》,上海辞书出版社,1979年版,第228页。
② 马克思:《资本论》,《马克思恩格斯全集》第23卷,第8页。

在某一时期或社会发展的某一阶段通行的制度的综合"①。康芒斯从社会法律角度把制度定义为"集体行动控制个体行动"②。新经济史学派代表人物诺斯认为：制度（institutions）是一个社会的游戏规则，或更正式地说是人类设计的、构建人们相互行为的约束条件。它们由正式规则（成文法、普通法、规章）、非正式规则（习俗、行为准则和自我约束的行为规范），以及两者的执行特征组成③。诺斯所使用的"institutions"一词基本上只包含中文中的规则、规约、约束和制度（狭义）层面的意思④，但又比中文的狭义制度含义要宽泛。与马克思的研究相比，制度学派并不注重经济制度的根本，他们所说的制度本身都是由以生产关系为核心的基本经济制度所决定的。

制度经济学除了对制度的一般化定义之外，还把制度分为制度环境和制度安排两个层次。"制度环境是一系列用来建立生产、交换、与分配基础的基本的政治、社会和法律基础规则"。⑤ 而制度安排是指对某些具体行动或关系实施管制的规则，即诺斯等人提出的概念。新制度经济学认为，制度环境是一个社会中所有制度安排的总和。一个社会的制度环境相对稳定，改变起来比较困难。在民主社会中它经常依赖修宪、重大政治行动或者居民偏好而改变。而制度安排相对于制度环境来说容易改变。因此新制度经济学的分析假设制度环境不变，他们所谈的"制度"一般就指制度安排，制度变迁也指制度安排的变迁。

在西方比较经济学文献中，对经济制度与体制也有不同的定义。最初，比较经济学家把经济体制与经济制度相混淆，regime 与 system 两个词常常是通用的。比较经济制度研究的著作中讲的经济制度，被看作是有关制定和实施生产、收入与消费的决策的机制和组织机构。随着比较经济学的发展，几种不同定义开始出现。一些经济学家主张把经济体制定义为"经济组织"或生产、分配和消费的"组织安排"。也有经济学家把经济体制看作是对有关生产、消费和分配的经济现象做出决策的机制。而随着20世纪80年代末前苏

---

① （美）凡勃伦：《有闲阶级论》，北京，商务印书馆，1964年版，第139页。

② （美）康芒斯：《制度经济学》（上册），北京，商务印书馆，1962年版，第87页。

③ （美）道格拉斯·诺斯，"新制度经济学及其发展"，孙宽平主编《转轨、规则与制度选择》，社会科学文献出版社，2004年版，第10页。

④ 参阅韦森：《社会制序的经济分析导论》，上海三联书店，2001年中文版，第四章。

⑤ 诺斯和戴维斯：《制度变迁与美国经济增长》，载于《财产权利与制度变迁》，上海三联书店和上海人民出版社，1994年中文版，第270页。

联的解体、东欧各国社会制度的突变，以及中国经济改革的不断推进，加上20世纪90年代以来世界经济体系一体化的加速，以比较社会主义制度与资本主义制度为本质内容的比较经济学，似乎失去了比较的另一半，于是在努力探索该学科的发展方向的过程中，出现了从"体制研究"向具体的"制度（institutions）分析"转移的趋势①。

综上所述，经济制度作为一种规范体系，其结构是极为复杂的，表现为一定的层次性。任何社会制度的核心问题都是生产资料所有制（产权）问题，这一点，也是意在纠正新古典经济学忽视制度因素、强调重视产权问题的新制度学派所重视的。著名的新制度主义经济史学家诺斯指出："马克思所强调的所有权在有效率的经济组织中的重要作用以及现存所有权体系与新技术的生产潜力之间的紧张关系在发展的观点，堪称是一项重大的贡献"②。因此，经济制度的内层或核心层是所有制。《中华人民共和国宪法》（2004年3月14日第十届全国人民代表大会第二次会议修正）规定："国家在社会主义初级阶段，坚持公有制为主体、多种所有制经济共同发展的基本经济制度"。经济制度的中层是经济体制（社会经济所采取的资源配置方式）、经济制度的结构形式以及经济主体的行为准则等经济制度，如财政制度、金融制度；外层则是可供经济实体直接操作的各类具体的规则、程序、方式等，如法定存款准备金制度、贷款质量终身责任制度。当然，这只是一种粗略的划分，在复杂的社会经济系统中，还可以细分出更多的层次。处于不同层次的经济制度，其内容、形式和作用是不尽相同的。

体制是制度形之于外的具体表现和实施形式，是管理经济、政治、文化等社会生活各个方面事务的规范体系。制度决定体制内容并由体制表现出来，体制的形成和发展要受制度的制约。一种制度可以通过不同的体制表现出来。因此，与经济制度相适应，经济体制也同样具有多层次性，在不同的层次上二者都有着密切的联系。

首先，制度是社会为人们规定的共同和根本的行为准则。具有稳定、普遍的权威的特点。经济制度是人类社会发展到一定阶段生产关系的总和，它

---

① 较有代表性的是青木昌言教授发起的以美国斯坦福大学为核心的世界多国经济学者的研究团队。他们出版了《经济体制的比较制度分析》和《政府在东亚经济发展中的作用：比较制度分析》等专著。

② 诺斯：《经济史上的结构和变革》，中译本，商务印书馆1991年版，第61-62页。

是区分不同社会形态的基本依据，反映生产关系的性质。一定社会的经济制度构成该社会的经济基础，决定其政治制度和社会意识形态，并受该政治法律制度的保证。经济体制是社会经济发展到一定阶段上特定的生产关系的具体组织形式及其运行机制。经济体制的主要内容包括：所有制结构、经济活动的决策体系、经济调节体系、经济利益格局、经济管理方式和具体制度等。

其次，经济制度决定经济体制的根本性质和主要特点。经济制度具有相对稳定性，一旦质变，就意味着原有制度形态的灭亡。而经济体制是经济制度的具体的外在的表现形式和实施方式，它本身比较灵活，经常处于变动之中，它的变化并不一定导致基本经济制度性质的改变。显然，经济制度是一定经济体制建立的前提，经济体制不可能离开经济制度独立存在。

第三，经济体制对于经济制度具有反作用。合理的经济体制即促进生产力发展的经济体制会巩固、完善合理的经济制度；不合理的经济体制即阻碍生产力发展的经济体制会妨碍经济制度的完善，使合理的经济制度的优越性难以充分发挥出来。因此，在一定的制度框架内，经济体制的运作和改革将完善和发展已有的经济制度。

第四，由于经济体制本身不具有独立的社会制度的属性，因此不同经济制度的国家可以采取相同的经济体制，而同一经济制度的国家，在其不同发展阶段也可以实行不同的经济体制。譬如我国作为社会主义制度的国家，改革之前实行计划经济体制；改革之后转而建立社会主义市场经济体制。体制的变革，有可能改变经济要素组合的现有格局，对资源的配置产生深远的影响，甚至出现体制设计者所始料不及的异常变化。因此，体制改革具有明显的阶段性，其总体目标与阶段性目标常常会出现较大的差异，前一阶段的改革成果，也可能成为下一阶段的改革对象。

第五，经济体制之所以较为灵活和易变，是因为它受诸多因素的影响。除了经济制度外，其他影响因素还包括社会生产力水平、国民经济运行状况、经济发展阶段、政治制度（如国家制度、政党制度、民主制度等）、法律制度以及思想观念、民主意识、文化素质、教育科学发展程度等。

1.1.2 中央银行制度与中央银行体制

中央银行制度是与自由银行制度相对的概念。历史上，从早期自由放任的自由银行制度演化到目前的中央银行制度，经历了漫长的历史时期。在自由银行制度中，私人银行可以在没有重大法律限制的情况下，竞争性发行纸质通货券，而不是由国家主办的机构来垄断通货发行。历史之所以舍弃了自由银行制度转而逐步走向中央银行制度，一方面是由于商品经济和金融业自身的发展为中央银行的产生提出了客观的内在要求，另一方面是由于国家政府对经济、金融管理的加强（可能出于收入动机）为中央银行的产生提供了外在动力，中央银行的产生是这两种力量共同作用的结果。当国家通过法律或特殊规定对某家银行或新建一家银行赋予某些特权并要求其他所有银行和金融机构以及整个经济、社会体系接受该银行的这些特权时，中央银行制度便形成了，享有特定授权并承担特定责任的银行就成为中央银行。

自1844年由《比尔条例》确立了英格兰银行的中央银行地位以来，中央银行制度在人类历史上已经存在了一百六十多年。在历史发展过程中，中央银行的功能也在不断发生变化，而现代意义的中央银行只是20世纪的产物（钱小安，2002）。在1900年以前，即使按照最宽泛的口径进行统计，全球也只有18个国家和地区有中央银行，而到20世纪末的时候，全世界已经有173家中央银行，增长了8.5倍（见图1.1）。从占比来看，联合国会员国的90%以上国家设立了中央银行。因此，中央银行制度作为一种普遍的规则已经成为现代经济制度中的重要组成部分。

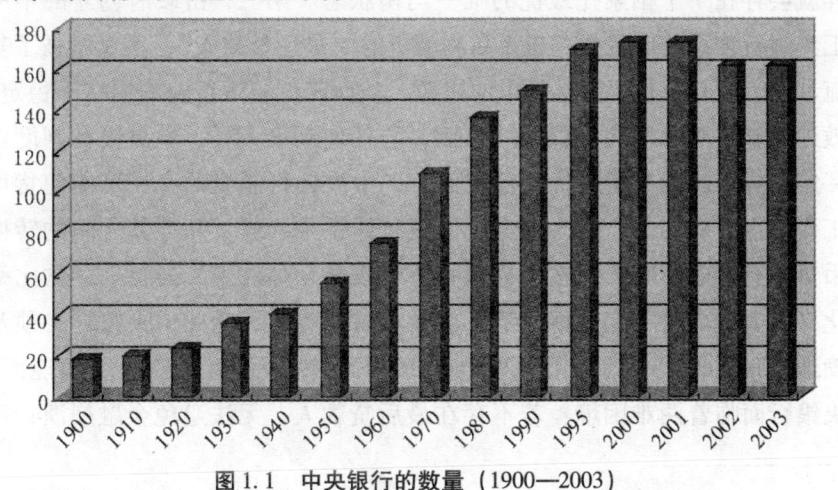

图1.1 中央银行的数量（1900—2003）

资料来源：Morgan Stanley, Central Bank Directory (2004)；国际清算银行

按照前文的分析，中央银行制度在总体经济制度当中，应该处于中层的位置，具体讲是属于金融制度的一部分，因此必然受到基本经济制度的制约。

中央银行体制是中央银行制度的具体组织形式和运行机制，其主要内容包括：资本结构、机构设置和管理权限的划分、决策体系、利益分配格局、管理方式和具体制度等。体制的安排，确定了人与人之间、部门与部门之间、人与政府之间的权力和利益结构。中央银行的制度特征决定了其体制的根本性质和主要特点，而中央银行体制的确立和调整，也必须以完善和改进中央银行制度为依据，其衡量标准应是符合中央银行制度相对于自由银行制度的效率改进，使中央银行制度的优越性最大化并尽可能降低其成本。

现代货币经济学理论一般认为，中央银行制度优于自由银行制度的特征可以归结为以下几个方面：首先，货币发行权的垄断降低了交易成本[①]。货币的出现、纸币对金属货币的替代都体现了降低交易成本的要求。而纸币的发行要脱离金银的制约，势必出现统一发行的权威机构，这也体现了专业化分工对生产成本、信息成本和交易成本的节约。其次，在自由银行制度中，经济主体能够以其物质资本为准备发行私人货币。然而，这里存在着一个"柠檬"难题。因为市场会出现两种均衡状态：第一种是格雷欣定律成立（即劣币驱逐良币），另一种是含有欺诈行为的情形，即良币和劣币并行运行。中央银行的出现以及对私人货币的禁止消除了自由银行制度中的逆向选择问题，这样就会存在一个帕累托最优的唯一均衡状态。第三，由政府创立的中央银行汇集银行体系的储备并充当无私利动机的"最后贷款人"，不仅增强了货币的流动性，而且提供了弹性货币的来源，从而降低了银行业的内在不稳定性，有效地实施了对存款人的保护。然而，与任何制度一样，中央银行制度也面临一定的成本。就垄断通货发行权而言，中央银行制度的存在可能使货币发行工作变得更加困难。因为在竞争性银行体系中，通货和存款之间的转换对货币量没有造成影响；而在中央银行不兑现货币体制下，通货—存款比率的变化（在其他条件不变的情况下）会改变货币存量，为此中央银行必须及时准确地扩张或收缩基础货币（White，1999）。就"最后贷款人"功能而言，中央银行面临着两难困境：若不存在最后贷款人，无法避免金融崩溃；若存

---

① 晚近的制度经济学家们认为，交易成本在很大程度上可以视为是获取信息的成本。阿罗（K. Arrow，1969）把交易成本定义为，运行一个制度所耗费的资源的价值。诺斯把交易成本分解为两项：制订合约所需的成本和执行合约所需的成本。汪丁丁认为，可以把交易成本分解为解决信息问题的成本和解决激励问题的成本，在这样的分解下可以很容易说明交易成本在很大程度上是信息成本，因为激励问题发生的成本归根结底是由信息问题引出的（汪丁丁，1994）。

在最后贷款人,则中央银行与其他金融机构之间以及金融机构与其客户之间,难免出现道德风险的软预算约束问题。只有深刻认识中央银行制度存在的理论基础和社会成本,才能把握中央银行体制改革的基本方向。

当代中央银行作为宏观金融调控的主体,在完善的体制之内,相应的政策才能发挥应有的积极作用,在不成熟或不完善的体制之下,就更容易出现错误的决策,而且即使是正确的决策,也可能会在体制最薄弱的环节和部位,出现负面的影响和冲击,降低制度的效率,甚至动摇或破坏制度的稳定。因此,合理的体制安排不仅是宏观经济政策实现的重要保证,也是完善中央银行制度的主要内容。

中央银行制度的不同发展时期以及同一时期的不同国家,都表现出不同的中央银行体制。从历史的角度来看,中央银行体制的总体变化趋势主要反映了其功能的演进;从国别的角度来看,中央银行体制的差异则反映了各国的经济、政治和文化特色,也是各国基本经济制度差异的一个重要方面。

1.2 中央银行的制度特征与体制差异

1.2.1 中央银行制度的基本特征

1. 中央银行的基本职能

中央银行的产生和发展经历了一个相对漫长的过程。在银行业发展初期,许多银行均可发行银行券,没有独占货币发行的银行,更没有中央银行。以后,随着银行业的不断发展,为了避免分散发行造成的货币流通混乱状况,银行券的发行权逐渐集中到少数大银行手中,以致最后在这些大银行中又产生个别规模更大、信誉更佳的银行。进一步,由于国家的干预和利用,这个别的大银行就演变成为一国唯一的发行银行,而某家银行一旦独占货币发行权,就为其进一步发展成"银行的银行"和"政府的银行"奠定了牢固的基础。纵观西方国家中央银行产生发展史,正是按着这样一条线索演化的,即:一般的私人银行→较重要的发行银行→唯一的发行银行→"银行的银行" + "政府的银行"→职能健全的中央银行。

在国内的教科书中，对中央银行职能最一般、最传统的归纳是三大职能：发行的银行、银行的银行、政府的银行。作为"发行的银行"，中央银行唯一地或主要地拥有货币发行权，控制货币发行的数量；作为"政府的银行"，中央银行代理国库，为政府提供各种金融服务，代表国家从事各种金融活动；作为"银行的银行"，中央银行为各种金融机构开立账户以吸纳存款准备金，并组织全国的清算，充当整个金融体系的最后贷款人。

另一种常见的关于中央银行职能的表述是：政策职能、服务职能、管理职能[1]。所谓"政策职能"，也有人称之为"调节职能"[2]，即中央银行运用货币政策工具进行宏观调控；所谓"服务职能"，即中央银行为政府、金融机构提供的代理或清算、融资等服务，为社会公众提供的发行货币、稳定经济、维护存款安全等服务；所谓"管理职能"，即中央银行对金融机构和金融市场进行监督管理，以维护金融业的安全与稳定。

此外，还有一些学者对中央银行职能进行了概括：

最早对中央银行职能的论述，应该追溯到中央银行诞生初期的19世纪。沃尔特·巴格霍特（Walter Bagehot）在其经典著作《伦巴第街》（1873）中论证了政府赋予英格兰银行垄断银行券发行的特权、排他性地拥有政府的收支余额，是导致该银行转化成中央银行的关键，并且，由于具有这些优势，"英格兰银行远远超过它的所有对手是自然而然的事情"。于是，"所有其他银行围绕它运转，并且将它们的（黄金）储备寄存在它那里"。这表明了中央银行作为银行的银行也是与生俱来的、自然的特征。而最为经典的论述，是巴格霍特基于这些职能而提出的"最后贷款人"原则，"无论哪家或哪些银行持有国家的最终储备，都必须在出现恐慌时最慷慨地贷出这些储备"（Bagehot，1873）。这一原则被后来的银行家和经济学家广泛引用，成为对中央银行行为的一种规定。应该指出的是，这并不是中央银行定义的一部分，一个中央银行可能未尽最后贷款人之职，但它并不因此就不是中央银行了。有助于定义中央银行的属性是它扮演最后贷款人的能力，即在恰当的时机扩张高能货币存量的能力（White，1999）。

---

[1] 周升业、曾康霖：《货币银行学》，成都：西南财经大学出版社1993年版，第271页；张亦春、江曙霞、高路明：《中央银行与货币政策》，厦门：厦门大学出版社1990年版，第60页；盛慕杰：《中央银行学》，北京：中国金融出版社1989年版，第63页。

[2] 白钦先、郭翠荣：《各国金融体制比较》，中国金融出版社2001年版，第150—152页。

19世纪另一位关注中央银行的经济学家薇拉·史密斯（Vera Smith）在其著作《中央银行的基本原理》（1936）中也论述了中央银行的功能。她认为，银行券的垄断发行（充当发行的银行）是中央银行的首要职能和定义性特征。而"第二位的职能"即持有银行体系的外部货币储备（充当银行的银行）和对信贷市场施加控制（一种形式的货币政策），则是"从通货发行的垄断权中导引出来的"。

托马斯·迈耶等美国经济学家认为，中央银行有两个主要的职能："一是控制货币数量与利率，二是防止大量的银行倒闭"[①]。但他们也提到在两大职能之外，中央银行还有一些"日常的职能"，即为商业银行等金融机构和政府服务的职能。

美国学者劳伦斯·H·怀特把中央银行的职能归结为五项：（1）充当银行的银行；（2）垄断货币发行；（3）担当最后贷款人；（4）监管商业银行；（5）执行货币政策。[②] 并且指出，一个机构可以具有这五个功能中的一个或几个，但不是全部。而在这些功能中，只有垄断通货发行和执行货币政策是中央银行的定义性特征。

香港大学饶余庆教授在《现代货币银行学》一书中提出中央银行的职能有五项：政策功能、银行功能、监督功能、开发功能和研究功能[③]。

长期担任中国人民银行副行长的刘鸿儒教授将中央银行的职能归纳为8个方面：独占货币发行、为政府服务、保存准备金、最后融通者、管制作用、集中保管黄金和外汇、主持全国各银行的清算、检查和监督各金融机构的业务活动[④]。这种表述给人的感觉是具体、明晰，比较全面、准确地概括了中央银行的业务，基本上被作为制定我国中央银行法的依据。

王松奇认为，中央银行具有三项主要职能：制定和执行货币金融政策、金融监管、提供支付清算服务[⑤]。

上述观点对中央银行职能的界定应该说各有特色，有的高度概括，有的具体明晰，有的侧重于中央银行诞生以来的传统特征，有的突出现代中央银

[①]（美）托马斯·迈耶等：《货币、银行与经济》，北京：中国金融出版社1990年版，第175—177页。
[②]（美）怀特：《货币制度理论》，北京：中国人民大学出版社2004年版，第67页。
[③] 饶余庆：《现代货币银行学》，北京：中国社会科学出版社，1983年版。
[④] 刘鸿儒：《漫谈中央银行与货币政策》，北京：中国金融出版社1985年版，第4页。
[⑤] 王松奇：《金融学》（第2版），北京：中国金融出版社2000年版。

行的新特点。在中央银行制度发展的过程中，无论这些功能如何变化调整，其核心始终围绕着货币的发行与管理。当代不兑现纸币的基础理论告诉我们，纸币在一国范围内的流通具有两重基础：一是国家政权的强制力，通常一个国家不允许流通本国发行的货币以外的其他纸币；二是国家的信用力，国家以它具体行使货币发行与管理权力机构（中央银行）的信用来保证纸币的价值安全，保证有纸币加入的商品生产与交换活动的可靠性和可信性。而后者才是纸币流通与生存的最为基础的力量。因此，如果需要对中央银行制度作进一步的抽象，结论便只有一个，这就是，中央银行是管理货币，稳定货币关系的银行。因为不论是作为"银行的银行"、"政府的银行"，还是"货币发行的银行"，无一不是围绕管理与稳定货币关系出发的，抽象地看中央银行制度，除了稳定与管理货币，别无突出特征。这正是我们研究中央银行体制的基本出发点。

2. 现代金融制度结构中的中央银行

现代市场经济国家的金融制度结构在总体上是一种宏观与微观相分离的二级金融制度，即金融宏观调节与微观经营、中央银行与商业银行及其他金融机构在地位和职能上完全分离的结构状态。这样一种安排体现了现代市场经济制度的基本特征、要求和规定性。一方面，金融活动作为一种金融产权的交易过程极大程度地体现了市场关系和市场配置资源的性质，因而要求金融主体和其他经济主体一样，按市场经济原则和规律运营，即进行等价交易、自主经营和公平竞争；另一方面，金融交易活动又体现为整个经济运行的价值形式，货币金融运行同整个经济运行内在地联系在一起，从而深刻地影响着社会经济运行的效率和稳定状况。随着信用货币制度或纸币制度的建立，给金融体系带来新的不稳定因素。金融稳定的基础和核心是货币稳定，中央银行集中发行货币并超然于物质利益之外，是确保信用货币或纸币币值稳定的基础；而中央银行凭借国家信用充当商业银行最后贷款人的制度安排又是整个金融体系安全的重要保证。世界各国的金融实践也肯定了以国家强制力量和国家信用为基础，设置中央银行发行通货并稳定通货的合理性和有效性。因此，政府出于保障金融稳定的动机，强制推行了中央银行制度及金融监管制度，重建了以中央银行为中心的二级金融体系，从而将金融宏观管理、调节与金融微观经营分开（图1.2）。这样既能使金融运行充满活力，又能保持经济金融的平稳和均衡运行。

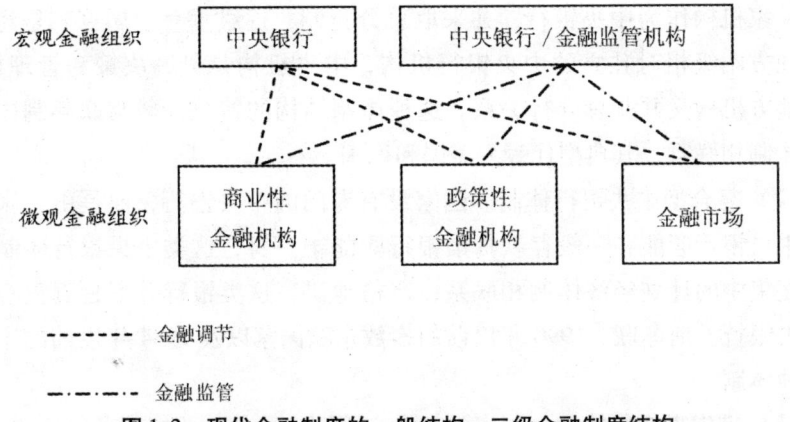

```
宏观金融组织    ┌─────────┐    ┌──────────────────┐
               │ 中央银行 │    │中央银行/金融监管机构│
               └─────────┘    └──────────────────┘

微观金融组织   ┌─────────┐  ┌─────────┐  ┌─────────┐
              │ 商业性  │  │ 政策性  │  │金融市场 │
              │金融机构 │  │金融机构 │  │         │
              └─────────┘  └─────────┘  └─────────┘

    ------ 金融调节
    -·-·-· 金融监管
```

图 1.2　现代金融制度的一般结构：二级金融制度结构

在二级金融制度结构当中，宏观金融制度包括货币政策制度和金融监管制度。虽然二者的区别较为明显（货币政策即金融调节的基点是货币稳定，而金融监管的基点是纠正金融市场和金融体系中的失效现象；金融调节具有宏观意义，而金融监管更多地涉及微观行为；金融调节注重均衡问题，而金融监管注重秩序问题；金融调节具有相机抉择的特征而金融监管具有稳定化的特征等），但是由于它们的作用对象相同，因此在 20 世纪的大部分时间里，绝大多数国家都选择了将金融调节和银行监管功能集中于中央银行的模式，但 20 世纪末期银行监管从中央银行分离的做法开始增多，这也正是本文需要讨论的问题之一。或许，人们应当重新概括中央银行的职能，但无论如何，运用货币政策调控宏观经济始终是中央银行制度的基本特征。

1.2.2　中央银行的体制差异

尽管中央银行制度在世界范围内得到了确立，但无论从历史还是国别的角度来看，各国中央银行的具体组织形式和运作方式（即体制）都相去甚远，从资本结构、权力分配、组织机构，到管理运作的具体方法、规章制度等等，都可以反映出其模式的多样性和复杂性。我们可以从以下四个角度对中央银行体制的差异进行描述。

1. 组织形式

（1）单一型中央银行体制。国家单独设立中央银行机构，全面、纯粹地行使中央银行的权力并履行职责。在具体形式上又有以下两种情况：一是只设立一家机构作为中央银行,并采取总分行制,逐级垂直隶属;二是建立中央和地方两级相对独立的中央银行机构,中央机构是最高决策和管理机构,但与地方机构又并非总分行关系。这种体制结构的特征一般与联邦制国家的政治体制相联系,其典型代表为美国和德国。

(2) 复合型中央银行体制。国家没有专门的中央银行,而是由一家大银行集中央银行职能和一般存款货币银行职能于一身,这类中央银行体制往往与高度集中的计划经济体制相联系,严格地讲,这类银行并不是真正意义上的中央银行。前苏联、1990年以前的多数东欧国家以及1984年以前的中国实行这种体制。

(3) 准中央银行体制。国家没有设立真正专业化、职能完备的中央银行,只设置类似中央银行的机构,或由政府授权部分商业银行行使部分中央银行的职能。这种体制主要存在于经济发展水平不高的国家,或者地域狭小的国家或地区,如利比里亚、马尔代夫、斐济、莱索托、新加坡、中国香港等。

(4) 跨国中央银行体制。有些国家在地域上相邻、经济状况相对一致,或受到共同利益驱使组成了货币联盟,并由参加货币联盟的所有成员国联合组建一家共有的中央银行,而在各成员国内设立该中央银行的代理机构,如西非货币联盟所设的中央银行、中非货币联盟所设的中非国家银行、东加勒比海中央银行以及欧洲中央银行。

2. 资本结构

世界各国中央银行的资本结构即资本所有制形式大致有5种情况:

(1) 全部资本金为国家所有。在中央银行制度发展的初期,由于大多是由私营银行演化而来,这些银行最初的资本金基本上源于私人投资或实行股份合作制。1936年以前,只有少数国家的中央银行归国家所有,如瑞典、芬兰、保加利亚、乌拉圭、冰岛、澳大利亚、伊朗等。1936年以后,为了加强对经济的干预,一些国家开始实行中央银行的国有化,如丹麦、加拿大、新西兰、玻利维亚、危地马拉等国,而真正的中央银行国有化浪潮出现在第二次世界大战以后,更多的国家将中央银行收归国有,其中包括法国、英国、荷兰、挪威、捷克和斯洛伐克、阿根廷、印度、西班牙、秘鲁等。这股浪潮也影响到这一时期一大批新兴独立的国家,他们基本都是在一开始就由国家直接投资创建中央银行。

(2) 私人持股。这种情况是指中央银行的资本金来源于政府之外的私人部门，通常是由各类金融机构持股。如美国的各联邦储备银行的股本金就是由所在储备区的会员银行集体持有；意大利中央银行的股份由储蓄银行、公法信贷银行、国民利益银行和社会保险机构集体持有。

（3）公私合股。有些国家中央银行的资本金一部分为国家所有，另一部分由私人持有，如日本、瑞士、奥地利、比利时、墨西哥、巴基斯坦等。凡允许私人持有中央银行股份的国家，基本上国家持有中央银行股份不低于50%，而且一般都对私人股权做了一些限制，以保证国家对中央银行的控制权。

（4）无资本的中央银行。中央银行设立之初没有资本金，而是由国家法律授权行使中央银行职能，韩国银行就是这种类型的中央银行。1962年《韩国中央银行法》将韩国银行定义为"无资本的特殊法人"，其日常运用的资金主要来源于各金融机构的存款和流通中的货币。

（5）多国共有。这种类型的资本结构主要见于跨国中央银行，共同组建中央银行的各成员国按照一定比例认缴中央银行资本，共同拥有对中央银行的所有权。

3. 职能分工与权力分配结构

中央银行的权力分配结构涉及两方面的问题：首先是中央银行享有哪些权利，其次是这些权力在中央银行内部如何分配。中央银行的权力与其职能是分不开的，从中央银行产生的历史来看，货币发行管理和集中清算是中央银行与生俱来的特有属性，发展到今天，传统的清算职能并无改变，而由货币发行派生而来的货币政策职能不断发展完善，成为当代中央银行的首要职能。在国际货币基金组织1999年发布的《货币和金融政策透明度良好行为准则》的附录中，对中央银行的定义即采用了这样的标准："指负责执行货币政策的机构，该机构可能是也可能不是中央银行"[①]。金融监管则并非中央银行的直接产物，它在中央银行产生之前就已存在，当商业银行产生并形成一定规模后，首先是国家承担了对商业银行实施监督管理的职责。而当中央银行逐步从商业银行群体中分离出来并演进为一个特殊的金融机构以后，在国家法令的支持下，才逐渐享有了金融监管的权力。由此可见，当代中央银行最核心的职能或权力就是利

[①] 对于国际货币基金组织大多数成员国来说，货币政策职责指派给中央银行，在实行跨国中央银行安排的情况下则指派给中央银行系统。但有些国家把这一职责指派给一个"货币当局"或"货币委员会"。不论该机构的名称是什么，只要承担执行货币政策的职责，就视为"中央银行"。

用货币政策进行宏观调控。而金融监管权利是否应由中央银行行使，各国做法并不统一，这也是近20年来争论的话题之一。因此，研究当代中央银行体制的差异，货币政策与金融监管权力的分配是一个重要的视角，从此视角出发，我们可以将中央银行体制作如下分类：一是全能型的中央银行，即货币政策与金融监管权力集于一身的中央银行。二是职能分工型的中央银行，即不承担金融监管职能的中央银行。（由于金融监管包括银行、保险和证券业的监管，具体组合形式又有多种，详细情况参阅7.1节）。

关于中央银行权力的内部分配问题，主要是指最高权力即决策权、执行权和监督权的分配情况。其中决策权包括制定调整货币政策目标、工具或金融市场与机构的运作和管理规则，这是权力的核心，它代表着中央银行在一国经济体系当中的权威性和独立性；执行权是权力的集中体现，在执行权中又包含着许多次级决策权；监督权是指对决策、执行的过程和效果的监督权力，它既是对决策和执行权力的约束，也是对决策和执行权力效果的保证。上述三种权力的具体分配形式有两种情况：一是三权统一，即由中央银行银行的理事会或董事会同时负责货币金融政策的制定、执行和监督，实行这种体制的有美国、英国、菲律宾、马来西亚等国的中央银行。二是三权分离，即中央银行内部设立不同机构分别行使这些权力，如日本银行的最高决策机构是日本银行政策委员会，最高执行机构是日本银行理事会，此外还设有监事会，负责监督和检查日本银行的业务和政策执行情况。实行类似体制的还有法国、德国、瑞士等国的中央银行。

4. 组织结构

中央银行的组织结构主要包括两个方面：一是内部机构的设置，通常包括：职能部门，提供咨询、调研与分析的部门，保障和行政管理部门。其中职能部门是主体，其设置情况与权力分配结构有关。二是分支机构的设置，大致有三种情况：（1）按经济区域设置分支机构，这是目前世界上大多数国家的做法；（2）按行政区域设立分支机构，这种方式一般是与计划经济体制相适应；（3）以经济区域为主、兼顾行政区划设置分支机构，如日本、德国、意大利、匈牙利、南斯拉夫等国。

5. 管理运作

在中央银行日常管理和运作的具体规章制度方面，各国情况不一而足，这不仅是由前述几个方面的体制差异所致，更有历史、文化和法律等方面的原因。但就总体而言，有些中央银行的活动透明度较高，在信息披露方面建立了一系列规章制度，而有些中央银行则缺乏这方面的理念和制度，透明度较低。这正成为当代中央银行体制差异的一个新的表现。

1.3 当代中央银行体制变革与发展的趋势

20世纪70年代以来，世界货币制度与金融体系发生了翻天覆地的变化。金融业内各部门之间的界限日益模糊、金融自由化和全球化的迅猛发展，对中央银行的角色和功能提出了新的要求，各国（特别是发达国家）纷纷变革中央银行体制以期提高宏观调控的能力与效果。虽然没有单一的治理模式适合所有的中央银行，但国际清算银行下辖的中央银行管制督导委员会的研究显示，国际社会普遍就两点达成共识：首先，中央银行机构在运作及资源方面具有独立性，能够在不受政治影响下履行其职责。其次，中央银行机构的运作应有透明度，并要接受社会问责。此外，一个引人注目而且广受争议的现象是许多国家将金融监管职能从中央银行分离出来。总体而言，当代中央银行体制呈现出更强的独立性、更高的透明度以及监管职能分离三大趋势。

1.3.1 更强的独立性

金本位制时期，中央银行制度就开始萌芽，但那时还只是局限于少数国家，从1844年《比尔条例》为英格兰银行行使中央银行职能奠定了法律基础，到第一次世界大战之前，世界范围内只有29个国家建立了中央银行。第一次世界大战开始以后，政府为战争筹措军费而纷纷放弃中央银行的自由原则和独立性，以至于这一时期大多数国家都发生了严重的通货膨胀。1920年在布鲁塞尔和1922年在日内瓦召开的两次国际金融会议，一再强调中央银行应脱离政府控制而独立。可以说这是历史上中央银行的独立性问题首次受到世界性的关注。战后各国纷纷组织独立的中央银行，一些国家开始在法律中设置有关中央银行独立性的条文。而1929—1933年的大危机过后，中央银行的独立性受到指责，因为没能积极配合政府，在危机面前又显得束手无策，致使人们对中央银行信心大减，其独立性地位随之削弱，甚至成为财政的附庸。

第二次世界大战后随着凯恩斯理论的兴起，国家对中央银行的控制加强，国有化成为设立中央银行的重要原则，现代意义的中央银行成为政府金融调节和金融监管的中心。尽管出于对二战期间通货膨胀的深刻反省，德国建立了当时世界上独立性最强的中央银行，但总体而言，由于布雷顿森林体系在国际范围内建立了货币发行的约束机制，中央银行独立性的问题并未引起更多国家的重视；随着经济进入快速增长阶段，不断加大的通货膨胀压力使人们开始反省历史，要求中央银行保持独立性的呼声也日渐高涨，在这种特定的环境下，中央银行与政府的相对独立性得以确立。

20世纪70年代，布雷顿森林体系解体，不兑现的信用货币制度正式确立，加之西方国家普遍出现"滞胀"的困境，使得中央银行独立性问题进一步成为人们关注的焦点。

20世纪80年代末期开始，出现了一种世界性的以加强独立性为核心内容的中央银行体制改革的新趋向。从1989年的《新西兰储备银行法》开始，一系列国家进行了立法改革，将价格稳定确立为货币政策的首要目标或惟一目标。但是，在关于价格稳定目标如何转变成可以指导政策的操作目标的制度和机制方面，却存在较大差别。就新西兰来看，政府与储备银行行长之间签订的"政策目标协议"（PTA），是一种正式文件，指定了通货膨胀目标的量化区间，而用来计量通货膨胀率的价格指数可以由储备银行自行选择；在欧元区，欧洲中央银行以价格稳定为最终目标，但在操作目标上享有很大的自由；在英国，政府制定通货膨胀目标，由英格兰银行负责完成；在美国，国会规定货币政策的广义目标，但听凭联储将其转变为操作目标。实践中，中央银行改革的最新动态可以归结为：改革中的关键部分是制定清晰的货币政策目标，在最终目标的实现方式上，留给中央银行灵活性。与此同时，各国纷纷修改法律或出台改革措施以提高中央银行在制定货币政策方面的权利。如1997年5月11日，日本国会通过了一部全新的《日本银行法》，新法明确规定，日本银行政策委员会不接受政府的指示，拥有独立决定官方利率、金融调控等方面的权限。而英国《1998年英格兰银行法》也赋予了英格兰银行独立制定货币政策的能力。以增强独立性为特征的中央银行体制改革不仅出现于发达国家，在发展中国家也相当明显（表1—1）。

表1—1 主要国家中央银行体制及货币政策框架变化

国家	改革年	前次变化年	主要变化
发达国家			
比利时	1993	1939	政府不能影响中央银行有关货币政策和外汇政策决策，禁止中央银行向财政贷款
法国	1993	1945	中央银行制定执行货币政策以保证币值稳定；中央银行不接受来自政府的任何命令；禁止中央银行向政府贷款
希腊	1982	1945	禁止中央银行向政府贷款
意大利	1992—1993	1936	自主决定官方贴现率；禁止中央银行向政府贷款；中央银行可自行决定准备金率
英国	1997		成立货币政策委员会，利率由货币政策委员会决定
新西兰	1989	1936	颁布《储备银行法》授予储备银行独立执行货币政策的权利；与财政部共同制定通货膨胀目标
葡萄牙	1990—1995	1936	1990年，限制中央银行向政府贷款；1993年取消中央银行向政府贷款；1995年提出货币政策的主要目标是保持价格稳定
西班牙	1994	1938	货币政策最终目标是保持货币币值稳定；自主执行货币政策
澳大利亚	1996	1986	政府通过声明承认尊重中央银行的独立性，中央银行以维护物价稳定为中心任务
日本	1997	1942	颁布新《日本银行法》，把物价稳定作为中央银行的宗旨，加强货币政策委员会的决策机构地位
发展中国家			
阿根廷	1992	1946—1949	以固定汇率出售外汇，保持非限制外汇储备不低于基础货币的100%
智利	1989	1953	中央银行的目标在于保持货币体系的稳定以及国际国内债务的到期支付；1975年以后，货币政策委员会由5人小组进行决策
哥伦比亚	1991—1992	1926	保持货币购买力；提高中央银行地位；自主运用货币政策工具，限制中央银行向财政贷款
洪都拉斯	1995		给予中央银行更高的地位；中央银行注资
以色列	1985	1954	严格限制中央银行向财政贷款
墨西哥	1993	1985	保持货币购买力；保持金融体系的稳定和发展；完善支付体系的合理功能
巴基斯坦	1994	1956	增加中央银行自主性，增加成员；但是政府仍负责货币政策决策
秘鲁	1992		保持货币稳定作为货币政策唯一目标；禁止向政府贷款，并严格限制在国债二级市场购买
菲律宾	1993	1944	保持价格稳定实现可持续经济增长；增强货币稳定和可兑换性；提高中央银行的独立性

(续表)

南非	1989	1944	保持货币稳定和平衡经济增长；但是货币政策责任在中央银行和政府之间不明
乌干达	1993	1966	保持货币稳定，实现经济增长；规定中央银行向政府贷款的限额
委内瑞拉	1992	1939	提高中央银行自主性，将货币稳定作为唯一目标；增强中央银行管理利率和银行储备的地位，禁止中央银行直接向政府贷款
阿尔巴尼亚	1992	1945	宪法规定，央行由银行监管委员会管理，该委员会由央行行长领导，独立行使权利，直接对议会负责。行长的任命根据总统提名，经议会批准产生。行长每届任期7年，可连续任参选
中国	1995	1994	颁布《中国人民银行法》，禁止财政透支和借款等。
塔吉克斯坦	1996	1992	通过修订的《民族银行法》，规定央行只对最高议会负责。央行独立行事，任何国家机关不得干涉其活动；央行主席及一名副主席直接参加政府会议；央行负责直接向总统提交有关国际储备状况报告等
波兰	1997	1990	中央银行负责制定和实施货币政策，以保持稳定的价格水平和加强货币地位为目标
阿富汗	2003		颁布中央银行法和商业银行法，规定阿富汗中央银行作为一个独立机构运作，不受任何政治干预
叙利亚	2003		总理签署法令，中央银行将直接隶属总理府，总理兼任中央银行行长

资料来源：Cottarelli, and Giannini (1997, pp. 18—19)，转引自钱小安．货币政策规则 [M]．北京：商务印书馆，2002，136—137；各国中央银行法律文本及网站。

1.3.2　更高的透明度

中央银行的货币政策操作在传统上是比较隐蔽的，这似乎成为中央银行文化的一部分。第一次世界大战之后担任英国中央银行行长的蒙塔古·诺曼（Montagu Norman，1920—1944年任英格兰银行行长，英格兰银行历史上任期最长的行长）是一位闻名于世的杰出银行家，但他从不公开发表任何谈话，在那个时代，所有的中央银行家们都信奉"神秘"这一原则。再以美国为例，事实上，美国在1966年就颁布了"信息自由法案"，要求政策当局在会议之后马上公布政策决议及会议记录。1975年华盛顿大学法律中心的一名学生David R. Merrill起诉美联储公开市场委员会，要求他们在每一次会议之后立即向公众公开其政策决定及会议纪要，而不是以前至少在90天之后才公开其政策决定，美联储对要求其公开信息的判决不服，不断上诉为其神秘性辩护，主要理由是：披露信息会导致不公平投机、引起不良的市场反应、损害国家的商业利益、不利于平滑利率波动并且事先承诺也不合适。时任美联储主席的沃克尔解释说："市场总是在预期未来可能发生什么，他们希望联储会告诉他们。但事实上，我们不能这样做。因为我们每天所进行的市场操作都是不考虑未来的，或者说我们也不能准确地预测未来。"① 六年后美联储最终胜诉。从历史上看，神秘性是中央银行一直坚守的传统，从威廉·马丁（William McChesney Martin Jr.，1951—1970年任联储主席）、保罗·沃尔克（Paul Volcker，1979—1987年任联储主席）到阿伦·格林斯潘（Alan Greenspan，1987—2005年任联储主席），历任的美联储主席似乎都掌握了高超的"无意义措辞"的语言技巧，在公开场合的谈话闪烁其词，令人费解。格林斯潘最经典的一句名言是："如果你认为你已经完全理解我的意思，那么你一定是误解了我的意思。"这句话成了被广为引用的代表货币政策模糊性的经典例证。美国前财政部长奥尼尔在评论格林斯潘的语言特色时更为确切："运用英语的所有微妙细腻的表达方式，确保只有他和上帝才能明白。"② 诺贝尔经济奖获得者罗伯特·索罗（Robert Solow）对这些主席的评价是：他们就像乌贼鱼，喷出一团墨水后就溜之大吉，让听者抓耳挠腮，摸不着头脑。

然而时过境迁，从20世纪90年代初开始，人们的态度发生了转变，越来越多的国家通过改革中央银行体制以提高货币政策的透明度。弗瑞等人（Fry et al.，2000）对94个国家中央银行进行调查研究的结果显示，有74%的中央银行认为透明度在他们的货币政策框架中非常重要，其重要性仅略低于中央银行独立性和稳定通货膨胀预期。就连一向以神秘著称的美联储主席格林斯潘（Greenspan，2001）也表示："历史记录显示，美联储日益加大的透明度，有助于改善市场运作和提高我们的可信度。但是，开放对塑造更好的经济表现而言并不仅仅只是有用而已，在一个自由、民主的社会中，开放还是中央银行的义务。美国的民选官员选择了由一个独立的实体——美联储——承担制定货币政策的责任，我们活动的透明度可令民众信任并相信我们有能力胜任。"而加拿大、新西兰、英国等实行通货膨胀目标制（Inflation targeting）的国家，更是把加强与公众的信息交流、提高透明度作为货币政策获取成功的关键，他们不仅

---

① 见Volcker（1984），转引自Marvin Goodfriend（1986）。
② 严恒元："格林斯潘功过十八年"，《环球时报》2006年1月23日。

公开承诺一个明确的低通货膨胀率作为政策目标,还常常通过《通货膨胀报告》(Inflation Report)、公开演说、新闻发布等形式,向公众披露对通货膨胀和未来经济的预测、阐明中央银行的货币政策意图以及说明过去的政策失误等。例如,新《新西兰储备银行法》第15条规定,新西兰储备银行以及该行行长必须就货币政策的制定、实施以及最终效果问题向国民公开有关信息。首先,"货币政策声明"(Monetary Policy Statement)公布后的6个月内,新西兰储备银行应向财政部长提交其后6个月的"货币政策声明"。其次,"货币政策声明"必须由新西兰银行行长签署,其中必须载明为实现物价稳定目标所需的政策手段、动用这些手段的理由,未来5年货币政策的展望以及对过去6个月货币政策实施情况的检讨与评价。最后,"货币政策声明"必须提交国会,并接受议员的讨论与评价。又如,1998年修改后的《英格兰银行法》规定,财政部向英格兰银行发出的关于货币政策目标的书面指令必须公开发表,并且要提交国会备案。该法还规定,货币政策委员会的会议纪要及投票结果需在会后6周予以公布,英格兰银行必须就制定与实施货币政策、未来货币政策的展望等问题公开发表有关主张,并向国会做出必要的说明。另外,一旦实际基础通货膨胀率偏离通货膨胀率控制目标一定的限度(一般规定为超出通货膨胀率控制目标上下各1%的范围),英格兰银行行长必须就其发生的原因、所应采取的对策以及实现通货膨胀率控制目标所需的时间等问题向财政部长提交公开信。通过上述种种信息公开制度,在引导公众形成合理预期的同时,可以更好地明确英格兰银行及以财政部为代表的英国政府在制定与实施货币政策的过程中各自的责任,使双方所拥有的权限都受到社会公众和立法机构的监督,以避免货币政策的不合理运作。

其他许多国家也都通过修改法律增强了中央银行的透明度,而一些国家尽管没有修改法律,但也通过声明或者一些制度化措施在透明度方面进行了改进。各国中央银行纷纷主动向公众及时提供其货币政策委员会的政策决策及会议记录等信息。1994年2月,美联储开始在其开会的当日宣布联邦基金目标利率的变化,并从1995年2月开始将这一做法正式化、定期化。2005年1月4日,美联储在公布上一次货币决策会议记录中说,其决策机构联邦公开市场委员会成员支持加大货币决策的公开和透明度的原则,并同意缩短公布每次货币决策会议内容记录的时间,由原来的会后6个星期提前为3个星期。

1999年,国际货币基金组织提出《货币与金融政策透明度良好行为准则》(以下简称《透明度准则》),并与其他国际组织和机构编写了《货币与金融政策透明度良好行为准则辅助文件》（以下简称《辅助文件》）。《透明度准则》包括中央银行和金融管理机构应该努力遵守的与货币和金融政策透明度有关的一系列广泛原则，而《辅助文件》更详细介绍了这些做法，成为实施《透明度准则》的指南。

尽管《透明度准则》是自愿遵守的，并无强制性，而且各国在采纳这些准则时需要根据具体情况作出适当调整，但作为国际范围内共同参照的规则，这个文件体现了对于中央银行体制和行为的共识，反映了当代中央银行的重要发展趋势。国际货币基金组织公布《透明度准则》之后，世界范围内中央银行的透明度已有较快发展，透明度概念越来越多地受到公众的重视，从而使立法机构、新闻媒介、市场和公众对中央银行和金融管理机构政策的公开性提出更高要求。越来越多的中央银行采纳通货膨胀目标制作为货币政策框架，并通过公开披露为实现这些目标而采取的措施及相关信息，以期建立信誉、引导公众预期，从而加强货币政策有效性。数据显示，到2002年为止，采用通货膨胀目标制的中央银行已达二十多家（表1—2），而在90年代以前，还不曾有过一种货币政策框架被如此广泛地使用。此外，越来越多的中央银行和金融管理机构使用电子通讯方式与公众交流其政策和活动信息。这些做法对中央银行制度和行为产生了深远的影响，也成为各国中央银行体制改革的重要影响因素。

表1—2 采用通货膨胀目标制的国家

国家	采用通货膨胀目标制的时间	国家	采用通货膨胀目标制的时间
加拿大	1990年1季度	新西兰	1997年2季度
英国	1991年1季度	捷克共和国	1998年1季度
澳大利亚	1992年4季度	韩国	1998年2季度
瑞典	1993年1季度	波兰	1999年1季度
芬兰	1993年1季度	巴西	1999年2季度
西班牙	1993年1季度	智利	1999年3季度
瑞士	1995年1季度	哥伦比亚	1999年3季度
冰岛	2000年1季度	南非	2000年1季度
挪威	2001年1季度	泰国	2000年2季度
	2001年1	墨西哥	2001年1季度
		匈牙利	2001年3季度
		秘鲁	2002年1季度
		菲律宾	2002年1季度

资料来源：根据 IMF, World Economic Outlook, September 2005, pp.162 和 Siklos, P. L., The Changing Face of Central Banking: Evolutionary Trends Since World War II, Cambridge: Cambridge University Press, 2002, p.280 整理。

1.3.3 金融监管职能从中央银行分离

西蒙·格雷（Simon T Gray，2006）用画图的方式对当代中央银行功能的变化作出了有趣的描述（图1.3），图中多边形的顶点越接近中心原点，表明该项管理功能越弱甚至没有。通过英格兰银行与发展中国家中央银行整体状况的对比，我们可以看到它们共同的发展趋势：一方面中央银行对利率的管理功能增强以及对政府债务的管理功能减弱，这意味着其独立性的提高；另一方面就是银行监管的功能在减弱。20世纪80年代以前，大多数国家的中央银行是金融业或银行业的监管者。如今，不同类型金融机构在市场上均占有相当份额，银行在金融体系中的重要性受到挑战，在部分发达国家和发展中国家出现了银行监管职能与中央银行分离的新现象。

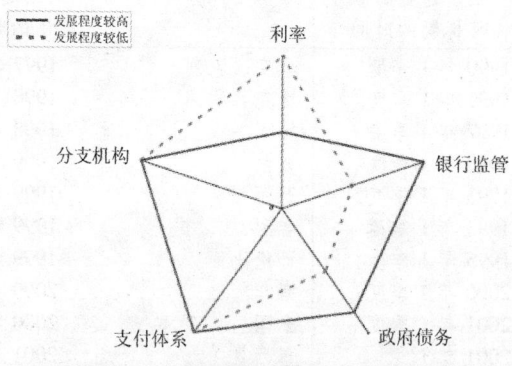

（a）英格兰银行 1995—2005

（b）发展中国家中央银行的功能

图1.3 当代中央银行功能的变化[①]

---

① Simon T. Gray, "Central Banking in Low Income Countries", Handbooks in Central Banking Lecture Series, No. 5, May 2006.

1997年，英国工党政府上台后不久，将英格兰银行的银行监管职能分离出来，与原有的9个金融监管机构合并成立了独立于中央银行的综合性金融监管机构——金融服务管理局（Financial Services Authority，简称FSA），负责对各领域金融活动的监管。2000年6月，英国通过了《金融市场与服务法案》，从法律上确认了上述金融监管体制的改变。2001年12月1日，FSA正式开始行使权力承担责任。尽管在此之前，北欧一些国家和加拿大已经分离了中央银行的监管职能，但英国作为主要的国际金融中心，此项改革在国际上产生了极大影响。从1998年开始，澳大利亚、卢森堡、匈牙利等国也进行了类似的改革。爱尔兰、奥地利和南非、以色列以及一些新兴市场国家（如泰国和墨西哥）也开始改革或就这一问题进行咨询和讨论[①]。然而这种影响并未局限于此，亚洲的韩国和日本也进行了尝试。

韩国在1997年以前，对金融业的监管主要由担负韩国经济运行全部责任的财政经济部和中央银行——韩国银行负责，金融监管政策长期以来被视为应服务于产业政策。亚洲金融危机使韩国经济遭受了沉重的打击，金融业受到的冲击尤为严重。韩国为应对危机通过了一系列重大的金融改革法案，导致韩国金融监管体制产生了重大变化：（1）将金融监管职能从财经部和韩国银行分离出来，集中于新成立的、直属国务院的金融监督委员会。（2）金融监督委员会下设证券期货委员会和金融监督院，分别负责对资本市场和金融机构的监管。（3）将过去分散的存款保险业务集中起来，由一家存款保险公司统一办理。经过上述改革后，财经部有关金融监管的职权限于研究、制定金融制度和金融市场管理的基本框架，在修改金融监管法规时需要同金融监督委员会协商。根据修订的《韩国银行法》，韩国银行拥有较大的货币政策自主权，但只具有间接的、有限的银行监管职能。

与韩国相似，日本在金融监管方面也带有浓厚的政府干预色彩。明治维新后的日本政府采取了金融超前发展战略，政府对金融业发展的推动体现在制度层面，是大藏省对货币政策与银行监管职能的集中。根据1942年《日本银行法》，大藏省对日本银行的干预权力很大，日本银行的货币政策实际上由大藏省掌握，而银行监管的主体也是大藏省，日本银行虽然参与对金融机构的调查，但并未承担多少监管功能。1998年4月，国会通过了《新日本银行

[①] 参见 Ciocca（2001），Goodhart（2000）和 Briault（1999）。

法》，将长期以来一直为大藏省所拥有的一般性监督权、业务命令权、日本银行高级职员的任免权等统统废除，日本银行的独立性大大增强。1998年6月又成立了独立的金融监管厅，统一负责民间金融机构的监管。大藏省仍然负责金融制度方面的宏观决策、检查金融企业财务制度、监管存款保险机构等。2000年7月，在金融监督厅的基础上正式成立金融厅，并将大藏省的金融监管权力再次移交，大藏省仅保留与金融厅一起对存款保险机构的协同监管权，以及参与破产处置和危机管理的制度性决策。2001年1月，金融厅升格为内阁府的外设局。作为目前日本金融行政监管的最高权力机构，金融厅行使着综合监管职能，除政策性金融机构以外的银行、证券、保险等商业性金融机构均由金融厅独立监管或与相关专业部门共同监管。

此外，澳大利亚、加拿大、丹麦、挪威、瑞典、冰岛、日本、韩国、新加坡和英国等发达国家还建立了非正式的"统一金融监管者论坛"，分别于1999年5月、2000年5月以及2002年4月在悉尼、多伦多和韩国济州岛召开会议，就统一的金融监管体制和综合性金融监管机构所面临的某些问题进行讨论[①]。2002年5月1日德国实施了一项与金融服务一体化有关的法案，此后将联邦银行业监督局、联邦保险业监督局、联邦证券交易监督局合并成立了综合金融监管机构——德国金融监管局（German Financial Supervisory Authority）。总之，成立专门的综合性金融监管机构，似乎正在成为一种新的趋势，而其中大部分国家的改革都涉及到银行监管职能从中央银行的分离（表1—3）。

表1—3 采用综合性金融监管机构的国家（至2003年）

国家	机构	时间	成立方式	监管对象
挪威	Banking Insurance and Securities Commission of Norway（Kredit tilsynet）	1986年	将银行监管局与保险监管局合并	银行、证券、保险
加拿大	Office of the Superintendent of Financial Institutions（OSFI）	1987年	将银行监管机构与保险监管机构合并	所有在联邦注册登记的金融机构和加拿大政府的养老金计划
丹麦	Danish Financial Supervisory Authority（Finans tilsynet）	1988年1月1日	将银行与储蓄监管局、保险监管局合并	银行、保险公司、抵押贷款机构、养老基金和社会基金

---

① 参见http://www.apra.gov.au/policy 和 www.osfi-bsif.gc.ca/eng/publications。

(续表)

瑞典	The Swedish Financial Supervisory Authority (Finans inspektione)	1991年	将银行监管局与保险监管局合并	银行、证券、保险
英国	Financial Services Authority (FSA)	1997年10月	将银行监管职能从英格兰银行分离，将原9家金融监管机构合并*	各领域的金融活动
韩国	Korean Financial Supervision Commission (FSC)	1998年4月1日	将银行监管职能从韩国银行分离并与银行监管厅（OBS）、证券监管委员会（SSB）、保险监管委员会（ISB）和非银行金融机构监管局（NSA）合并	各领域的金融活动
澳大利亚	Australian Prudential Regulatory Authority (APRA)	1998年7月	将银行监管职能从澳大利亚储备银行分离，与银行保险局合并	银行、保险、养老基金、储蓄机构、信用社、住房贷款协会和友好互助协会
卢森堡	Commission de Surveillance de Secteur Financier (CSSF)	1999年1月	接管原由中央银行负责的金融监管职能并与证券监管部门合并	银行、证券
冰岛	Financial Supervisory Authority	1999年1月	将中央银行的银行监管职能与保险监管局的监管职能合并	银行、证券、保险
匈牙利	Hungarian Financial Supervisory Authority (HFSA)	2000年4月1日	将匈牙利银行与资本市场监管局、国家保险监管局、国家养老基金监管局合并	银行、保险、证券、投资基金、养老基金
日本	Financial Services Authority (FSA)	2000年7月1日	将金融监管机构和金融体系计划厅从大藏省分离，成立综合性的监管机构	各领域的金融活动
马耳他	Malta Finance Services Centre (MFSC)	2001年底	中央银行将银行管理职能移交给马耳他金融服务中心（1994年9月23日成立）	各领域的金融活动
拉脱维亚	Financialand Capital Markets Commission	2001年7月	将中央银行的监管职能分离出来，划归金融市场监管委员会	监管银行、证券、保险和养老金并管理储蓄保险资金

(续表)

爱沙尼亚	Financial Supervisory Authority（EFSA）	2002年	将中央银行的银行监管职能与负责证券保险的金融监管部合并	监管银行、信用社、资金管理公司、证券市场参加者、保险和养老基金
爱尔兰	Irish Financial Services Regulatory Authority（IFSRA）	2003年5月	将中央银行的银行和证券监管权分离出来，成立爱尔兰金融服务监管局	银行、信贷协会、保险公司、投资中介、抵押估价人、股票经纪人和共同基金等

＊为证券和投资委员会（SIB）、个人投资局（PIA）、投资管理监管组织（IMRO）、证券和期货局（SFA）、英格兰银行的审慎监管司（SSBE）、房屋互助协会委员会（BSC）、贸易和工业部的保险董事会（IDDTI）、互助会委员会（FSC）和互助会登记管理局（RFS）。

资料来源：Taylor 和 Fleming（1999a, b）；Briault（1999）；各国监管当局和中央银行官方网站。

第二章

当代中央银行体制变革的理论基础

2.1 中央银行的独立性

2.2 货币政策的透明度

2.3 货币政策与金融监管职能的分离

当代中央银行体制的发展趋势与经济理论研究的进展相伴，20 世纪 70 年代以后，货币主义、理性预期学说、信息经济学与公共选择理论的兴起，都对中央银行体制的变革产生了深刻的影响。

2.1 中央银行的独立性

2.1.1 独立性的含义

一般而言，中央银行独立性（CBI，central bank independence）问题考察的是中央银行相对于政府机构的独立性，这是各国宏观经济管理中不可忽视，也无法回避的问题。在最近十几年里受到广泛的关注，成为货币政策研究的焦点之一。从相关的研究文献来看，人们对于独立性的理解并不完全一致，比较集中的观点认为独立性是指中央银行在履行制定与实施货币政策职能时的自主性，即不受政府其他部门的影响、指挥或控制。

广义的独立性包括三个方面：（1）人事独立性，即政府对中央银行领导人任免程序与任期的影响程度；（2）财务或经济独立性，即政府直接或间接从中央银行获得信贷以融通政府支出的能力，独立性强的中央银行应该能够抵制财政透支以及其他不合理的融资要求；（3）政策独立性，即中央银行制定和执行货币政策的自主权，这是独立性的核心。政策独立性包括两重含义：一是目标独立性，即中央银行可以自由选择政策目标，主要是对稳定物价与经济增长的选择；二是工具独立性，即中央银行在明确自身职责之后，可以自由选择货币政策的操作手段及政策工具。

从政策独立性来看，经济学家一般赞成中央银行应该拥有工具独立性，却很少赞成目标独立性，其理由主要基于以下两个方面：

首先，从政治经济学的角度考察。在民主社会里，中央银行的最终目标应该反映大众利益，它应该由选民代表来确定，而不是由中央银行自主决定。因为中央银行作为一个非民选的官僚机构，也会追求自身利益最大化（如增加预算、扩大权利、获得名誉等），如果任其自行其事，则可能导致失控。所以，独立性并非意味着自主地制定货币政策目标，而只能是允许中央银行通过自身的专业判断来选择和制定能够实现最终目标的政策工具，并独立地实施操作。

其次，从委托—代理制的角度考察。独立性的意义在于排除了政府的干预。由选举产生的政客们，注重的是短期利益，会有意选择在短期或下一届选举中对自身有利的政策，因此，价格的稳定依靠他们不足以得到保证，社会应将货币政策和价格稳定目标托付给技术性官僚，这部分人不受选举诱惑，会看得长远一些。在这种委托程序中，委托人即社会或其民主代表——政府，将自主权授予精选的代理人——中央银行，代理人要完成委托人规定的目标。因此，独立性一般是指工具独立性，而不是目标独立性。

此外，中央银行实际有效的自主权不仅取决于法律的规定，也取决于其领导者个性的强弱、政治社会环境等（如反通货膨胀的社会偏好）。因此，人们还经常提及法定独立性（Legal Independence）与实际独立性（Actual Independence），前者指通过法律条文赋予的独立性，后者指在中央银行运作过程中事实上的独立性。

2.1.2 倡导加强中央银行独立性的主要观点

早在现代中央银行制度正式确立以前，李嘉图就提出了由独立的公共货币管理机构管理通货发行的必要性。但这一主张真正得到系统的论证却是20世纪80年代以后的事情。随着两种解释通胀偏差形成的理论——时间不一致性理论和政治性经济周期理论的出现，中央银行的独立性作为解决通胀偏差问题的制度性措施受到一些经济学家的推崇。"保守的中央银行家"理论和"委托—代理"理论则从两个不同的角度展示了中央银行独立性在消除时间不一致性所导致的通胀偏差方面的积极作用。

1."时间不一致性"对加强中央银行独立性的理论支持

1977年基德兰德和普雷斯科特（Kydland and Presscott）将"时间不一致性（time inconsistency）"或称"动态不一致性（dynamic inconsistency）"的概念引入宏观经济学。所谓的"时间不一致性"，是指在 t 时刻按最优化原则策划一项 $t+i$ 时执行的政策，而这项政策在 $t+i$ 时已经不再是最优选择了，从而引发了政策调整的问题。在该理论看来，政府为了使通货膨胀的货币政策起到促进经济增长的作用，就必须使人们的通货膨胀预期低于实际通货膨胀率。为此，可行的办法就是政府明确承诺实行零通货膨胀的货币政策，但一旦经济主体形成了零通货膨胀率预期，货币政策主管当局放弃其已经做出的承诺，转而采取通货膨胀的政策就将成为其最佳的货币政策选择。因为实际通货膨胀率与人们的预期通货膨胀率存在着的差距将扩大就业和增加产出。这样，对于货币政策主管当局来说，最优的货币政策选择在人们的预期通货膨胀率形成前后就发生了变化，即存在时间不一致性。

巴罗和高登（Barro and Gordon，1983a）等人将这一理论扩展到货币政策领域。国外学者在论证货币政策之所以可能存在"时间不一致性"问题时，都设定以下四个前提：（1）经济主体具有理性预期；（2）经济体系存在一个稳定的均衡产出增长率；（3）短期内通货膨胀与失业存在替代关系，长期内货币中性；（4）政府当局与经济主体之间存在非合作博弈。在这种分析方法当中，总产出由一个卢卡斯类型的总供给函数给出，其形式为：

$$y = y_n + b(\pi - \pi^e) + \varepsilon \qquad 2-1$$

其中，y 为产出，y_n 为经济体的自然产出；π 为通货膨胀率，π^e 为预期通货膨胀率；ε 为干扰项，其平均值为 0；参数 b 表示经济主体预料之外的通货膨胀对产出的影响力度，$b < 0$。要确定中央银行的政策选择，就要规定中央银行的偏好，一种假设是中央银行想要使社会总损失最小化。该损失函数由产出和通货膨胀的波动决定，其形式为：

$$V = \frac{1}{2}[a\pi^2 + (y - y_n - k)^2] \qquad 2-2$$

其中参数 a 表示中央银行给予通货膨胀率在社会损失中的权重（相对于产出波动而言），$a > 0$。这一损失函数的关键之处在于参数 k，有关假设是：中央银行想要同时稳定产出和通货膨胀，通货膨胀率要稳定在 0 附近的水平，但产出要稳定在 $y_n + k$ 附近的水平，即比自然产出 y_n 高出一个常数 k。对于 $k > 0$ 的假设的解释理由之一是政府对中央银行施加政治压力，以期通过经济扩张提高他们重新当选的概率[①]。我们将会看到，由于 k 的存在使货币政策结

---

① 其他的解释如劳动力市场的扭曲导致经济体的均衡产出率处于较低的水平，又如垄断竞争部门的存在使均衡产出率处于效率较低的水平。如果不能消除最初的扭曲，那么利用货币政策来使产出稳定在 $y_n + k$ 就成为一种次优的解决方法。

果受到了很大的影响（增大了社会损失），而这种影响表明应进行制度改革以使中央银行承受的政治压力最小化。

忽略干扰项，把式 2-1 代入 2-2，并对求导，可得如下方程：

$$\frac{dV}{d\pi} = a\pi + b^2(\pi - \pi^e) - bk$$

令 2-2 式最小化的条件是 $\frac{dV}{d\pi} = 0$，由此可知，在相机抉择的策略下，中央银行所选择的通货膨胀率为：

$$\pi = \frac{bk}{a+b^2} > 0 \qquad 2-3$$

接下来还要考虑中央银行与经济主体之间的博弈过程。根据 2-1 式可知，为了实现政府的目标产出，即 $y = y_n + k$，必须使 $\pi - \pi^e > 0$。而要实现这一条件，中央银行需要尽可能降低经济主体的通货膨胀预期。假设中央银行宣布它将使通货膨胀为零，再假设公众相信这一宣布的政策，则有 $\pi^e + 0$。而根据 2-3 式可知，这时满足社会损失最小化的通货膨胀率为：

$$\pi = \frac{bk}{a+b^2} > 0 \qquad 2-4$$

2-4 式表明，一旦私人部门已经形成零通货膨胀的预期，中央银行应当执行的最优政策就是设定一个正的通货膨胀率。由于最优的货币政策选择在通货膨胀预期形成前后发生了变化，即存在着时间不一致性，对于中央银行来说，就有违背承诺、制造通货膨胀的动机。这正是相机抉择政策下出现通货膨胀偏差的重要原因。因此，人们一开始就不会相信中央银行的宣告，在重复博弈的过程中，中央银行无法对零通货膨胀做出令人信服的承诺，而私人部门考虑到政府的企图，最终会将预期通货膨胀率调整到与实际通货膨胀率相等的水平，即 $\pi = \pi^e > 0$。这时

$$\pi = \frac{bk}{a} \qquad 2-5$$

在这一通货膨胀水平下，根据 2-1 和 2-2 式，可得社会损失为：

$$V_d = \frac{1}{2}k^2\left(1 + \frac{b^2}{a}\right) \qquad 2-6$$

如果改变上述分析中相机抉择的重要假设，而假定中央银行在宣布零通货膨胀政策之后能够坚持这一固定规则，即 $\pi = \pi^e = 0$，则相应的社会损失为：

$$V_p = \frac{1}{2}k^2 \qquad 2-7$$

显然，$V_d > V_p$，说明相机抉择的货币政策将造成更大的社会损失。由此巴罗和高登等人认为，在货币政策的操作策略方面，规则优于相机抉择。尽管上述分析有力地说明了相机抉择政策会导致平均通货膨胀偏差，然而众所周知，遵循简单规则会限制中央银行针对意外冲击做出反应的能力。因此两者孰优孰劣尚难定论。但是，作为一种全新的货币政策研究框架，巴罗—高登模型强调了中央银行动机对于货币政策结果的重要性，同时也突出了可信度的作用。这种见解把政策分析的焦点从对单个政策决策的分析转移到能够缓解时间不一致性问题的制度设计上来。此后，许多货币经济学家继续发展这一理论以帮助人们理解制度结构对政策结果的影响，并研究随意性政策下通货膨胀偏差的解决方法。从20世纪90年代初开始，许多国家都对中央银行进行了改革和重新设计，特别是提高了中央银行的独立性。谈到对这些改革措施产生重要影响的理论，我们不得不提及"保守的中央银行家"（Conservative-central-banker）理论和最优合约（Optimal-contract）理论。

罗戈夫（Rogoff, 1985）从立宪的角度提出了解决时间不一致性的思路。他证明，如果把货币政策委托给比政府更关注价格稳定目标的"保守的中央银行家"[1]，并在宪法中明确规定中央银行更大的独立性，赋予后者独立地履行货币政策管理的权限，那么时间不一致性问题会得到缓解。因为对于保守的中央银行家来说，通货膨胀所造成的损失系数大于对政府来说的同一系数，这样，中央银行家的个人损失函数为：

$$V = \frac{1}{2}\left[a_c\pi^2 + (y - y_n - k)^2\right] \qquad 2-8$$

将式2-1代入2-8，并对π求导，得出保守中央银行家相机抉择下的最优通货膨胀率为

$$\pi = \frac{bk}{a_c + b^2} > 0 \qquad 2-9$$

其中$a_c > a$，那么，2-9式与2-4式相比，则有

$$\frac{bk}{a_c + b^2} < \frac{bk}{a + b^2} \qquad 2-10$$

---

[1] 对于保守主义的解释并不完全一致，不过，在大多数文献中，保守是针对通货膨胀目标相对于产出目标的权重而言。

这表明，即使是相机抉择的货币政策策略，如果交由保守的中央银行家独立执行，也能够得出更低的通货膨胀率。而且中央银行家越是趋于保守，均衡通货膨胀率越接近简单规则行事的结果，同时不失灵活性，货币政策在灵活度与可信度之间求得均衡。而只要公众相信货币政策决策者是保守的，公众预期的通货膨胀率就会降低，从而减小乃至消除货币政策内在的通货膨胀偏差。因此，立宪方法实际上是对物价稳定政策的一个可信的承诺，这种对保守的中央银行家的授权，既包含了目标独立性，也包含了工具独立性。这种制度安排的好处是获得较低的平均通货膨胀，而代价则取决于总供给冲击的具体情况，即会增加产出的波动性。基于此，罗曼（Lohmann，1992）指出，如果政府在任命一个权重保守的中央银行行长的同时，又对中央银行的独立性有所限制，以便在总供给冲击过大时废止中央银行的措施，这样政府可以做得更好。当然，多大的冲击发生时政府才应该压制中央银行的独立性，取决于政府本身的成本收益比较。这种分析框架下，虽然中央银行是独立的，但它们仍然考虑政府偏好。所以，即使两个中央银行法律上的独立性相同，在实践中，两个中央银行事实上的独立性也会存在巨大差异，这种差异的大小取决于政府越权行动的净收益。通常，德国联邦银行被看成是罗戈夫保守中央银行家模型的理想实例。

佩尔松和塔贝里尼（Persson and Tabellini，1993）、沃什（Walsh，1995）和斯文森（Svensson，1997）等人则从委托—代理关系的最优合同理论推导出了另一种解决时间不一致性问题的方法。该方法将货币政策模型化为合同关系，即政府在一份明确的合同当中确定中央银行在预定的时期内应实现的特定目标，然后由中央银行选择对实现目标最合适的工具。在这个模型中，中央银行只有工具独立性。最优中央银行合同的一个极为简单的形式就是确定通货膨胀目标，把货币政策的具体运作权限交由中央银行独立地行使，政府则根据中央银行控制通货膨胀的成效相应地奖惩中央银行。在这种制度安排下，当经济处于平稳运行状态时，中央银行就能够制定与实施零通货膨胀率的货币政策；而当意外的冲击出现时，中央银行根据政府的要求又可以对政策进行适当的调整。这样，货币政策选择就可以兼具可信度与灵活性两种优势。1989年新西兰进行的中央银行改革被视为委托代理合同的例子。

2. 政治经济周期与加强中央银行独立性的合理性

政治经济周期（political business cycle，PBC）就是指由政治过程引发的经济周期性波动。政治经济周期假说大致可以划分为两类，一是从政府谋求连任的策略性政策选择分析经济运行周期，二是从政党的意识形态分析经济运行周期。政治经济周期研究文献表明，为使政策规则可信，必须建立某种强制性机制。这种机制必须能够以某种不受机会主义或者党派意识形态影响的方式来制定经济政策。这就为独立的中央银行体制提供了理论基础。

政府谋求连任的策略性政策选择与经济运行周期假说的基本命题是：经济运行往往围绕大选日期而波动，在大选之前政府一般都采取有利于自己当选的经济措施，而把不利的经济后果拖延到大选之后。威廉·诺德豪斯（William Nordhaus，1975）是尝试对此现象进行理论解释的第一人。他以菲利普斯曲线的替换关系为出发点，并假定经济主体以过去观察到的通货膨胀率为标准适应性地调整自己的通货膨胀预期，从而建立了政治经济周期的机会主义模型。由于选民在投票时以实际的经济发展状况为导向，偏好高增长、低失业率和低通货膨胀率，政府为了保证自身能够再次当选就可能推行迎合选民的政策。如果政府在选举日之前成功地通过扩张性的货币政策刺激了就业和经济增长，那么就会有助于它赢得大选，而随后通货膨胀预期将缓慢地调整到较高水平，对于已经成功当选的政府来说，就需要立即执行一项紧缩性政策并忍受由此带来的失业率上升，这种方式能够降低通货膨胀预期直至下一次选举日，从而政府又可以故技重演，通过实施扩张性的政策争取选票。按照上述假定条件运作的政府周期性地进行政策调整，从而使宏观经济运行呈现出明显的政治性经济周期。随后，希布斯（Daugals A. Hibbs，1975，1977，1987，1988）建立了政治经济周期的党派模型，强调政治家的意识形态至上的倾向。他发现，较之于右翼政府，左翼政府更愿意选择较低的失业率和较高的通货膨胀率。在一个两党轮流执政的国家中，不同政党的政府就要制定与实施不同的政策，这就意味着政策的反复调整。因此必然要发生与大选日期同步的经济波动。这一时期的政治经济周期模型中关于适应性预期的假设显然是一个缺陷，20世纪80年代宏观经济学的理性预期革命之后，政治性经济周期理论有了新的发展。

新一代的政治经济学模型表明，即使由于理性预期，政治性经济周期也完全可能存在。罗戈夫和赛伯特（Rogoff and Sibert，1988）发展了理性机会主义模型，他们的研究表明，只要在投票人与政策制定者之间存在信息不对称性，诺德豪斯模型的某些内涵即使在有理性预期的模型中依然能够得到保留。换言之，并不是只有在投票人是短视的、非理性的情况下，政治家才能制造政治经济周期。最优政策只有在经济主体、投票人和政治家之间信息对称的政治环境中才可能存在。由于这一条件不可能得到满足，因此，政治家就有实施非最优政策的机会。

阿莱西纳和萨克斯（Alesina and Sachs, 1988）等人则发展了理性党派模型，从政党意识形态与政策选择的关系角度解释了政治经济周期和通货膨胀偏差存在的必然性。他们认为仅有意料之外的通货膨胀才能驱使经济离开长期菲利浦斯曲线。尽管存在理性预期，意料之外的通货膨胀还是能够发生。这是因为存在两个党派，各有不同的通胀—失业的政策组合，它反映了该党所吸引的核心选民的偏好，而实现这些目标就是该政党希望获得当选的原因。这意味着，在总体上最接近于一个政党的政治主张的政策就与能够最大化该党当选机会的政策之间存在着一种取舍关系，从而也就暗示了选举前关于选举后政策取向的宣传中，真正可靠的是那种与该党本来的政治主张相一致的政策。因为一旦这个党派取得了大选的胜利，它注定要实施自己最中意的政策。这样，不同政党就不可能真正实现政策趋同。虽然经济主体具有理性预期，但其关于选举结果的信息却是不完全的，并且在分散的时期签订的劳动合同在选举结果宣布之后会继续得到履行，因此，选举之后出现的通货膨胀率就可能与选举前投票者所形成的通货膨胀的理性预期有所不同。于是在加入了理性预期的党派模型中（比如，名义工资增长率等于在签订工资合同时所能获得的信息基础上形成的通货膨胀预期），政治经济周期依然可以存在。

政治经济周期理论的研究证明政治家并不能最优地使用财政货币工具，为了避免货币政策为政客而非社会公众服务，成为政府谋取连任的伎俩，并缓和因政府的更迭而造成的经济波动，从而使经济运行有一个稳定的货币环境，这些研究大都希望能够建立起杜绝政策制定者采取非稳定性政策的政策体系，自然也就支持货币政策的固定规则观点，并坚持建立一个中立的、免受政治压力的中央银行来独立地管理货币政策。阿莱西纳（Alesina, 1987, 1988）就是以上述政治经济周期假说为理论基础分析加强中央银行独立性和合理性的西方学者之一。据他们看来，确保中央银行享受充分的独立性就可以保证货币政策的稳定性和消除政治性经济周期。

3. 关于加强中央银行独立性的合理性的实证分析

巴罗—高登模型指出，通货膨胀偏差是由经济扩张倾向引起的，其背后往往是政治压力，那么，受政治影响较小的中央银行应该有能力保持平均较低的通货膨胀。这一结论得到了大量的实证检验（表2—1）。阿莱希纳等人（Alesina and Summres, 1993）、格里利等人（Grill, Masciandaro and Tabellini, 1991）、库基尔曼等人（Cukierman, Webb and Neyapti, 1992）、埃吉芬格等人（Eijffinger and Schaing, 1993）把决定中央银行独立性的体制安排划分为各种具体的因素，并为有关因素确定了相应的分值，然后通过加总求和的办法得出了各国中央银行独立性指数（CBI）。为了分析中央银行独立性对宏观经济的现实影响，他们把有关国家的中央银行独立性指数与各国的通货膨胀率进行比较，尽管他们所选的样本国家不同，各自设计的权数及计算的独立性指数结果也并不一样，但是都得出了相同的结论，即在工业化经济体系中，中央银行独立性与平均通货膨胀率存在负相关关系，较高的独立性程度伴随较低的平均通货膨胀。在他们的研究中，尤以阿莱希纳和萨默斯（Alesina and Summers, 1993）的研究最具代表性，它对16个发达国家1955—1988年的中央银行独立性指标进行了研究，并结合各国的平均通货膨胀水平，得出了中央银行独立性与该国的通胀率呈显著的负相关关系的结论（图2.1）。

表2—1 中央银行独立性与通货膨胀率之间关系的实证研究

实证研究	与通货膨胀的关系	与通货膨胀变动率的关系	备注
Bade, Parkin (1988) Alesina (1988, 1989)	反向关系 反向关系	无关系 —	— 不显著
Grilli, Masciandaro, Tabellini (1991)	显著负相关（除了1950—1969年期间）		其他
Cukierman (1992) Cukierman, Webb, Neyapti (1992)	LVAW指数对工业化国家非常显著，但对发展中国家不显著；TOR指数对发展中国家显著同上	 同左	 —
De Haan, Sturm (1992) Alesina, Summers (1993)	显著负相关（除了1960—1969年期间） 显著负相关	显著负相关（除了1960—1969年期间） 显著负相关	包括其他变量
Eijffinger, Schaling (1993) Havrilesky, Granato (1993)	显著负相关（除了GMT法的政治独立性指标） 显著负相关	无关系（除了GMT法政治独立性指数）	按月计算方差 考虑社团机构的测度

(续表)

De Haan, Eijffinger (1994)	显著负相关	无统一结果	结果依赖于国家的数目
De Haan, Siermann (1994)	行长流动率（TOR）对通货膨胀有正向影响	——	考虑政治的不稳定
Eijffinger, Van Rooij, Schaling (1994)	显著负相关（除了GMT指数）	无关系（除了GMT指数）	——
Fratianni, Huang (1994) Al-Marhubi, Willett (1995)	显著负相关 显著负相关	显著负相关	考虑可能影响通货膨胀的社团机构及其他因素的测度
Cargrill (1995)	无明显联系	——	统计上的关联不显著，它取决于所研究的国家和回归分析
Cukierman, Webb (1995)	中央银行政治脆弱性与通货膨胀有显著正向关系	中央银行政治脆弱性与通货膨胀有显著正向关系	政治的不稳定性也包含于回归分析中
Debelle, Fischer (1995) De Haan (1995)	与工具独立性和要求物价稳定的法令关系显著，与任命程序关系不显著 与工具独立性关系显著负相关	与工具独立性关系显著负相关	——
Eijffinger, Van Keulen (1995) Bleaney (1996)	与总体的样本国家没有显著关系 显著负相关	无关系 ——	对于《中央银行法》实施5年以上的国家，独立性与通货膨胀负相关（GMT和ES指数） 考虑社团机构的测度

注：ES 即 Eijffinger-Schaling 法；LVAW 即 Cukierman's weighted legal-independence index；TOR 即 the turnover rate of central-bank governors.

资料来源：Eijffinger, Sylvester C. W. and De Haan, Jakob, The Political Economy of Central-Bank Independence. Princeton University Printing Services, 1996.

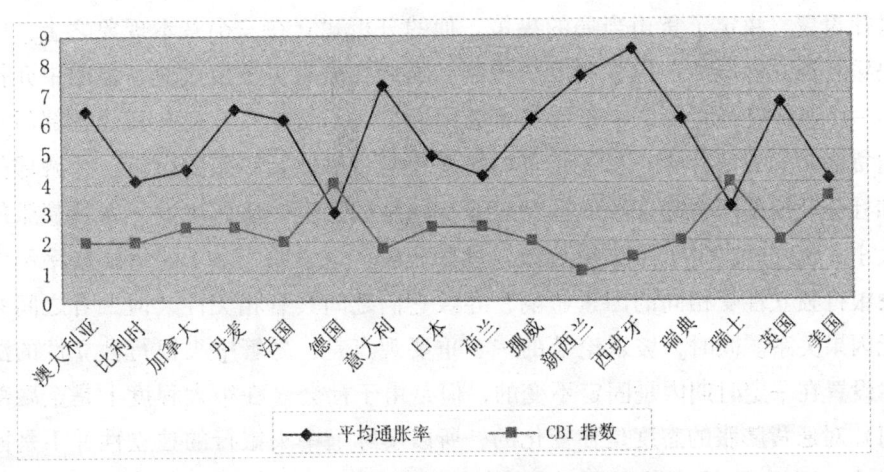

图 2.1 发达国家 CBI 与通货膨胀率的关系

资料来源：Alberta Alesina and Lawrence H. Summers, "Central Bank Independence and Macroeconomic: Some comparative Evidence", Journal of Money, Credit and Banking, May, 1993, Vol25, No2, p154, 160.

劳恩甘伊和希特（Loungani and Sheets, 1997）运用修正的独立性指标研究了东欧12个转型国家（阿尔巴尼亚、亚美尼亚、保加利亚、捷克、爱沙尼亚、匈牙利、哈萨克斯坦、立陶宛、波兰、罗马尼亚、俄罗斯和乌克兰）的中央银行独立性与通货膨胀的关系，发现二者之间的负相关关系也是成立的。

2.1.3 对中央银行独立性的批评和质疑

尽管在中央银行独立性领域的研究文献中，主流的观点认为中央银行独立性的增强可以有效地降低通货膨胀率，因而对货币稳定具有正面效应，但也有一些学者认为，上述观点并不可靠。

1. 对中央银行独立性与通货膨胀负相关的质疑

一些经济学家认为，即使中央银行独立性与通货膨胀的负相关关系成立，也并不意味着两者之间一定有因果关系，很可能是其他因素导致的。这一派观点的代表人物坡森（Posen, 1993）考察了中央银行独立性抑制通货膨胀的三个可能的主要渠道：提高信誉、在经济目标中给物价稳定以优先地位、阻止财政赤字货币化。通过对十几个工业化国家的数据分析，得出的结论是：上述三个渠道实际上对抑制通胀都没有多少作用。于是他提出了一种"利益而不是机构"的研究方法，发现是社会相关集团的利益，而不是中央银行的法律设置，决定了货币当局的决策。他的分析建立在三个基本现象之上：中央银行独立性服从于民主制度的控制、通货膨胀有再分配效应、金融中介作为一个整体在通货膨胀中是受害者并因而反对通货膨胀。社会其他各部门对通货膨胀的态度各异，有些甚至可能支持会带来通货膨胀的政策。金融部门和社会其他部门合起来形成社会对通货膨胀的态度，从而决定了通货膨胀的大小，也同时决定了中央银行独立性的程度。这表明，由于通货膨胀率和中央银行独立性受相同的因素影响，导致它们之间具有相关性，但二者之间并无因果关系。同时，坡森论及的一个重要观点是，尽管中央银行独立性的法律设置在一定时期内是固定不变的，但是由于社会（在很大程度上是金融部门）对通货膨胀的态度是在变化的，所以实际上中央银行的独立性并不是固定的，而是不断地随着社会相关利益集团的态度变化而变化。卡吉尔（Cargill，1995a，1995b）也对中央银行独立性指标与通货膨胀之间的相关性对于解释二者的因果关系有何重要性提出了质疑，他特别强调了日本的情况，因为日本在当时正是同时存在着低通货膨胀和高度依赖性的中央银行。乔纳森坦普尔（Jonathan Temple，1998）对以往研究分析进行综合并指出，虽然中央银行独立性强与通货膨胀率低之间，中央银行独立性低与通货膨胀率高之间的确存在着联系，但是中央银行独立性与通货膨胀之间的绝对因果关系很难被广泛承认。曾任美联储副主席的普林斯顿大学教授布林德（Blinder，1998）认为，即使是在短期，从现有数据中也看不出中央银行独立性对通货膨胀—就业取舍有什么有利的影响。

此外，支持中央银行独立性的实证研究主要是基于发达国家的数据，而一些针对转轨国家和发展中国家中央银行的研究所得出的结论对主流观点提出了挑战。库基尔曼（Cukierman，1992）对70个国家大约40年间货币的实际价值与中央银行独立性指数之间的关系进行了回归分析，结果发现发达国家二者之间显著（3%的水平）负相关，而发展中国家二者之间不相关。他因此认为"法定独立性变量"作为中央银行实际独立性的代理变量，更适用于发达国家，对发展中国家却不太合适。巴罗（Barro，1992）使用67个国家30年间的横截面数据，得出通货膨胀率与中央银行独立性的相关系数仅为-0.02。库基尔曼等人（Cukierman、Miller and Neyapti，2002）对26个前社会主义国家的研究发现，中央银行独立性与通货膨胀负相关并不总是成立，有时甚至具有正相关关系。这是因为在转轨初期，上述国家为了增强经济上的可信度以获得国际资本的支持,赋予中央银行很强的法律独立性,甚至高于发达国家20世纪80年代的水平,而同时由于国内自由化程度很低,中央银行即使在法律上享有高度独立性,也不具有对物价的控制能力,因此这一时期的中央银行独立性与通货膨胀率表现出正相关关系。坡森(Posen,1993)对于发展中国家中央银行独立性的实证研究也具有说服力。由于发展中国家大多面临的是铸币税型通货膨胀,政府将从铸币税中得到的一部分实际收入分配给某些人以提高其福利水平,因此提高中央银行独立性以抑制通货膨胀的措施需要权衡决定。至于铸币税动机引发的恶性通货膨胀则往往通过财政政策的改革加以平息。他通过将中央银行独立性与铸币税型时间不一致引发的通货膨胀率进行多种回归分析,发现二者之间并没有显著的负相关关系,从而在一定程度上证明了提高中央银行独立性对于治理铸币税型的通货膨胀没有明显的作用。

2. 部分经济学家对中央银行独立性持批评态度

一种观点认为,中央银行脱离直接的政治控制缺乏民主的合法性。货币学派代表人物、著名的经济学大师弗里德曼(Milton Friedman,1962)认为,建立一个拥有"最充分意义上"独立的中央银行"在政治上是不可忍受的",因为这意味着在民主体制之下,"让如此之大的权力集中在一个独立于任何种类的、直接的、有效的政治控制之外的团体","是明确的、彻头彻尾的独裁主义与极权主义"。独立的中央银行使得货币政策"过分地依赖于人们的品质,它促成了由负责系统的特定的人及其个性方面的偶然改变而造成的不稳定"。从而,这实际上是一种人治体制,而不是法制体制。弗里德曼甚至宣称可以考虑让美国财政部从美联储手中接管货币政策权利。

另一种观点认为,中央银行被赋予充分的独立性之后,将不可避免地造成货币政策与宏观经济政策特别是财政政策的协调困难,从而产生政策"摩擦损失"(friction losses)①。所以,总体经济政策指导原则的制定应该交由一个单一的政策决策机构——政府负责,而中央银行作为政府的附属机构更具政策的合理性。

此外,中央银行主要官员可能进行非正当行为,政府官员并非从本意上

---

① 托马斯·迈耶等:《货币、银行与经济》,中国金融出版社,1990年版,第194页;劳艾德·B. 托马斯:《货币、银行与金融市场》,机械工业出版社,1999年版;第230页。

就追求公共利益，实际上他们也像普通人一样追求个人或机构利益的最大化。古德哈特（Goodheart，1995）认为，赋予中央银行以独立性事实上是把中央银行抛回了政治舞台，因为中央银行实际上变成了另一个政治演员，他需要"具备全部的政治及表演技巧"来证明其行为的正当性。也有经济学家认为，中央银行拥有的权限过大，中央银行主要官员就具有独特的、垄断性的信息优势。如果中央银行有关官员利用这些信息优势从事为自己谋求经济利益的活动，或者巧妙地推卸责任，就必然会严重地损害公共利益。

还有一些经济学家从治理通货膨胀的成本以及负面效应出发，对中央银行独立性提出批评和反对的意见。如格里利等人（Grilli, Masciandaro and Tabellini, 1991）的实证研究发现，尽管中央银行独立性可能有利于降低通货膨胀，但是对生产并没有什么有利的影响。因为从长期来看，就业率基本维持在自然就业率水平上，甚至由于中央银行独立性可能带来更高的财政赤字，更高的实际利率，更低的储蓄率，反而可能对生产有轻微的负面影响。又如坡森（Posen，1995）的数据分析发现，在中央银行独立性相对高的国家，治理通货膨胀的成本更高，而不是更低，其所花费的时间也并不短。在具有独立中央银行的国家，其货币化政府赤字的表现也并不优于那些由政府直接控制货币政策的国家。

2.2 货币政策的透明度

2.2.1 货币政策透明度的内涵

从经济学角度来看，透明度（transparency）的着眼点在于信息的不对称。经济学中将存在"信息不对称"（information asymmetry）的状态定义为"缺乏透明度"（lack of transparency）、"不透明"（opaqueness）（Geraats，2002）。这意味着透明度的提高，将改善各种经济主体往来关系中所存在的"信息不对称"现象。

按照巴塞尔银行监管委员会1998年发布的"增强银行透明度"的研究报告，透明度是指"信息公开披露的可靠性和及时性"。国际货币基金组织在1999年9月26日通过的《货币和金融政策透明度良好行为准则：原则声明》

中作出如下的定义：透明度是指一种环境，即在易懂、容易获取并且及时的基础上，让公众了解有关政策目标及其法律、制度和经济框架，政策制定及其原理，与货币和金融政策有关的数据和信息，以及机构的职责范围。该准则中要求的透明度做法主要集中在：(1) 明确中央银行和金融监管机构的作用、责任和目标；(2) 公开中央银行制定和报告货币政策决策的过程，以及金融监管机构制定和报告金融政策的过程；(3) 公众对货币和金融政策信息的可获得性；(4) 中央银行和金融监管机构的责任性和诚信保证。

1. 狭义的透明度

狭义透明度观是将透明度基本视同为中央银行向公众披露信息的数量和准确度，其中包含了完全理性、有限不确定性、同质信息、共同知识与无摩擦交流等标准假定，它是文献的标准模型及大量政策讨论所持的透明度观。例如，考察透明度不仅要关注代理人实际拥有的信息，而且还应关注他的信息披露行为。为了提取有用的信息，需要对数据进行加工处理，所以数据的可公开获取状况必须达到透明度要求。如果公众可得到的信息在量上保证了充分，但中央银行在信息释放上却不及时、不精确、粗制滥造，所发送的信号模糊，甚至有意散布误导性信息等，这不仅不能提高透明度，反而增加了不确定性，结果只会让公众更加迷惑。因此，狭义透明度观所考察的透明度重点是中央银行在其偏好、所使用的（经济）模型、对经济冲击的了解情况、决策过程以及政策决策的执行等方面的信息公开状况。

2. 广义的透明度

不同于狭义透明度观点，许多学者认为不能把透明度纯粹地视为信息披露问题。韦科尔（Winkler, 2000）的研究指出，广义的透明度有 4 个属性：公开（openness）、清晰（clarity）、诚实（honesty）与共同理解（common understanding）。"公开"指所提供信息的数量和准确性，数量和准确性本身还不足以达到透明度。"清晰"指对信息的提示、介绍、解释及说明的程度。交流成功的关键在于能够真正理解，为了能理解，需要对信息进行加工、组织、压缩、简化。在信息加工活动中，过滤、消化、吸收信息所付出的成本和得到的收益应在边际上达到平衡，只有这样才能满足信息使用的效率。清晰度的最优水平因经济主体和决策问题不同而异。"诚实"指在货币政策推理、分析上所使用的内部框架与用作外部交流的公开版本的一致程度。交流的两面性意味着，不仅信息的接收者和发送者在理解中会出现裂痕，而且，发送者出于策略性考虑，可能故意扭曲信息编码。所以，对透明度来说，诚实性这一点也极为重要。"共同理解"是就信息的发送者与接受者而言的，指双方在交流过程中对信息编码、解码所通用的解释方法共享的程度，它既是交流成功的一个重要前提条件，又是货币政策透明度的最终目的所在。总之，广义透明度强调中央银行在信息披露上除了需要保证充分完全外，还要做到及时、准确、简明易懂、诚实，这些要求对透明度来说也关系重大。

3. 衡量指标

分析中央银行透明度的观点繁多（参见 Fry et al., 2000）。现有文献根据货币政策制定过程中关注的不同焦点对货币政策透明度进行了不同的分解，如政治透明度与经济透明度（Hughes Hallett, Viegi, 2000）；或者目标透明度、认识透明度与操作透明度（Hahn, 2002）。埃吉芬格和杰拉特兹（Eijfinger and Gerrats, 2002）着眼于政策决策程序的不同阶段，提出了以下关于中央银行透明度的五个视角：(1)"政治透明度"（political transparency），即披露明确政策目的及金融政策制定动机的制度性规定，包括正式的政策目标、量化的目标、中央银行与保证其独立性的政府之间的协定。(2)"经济透明度"（economic transparency），即披露用来决策金融政策的有关经济信息，包括及时公布金融政策所需要的数据、公布在政策上所使用的宏观模型、公布中央银行所预测的物价上涨率和经济增长率等。(3)"程序透明度"（procedural transparency），即披露金融政策制定原因、过程及有关讨论，包括明示金融政策战略、公布政策决策程序的议事记录、公布决策时每位成员的投票结果。(4)"政策透明度"（policy transparency），即披露已被通过的政策，包括迅速公布决策结果、解释决策内容、明示未来可能会采取的政策。(5)"操作透明度"（operational transparency），即披露金融政策执行情况，包括属于操作变量的控制失误、金融政策实施过程中出现的事先未能预测到的宏观性干扰因素、从宏观经济目标角度对政策进行的评价。他们还建立了如表2—1所示的透明度指标体系，以区别不同类型的透明度。基于这套指标体系，还可得到如图2.2所示的货币政策透明度的概念架构。

表2—2 中央银行透明度的 E&G 指标

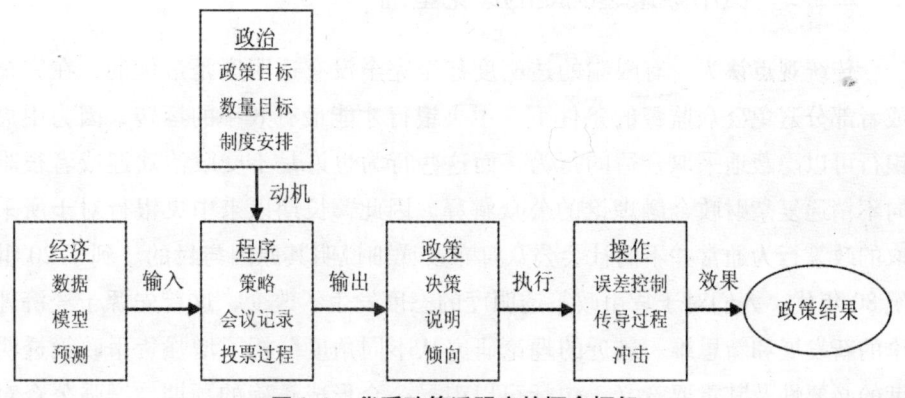

政治方面	经济方面	程序方面	政策方面	操作方面
政策目标	经济运行数据	明确的策略	及时公告	误差控制情况
数量目标	政策模型	决策过程记录	政策解释	政策传导障碍
机构安排	中央银行的预测	投票记录	政策倾向	政策效果评价

图2.2 货币政策透明度的概念框架

埃吉芬格和杰拉特兹（Eijffinger and Gerrats, 2002）同时利用这套指标体系具体分析了9个发达国家的中央银行透明度情况（表2—2）。

表2—3 中央银行透明度的国际比较

	政治透明度	经济透明度	程序透明度	政策透明度	操作透明度	合计（满分15分）
新西兰	3	2.5	3	3	2	13.5
英国	3	2.5	3	1.5	2.5	12.5
瑞典	3	2	2	2	3	12
加拿大	3	2.5	1	2	2	10.5
欧盟	3	2.5	1.5	2	2	10
美国	1	2.5	2	3	1.5	10
澳大利亚	3	1	1	1.5	1.5	8
日本	1.5	1.5	2	1.5	1.5	8
瑞士	2.5	1.5	1	2	0.5	7.5

资料来源：Eijffinger, S. and P. Geraats, 2002, "How transparent are central banks?", *CEPR Discussion Paper* No. 3188.

上述透明度指标的一个特征是突出考虑了设定通货膨胀目标对提高中央银行透明度的重要性，这表现在采用了通货膨胀目标制的国家在"政治透明度"一项都得了满分，而且"程序透明度"一项的分数也因此受到了影响，从而使其总体分数得以提高。但事实上也存在中央银行不设通货膨胀目标，而通过其他手段提高透明度并由此实现良好的金融政策绩效的例子（如美国）。因此该指标也存在一定程度的偏差。

2.2.2 货币政策透明度的理论基础

传统观点认为，有限制的透明度甚至完全没有透明度是最优的，在完全或者部分避免公众监督的条件下，中央银行才能最有效率的运转，因为中央银行可以隐蔽地采取合适的行为，而这些行为也许是不受政治欢迎或者很难向不精通复杂财政金融理论的公众解释。因此，长期以来中央银行对于所采取的政策行为通常并不向社会公众宣布及详细说明其原因与目的。到了20世纪80年代，人们对于货币政策透明度的态度发生了改变，这首先源于经济理论的新发展和新思维。最近的理论研究从不同角度分析了增强货币政策透明度的必要性及其重要意义，包括可以引导公众形成正确的预期、增强公众对货币政策的理解和支持、增强中央银行的责任感和可信度、增强市场的有效性等等。

1. 理性预期理论

20世纪70年代兴起的理性预期学派的核心命题有两个：第一，人们在看到现实即将发生变化时倾向于从自身利益出发，作出合理的、明智的反应；第二，那些合理的明智的反应使政府政策不能取得预期的效果。该理论认为，如果货币当局的意图能够清楚可靠地传导到公众那里，那么货币政策就不会对实际产出和就业等真实经济变量产生影响，只会影响价格水平，这就是政策无效性命题。这一命题是建立在三个假说之上的，即市场完全出清、自然率和理性预期，其中最重要的是理性预期假说——在竞争社会里，任何行为人的经济行为都合乎理性，在有效利用一切可获信息的前提下，能对经济变量作出在长期内平均来说最为准确的、并与所使用的经济理论、模型相一致的预期。

政策无效性命题可以用卢卡斯总供给曲线来解释，如图2.3所示。

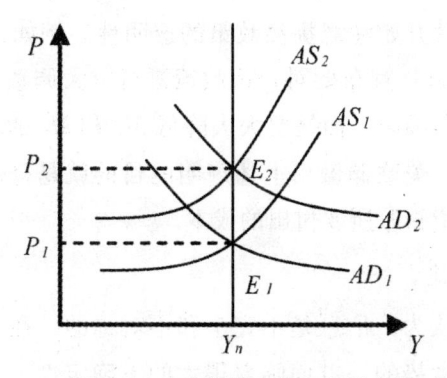

图2.3 卢卡斯的政策无效性命题

假定中央银行采取扩张性的货币政策,从而使总需求曲线从 AD_1 右移至 AD_2。由于预期是合乎理性的,公众意识到扩张性政策将使价格水平由 P_1 上升至 P_2,于是工人要求增加工资,厂商要求提高价格,从而使总供给曲线由 AS_1 左移至 AS_2,与 AD_2 交于 E_2 点,最后总产出仍位于自然率水平(Y_n),而价格水平将上升到 P_2。这说明,当公众得知中央银行要采取扩张性政策的时候,会采取相应的防御性措施,从而抵消政策的作用。而卢卡斯政策无效论的逆命题是无衰退的反通货膨胀政策。当中央银行致力于消除通货膨胀的时候,公众如果事先得到相关的政策信息并采取应对的措施,则有助于政策目标的实现。假设近些年来通货膨胀率一直维持在较高的 P_2 水平上,中央银行决心要消除这一比较严重的通货膨胀,宣布将降低货币供应增长率,从而将通货膨胀率降到 P_1 点水平。如果公众确信中央银行政策能够得以实施,那么公众会预期银根将要紧缩,从而减少投资与消费支出,这会导致总需求曲线向左移动(由 AD_2 移动到 AD_1)。同时,由于公众预期通货膨胀率将下降,从而对工资增长率的期望值降低,这会使总供给曲向右移动(由 AS_2 移动到 AS_1)。价格将从 P_2 下降到 P_1,而产出仍将维持在自然率水平(Y_n),从而实现了无衰退的反通货膨胀治理。因此,中央银行在实行反通货膨胀政策时,如果提高政策透明度,向公众告知真情,事先披露详细政策信息,那么公众预料中的政策将更有利于货币稳定目标的实现。

据此,政府的责任在于确立一种有利于公众进行理性预期的政策规则,减少经济的不确定性。该理论强烈反对凯恩斯主义政府干预经济的理论和政策,力主经济自由主义。在经历了20世纪70年代严重经济"滞涨"之后,理性预期理论的影响日益扩大。80年代各国中央银行纷纷将政策目标的重点转向控制通货膨胀,并开始注意提高政策的透明性。例如,1980年2月美联储主席沃尔克(Voleker)宣布要对货币政策进行重大调整,不再把短期利率的变动限制在狭窄的范围内,而是要大大降低M_1和M_2的增长率,将通货膨胀率降低到低水平上。美联储做出上述声明的目的就是降低公众的通货膨胀预期,减少为降低通货膨胀所要付出的成本。

2. 信息不对称理论

信息经济学理论认为,信息是不完全和不对称的。在信息不对称的条件下,市场上处于信息劣势的一方面临着很大的不确定性,从而影响了交易的顺利进行,降低了市场运行效率。造成货币政策信息不对称的原因主要有两个:一是中央银行的偏好不可观测。尽管货币政策最终目标与中间目标的选择受多种客观因素影响,但中央银行的偏好即它对不同指标的相对重视程度也是一个不可忽视的影响因素。由于在短期中通货膨胀与失业之间存在此消彼长的交替关系,因此,中央银行在很多情况下采取相机抉择的行动,这必然给市场带来不确定性,又由于日常操作中的短期操作目标有些不易被公众理解和观测,因此中央银行对此类目标变量的选择有可能加剧信息不对称。二是中央银行拥有信息优势。一般说来,中央银行的特殊地位决定了它具有信息优势:作为货币政策的决策者或主导者,对自己未来的政策行动比别人更清楚;由于掌握银行监管的数据使其对宏观经济预测更加准确。

为了解决信息不对称问题,拥有信息优势的一方应该以某种方式将自己的真实信息披露给对方,以克服由于信息不对称所引起的逆向选择和道德风险问题。在现实生活中,作为货币政策制定者的中央银行和作为调节对象的公众所拥有的信息是不对称的,中央银行在当前的经济运行状况和政策目标及工具等方面都比公众更具有信息优势,为了降低公众面临的不确定性,中央银行必须及时披露政策信息,提高政策的透明度。如果公众了解政策的目标和工具,而且当局执行政策的承诺真实可信,那么货币和金融政策的有效性将得到加强。良好的透明度做法可以使人们获得更多的货币和金融政策信息,提高市场潜在效率。

3. 货币政策时间不一致性问题

自从提出货币政策时间不一致性问题后,许多学者开始探讨降低时间不一致性货币政策产生的通货膨胀偏差的种种办法。其中一类解决方法是所谓的声誉机制，即强制中央银行为偏离它宣布的低通货货膨胀政策付出代价——这种代价的一种形式是丧失声誉。如果中央银行预先公布了保持低通货膨胀的最优货币政策，但在随后的执行过程中，企图利用公众已经形成的低通货膨胀预期，执行完全相机抉择的政策，那么中央银行维持低通货膨胀的声誉就会受到损害；于是公众会提高以后的通货膨胀预期水平（也就是说，公众采用了一种触发性策略），增加中央银行未来的损失。结果将提高通货膨胀对于中央银行的边际成本，使中央银行受到"惩罚"。因此，只要中央银行对未来有足够的重视，就会放弃引起通货膨胀偏差的随意性政策，从而低通货膨胀的均衡就是可能的。

巴罗和高登（Barro and Gordon，1983b）运用重复博弈理论研究了作为惩罚机制的触发性策略问题。其基本观点可以用图 2.4 来说明。

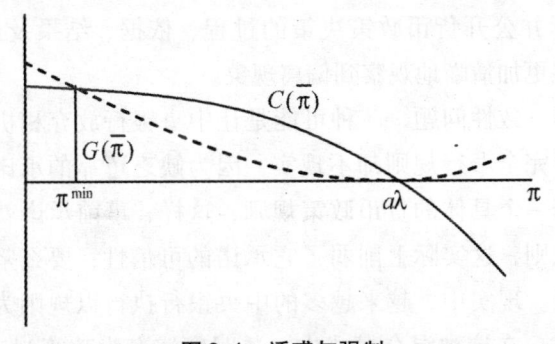

图 2.4 诱惑与强制

如果中央银行在 $t-1$ 时期带来的通货膨胀率恰如公众所预期（在上一期中央银行没有欺骗公众），则公众预期 t 时期的通货膨胀率为 $\bar{\pi}$；相反，如果中央银行欺骗了公众，他们就预期通货膨胀率等于政策具有充分随意性时的水平，即 $a\lambda$。函数 $G(\bar{\pi})$ 表示中央银行如果偏离承诺水平，把通货膨胀设定为 $a\lambda$ 能够获得的好处——巴罗和高登称之为导致欺骗的"诱惑"。这种好处只是短期收益，因为从下一期开始，公众将预期通货膨胀率调整为 $a\lambda$，以此来惩罚中央银行。函数 $C(\bar{\pi})$ 表示由此造成的相对于 $\bar{\pi}$ 通货膨胀轨迹的损失的现值（由于损失出现在 $t+1$ 时期，因此要用贴现因子来计算现值）——巴罗和高登称之为"强制"。如果短期收益（诱惑）大于长期损失（强制），中央银行就会偏离原来的计划，欺骗公众；如果长期损失超过短期收益，那么意外通货膨胀就不值得，惩罚机制就足以防止政策制定者的欺骗。在图 2.4 中，任何使 $C(\bar{\pi}) \geq G(\bar{\pi})$ 的 $\bar{\pi}$ 都是可行的均衡，因为收益不大于损失，中央银行没有偏离该均衡的动机。

在关于触发性策略的讨论中，一个关键的问题是公众必须能够确定中央银行是否进行了欺骗。在巴罗和高登的模型中，通货膨胀率取决于政策当局实际采用的政策工具（假设为货币供给增长率 $\triangle m$）和一个随机扰动项 (v)，即

$$\pi = \triangle m + v$$

因此，直接观察到的实际通货膨胀率，可能只是揭示了这两方面的净效应（Canzoneri，1985）。假设中央银行对 v 有一个私下的、无法验证的预测，那么公众在事后观察 $\triangle m$ 的数值提高时，就很难辨别中央银行是在制造意外的通货膨胀，还是为了抵消 v 为负值对通货膨胀的影响（这可能正是中央银行对外宣称的理由）。解决这个问题的有效方法是提高政策透明度，通过设立明确可测的目标并公开货币政策决策的过程、依据、结果及最终执行情况，才能使公众能够更加清晰地观察到偏离现象。

解决时间不一致性问题，一种可能是让中央银行放弃相机决策而执行政策规则。但是，完全奉行规则却不现实，因为缺乏可靠的承诺技术，中央银行没有能力承诺一个具体的货币政策规则，这样，事前承诺就会造成两难困境：要么背弃规则，这实际上削弱了它承诺的可信性；要么坚持规则，执行不合时宜的政策。现实中，越来越多的中央银行执行以规则为主、相机抉择为辅的政策范式，在这种混合模式中，透明度演变为政策制定的新"福音"（Blinder，1998）。透明度能够通过声誉效应制约中央银行政策行为的随意性、增强规则性，同时也不失灵活性。一个典型的实例就是最优通货膨胀目标制，即政府为中央银行确定一定时期内具体的通货膨胀目标，并委托中央银行独立地实施具体的货币政策操作。中央银行除了公布通货膨胀目标外，还要建立通货膨胀预测发布、通货膨胀报告等整个透明度制度框架，以此作为一种更为严肃的承诺。在这一政策框架下，一方面，决策公开化使货币政策目标的明确性、一致性得以保证；另一方面，中央银行也允许拥有一定的灵活性，可以借助货币政策的短期效应应对突发的经济冲击。实践证明，明确的通货膨胀目标可以增强中央银行的责任心和诚信保证，约束其履行承诺，解决货币政策时间不一致性的问题，基于此，20世纪90年代以后，不少国家实行了"通货膨胀目标制"。

4. 公共选择理论

公共选择学派在政治家的动机、政府干预、财政政策、民主制度等方面得出了一系列不同于西方主流经济学的结论。这一理论认为，政府、政府官员也是一个利益主体，他们是理性人而非道德人。政府也具有"经济人"的角色，他们在进行决策时，同样也有追求自身利益的动机，他们按照自身利益最大化原则行使公共职能。传统观点将中央银行看作是一个完全追求公众利益的机构，通过缓和经济周期的波动、监督与管理银行体系，作为最后贷款人，实现经济的长期稳定。而坚持公共选择理论观点的学者则认为，中央银行作为一个政府机构，实际上是由一些有着自己独立利益的人组成的特殊集体，追求自身福利的最大化。曾有学者列举了大量实例证明美联储一直在为自身利益最大化运作，而不是为公众福利最大化。为了制约政治机构的权力，任何公共政策都要公开，接受公众监督，即需要依法接受审计，需要接受国家立法机构、舆论、传媒的监督，而这种监督能否有效进行取决于透明度。政府部门的运行和宏观经济政策的制定与所有社会公众的福利休戚相关，政府政策的制定和实施一直就是社会公众的兴趣所在。而货币政策作为国家宏观调节的主要手段，更是公众关注的焦点。公众需要获取大量充足的信息来评估与监督中央银行的政策行为，这就对中央银行货币政策的透明度提出了更高的要求。

2.2.3 对货币政策透明度的质疑

尽管"透明度应作为货币政策重要特征"的观点日益被人们所重视，各国中央银行和国际货币基金组织也正在致力于透明度的制度建设，但这种改革并非没有成本，也不是适用于所有的国家。

首先，实践中各国中央银行通常有保持适度私密性（secrecy）的传统，而这并不一定会带来较低的货币政策绩效。古德菲尔德（Goodffield，1986）发现，以德国、美国为代表的一些国家，它们的货币制度允许中央银行保持一定程度的私密性，相应的货币政策具有一定程度的模糊性。例如，德国中央银行经常被认为是相当不透明的（至少在形式上），美联储的货币政策也存在一定程度的不透明。在表2—1中，我们看到，美国"经济透明度"（2.5分）和"政策透明度"（3分）在9个国家中是最高的，但"政治透明度"

(1分)却是9国中最低的。美国"政治透明度"之所以低,是因为其政策目标多样且没有明确的重点、没有设定通货膨胀目标等量化目标。实际上,在20世纪90年代,人们通过对设定通货膨胀目标和未设定通货膨胀目标的国家的比较就已经发现,只要能够成功控制其他各种因素,这些国家的宏观绩效是没有太大差别的(Neumann and Von Hagen, 2002; Ball and Sheridan, 2003)。

其次,理论研究方面也出现了一些质疑的观点,主要包括:

1. 对政治透明度的质疑。这种观点认为,货币政策政治透明度或目标透明度的提高,主要是基于政治考虑,使公众能够正确评估中央银行的政策绩效(Buiteer, 1999; Geraats, 2002),但从经济效果上看并不一定能带来福利收益。加芬科尔等人(Garfinkel and Seonghwan, 1985)通过引入货币政策持续性和偏好随环境改变而改变的假定,发现适度目标不透明可能有助于提高社会福利。刘易斯(Lewis, 1991)引入社会计划者对政策目标的偏好随经济环境与目标变化而变化的假定,发现中央银行货币政策保留一定程度的模糊性有助于稳定产出,从而提高社会福利。埃吉芬格等人(Eijffinger, Hoeberichts and Schaling, 2000)通过引入中央银行偏好存在不确定性,在假定这种信息是中央银行私有信息前提下,讨论了中央银行目标透明度与社会福利的关系后发现,当中央银行的可信度问题大于对灵活性的需求时,中央银行采用开放和透明的货币政策将更优越;否则中央银行保持一定程度的私密性,可以提高整个社会的福利。陈利平(2005)也进行了类似的研究并得出,在一定条件下,货币政策模糊性一方面可以提高公众的通货膨胀预期,降低社会福利;另一方面模糊性的引入有助于稳定产出,提高社会福利。当中央银行比较保守时,后一种效应占优于前一种效应,一定程度的货币政策模糊性提高了整个社会的福利。这类研究有助于说明为什么在通货膨胀控制比较成功的国家,如德国、美国,其中央银行通常习惯于保持一定程度的货币政策模糊性,而许多具有较高通货膨胀率的国家开始采用通货膨胀目标制,坚持非常透明的货币政策。

2. 对经济透明度的质疑。通常人们认为,经济透明度或认识透明度的提高可以诱导公众形成更为精确的预期,做出更优的决策,同时提高中央银行货币政策的可信度,从而带来福利收益。但库基尔曼和梅尔泽(Cukierman and Meltzer, 1986)的开创性研究指出,一定程度的货币政策模糊性为货币当局提供了更强的控制能力,使得货币当局可以产生较长时期的非预期通货膨胀变动:当货币当局更关心产出增长时,可以产生一个较大的、非预期的正通货膨胀率;在希望严控通货膨胀时产生负的非预期通货膨胀,从而提高社会福利。在此基础上,刘易斯(Lewis,1991)、弗斯特等人(Faust and Svensson,2001)做了进一步的研究。人们发现,总的说来,如果建立一个低通货膨胀声誉是重要的,则中央银行应该提高货币政策的经济透明度;否则保持适度模糊性,可以提高社会福利。

3. 对操作透明度的质疑。操作透明度涉及中央银行操作目标的决定和外汇市场干预等问题。在短期利率目标或货币增长率目标上,古德菲尔德(Goodffiend,1986)、多塞(Dotsey,1987)和鲁丁(Rudin,1988)等发现,如果货币政策目标经常变化,中央银行保持一定程度的私密性,可以减少利率波动;由于较大利率波动的收益和成本并不清楚,因此还没有得到一个规范性的结论。在外汇市场干预上,许多经济学家和中央银行家认为,中央银行保持一定程度的私密性可以提高效率(Blinder et al.,2001;Ghosh,2002)。

2.3 货币政策与金融监管职能的分离

在二战后的较长时间里,对中央银行的研究主要集中在其自主操纵实施货币政策的重要性方面,但最近几十年以来,中央银行发生了快速的变化。它的银行监管职能越来越受到政策制定者的关注。尽管大约四分之三的 OECD 国家指定他们的中央银行对银行监管负有全部或部分责任,但是其中许多国家已经开始重新认识中央银行的监管职能。特别是 1997 年被称为现代中央银行鼻祖的英格兰银行被赋予更广泛的独立性并取消了银行监管职能以后,日本、韩国也将金融监管当局独立于中央银行之外,并且欧洲中央银行的现行职能当中也不包括银行监管。于是,关于中央银行货币政策与金融监管职能是否要分离的问题引起了广泛的争论。为什么近年来许多国家将中央银行的监管(特别是银行监管)职能分离出去,而其他国家的中央银行是否应该进行类似的改革,许多经济学家从不同的角度对此进行了分析和解说,并且由此引发了非常激烈的争论,但是至今也没有哪一种理论观点获得广泛的接受与认可。以至于最终许多人的结论是"服从现实",即在现有的经济学基础上,无法辨别正反两方面的观点孰对孰错,因此各个国家应根据自己的情况,采取不同的做法。

2.3.1 主张货币政策与金融监管职能分离的主要观点

1. 利益冲突说

主张分离中央银行监管职能的一些较为集中的观点认为,从社会利益的角度出发,中央银行同时承担货币政策与金融监管两项重大职能会导致利益的冲突,从而发生效率损失,解决的办法就是将中央银行的监管职能分离出去。这便是所谓的"利益冲突"(conflict of interest)说。这类观点大致包括以下几个方面:

(1)目标冲突

货币政策的主要目标是保持币值的稳定,银行监管的主要目标是保持银行机构的安全稳健经营。虽然二者的目标在本质上是一致的,但在具体实施过程中会存在冲突。如果中央银行认为提高利率会伤害到银行,它提升利率的动机将会被削弱。在高通货膨胀或经济过热时期这种利益冲突最为明显,虽然此时提升利率有利于遏制通货膨胀,但由于大部分银行资本不足、结构脆弱,因此中央银行不得不采取权宜之计,延迟推行紧缩的货币政策。也就是说,中央银行实际上是将保护银行作为其主要的目标,而将更广泛的公众利益放在次要的位置。之所以产生这样的情况,一方面原因是银行部门比公众与中央银行的关系更为直接,他们可能对中央银行的货币政策决策施加更大的影响力,即一些经济学家所说的"商业银行捕获了(capture)中央银行"。另外一方面原因是拥有监管职能的中央银行可能更重视其监管职能。因为货币政策的成败往往很难归因于一个机构,它可能是传导机制中的其他环节出现了问题;相对而言,监管目标是否实现(金融领域是否出现问题)容易直接成为评价监管者绩效的较为明确的指标。这样,当中央银行身兼两职时,就不愿实行那种可能会使一些银行经营变得更糟的货币政策,它有动机采取一些能够提高整个银行业盈利水平的政策,而这种保护银行业的政策也许不是最优的货币政策。因此,一个重视中央银行货币政策独立性的国家应该更倾向于将监管职能从中央银行分离出去。

（2）最后贷款人手段导致的利益冲突

作为银行出现问题时的最后贷款人，中央银行有责任阻止系统风险的发生。实践中的最后贷款人手段包括了中央银行通过公开市场操作对整个金融体系提供流动性和通过对个别金融机构贷款提供流动性。而当中央银行出于救助目的为银行系统注入流动性资金时，可能与货币政策的目标正相违背，从而威胁到货币的稳定。至少，中央银行执行货币政策的独立性受到了削弱。

（3）汇率稳定政策导致的利益冲突

外部货币稳定的要求可以提供另一种发生冲突的情形：在资本完全可流动的条件下，为了保护一国货币的汇率，利率可能被迫维持在较高水平，而这对银行的盈利能力和流动性无疑造成了负面影响。

赫勒（Heller，1991）、古德哈特和斯哥梅克（Goodhart and Schoenmaker，1995）、布瑞奥（Briault，1997）比较了中央银行有银行监管职能和无此职能的国家的通货膨胀率，发现通货膨胀率在前一种情况下较高。另一项以 24 个国家从 1960—1996 年有关数据为样本进行的研究（Noia and Di Giorgio，1999）也得出的相似的结论：中央银行同时负责银行业监管的国家，要比中央银行不负责银行业监管的国家具有更高的平均通货膨胀，高出的幅度为 50% 以上。

2. 道德风险说

随着 20 世纪 80 年代信息经济学的兴起，信息不对称理论被大量运用于金融领域的分析。所谓道德风险（Moral Hazard），是指"从事经济活动的人在最大限度地增进自身效用时作出不利于他人的行动"[①]。而根据国际货币基金组织出版的《银行稳健经营与宏观经济政策》一书中的定义，"道德风险"是指当人们将不为自己的行为承担全部后果时变得不太谨慎的行为倾向。总之，从一般含义上讲，"道德风险"指的是人们享有自己行为的收益，而将成本转嫁给别人，从而造成他人损失的可能性。"道德风险"主要发生在经济主体获得额外保护的情况下，它具有非常普遍一般的意义。在讨论中央银行体制变革的问题时，这一理论被一些学者作为分离中央银行监管职能的重要理由。

中央银行的最后贷款人职能被认为存在道德风险问题。中央银行独到的

---

① 《新帕尔格雷夫经济学大辞典》，经济科学出版社，第 589 页。

创造基础货币的功能,使它有能力在必要时以最后贷款人的身份向陷入流动性困难的银行提供资金支持,以防止银行挤兑及银行危机的出现从而维持金融系统的稳定。但是,由于时间短促,中央银行难以分清银行求助的真正原因是短期的流动性问题还是长期的资不抵债问题。为了在可能的金融危机中不成为被指责的对象,中央银行作为最后贷款人往往存在过度借贷倾向(Goodfriend and Lacker, 1999)。或者,在银行业不景气时,中央银行可能人为地控制利率,让商业银行多赚点钱,以减低商业银行的风险。这样,公众就会形成一种预期,即所有的金融机构都会在面对困境时得到中央银行的援助。这时中央银行的流动性支持可能对金融机构行为产生两种负面效应:一是金融机构会利用中央银行援助来减少内部风险控制的努力,并从事更大风险的投资活动,实际上形成了一种提供隐性援助补贴的冒险激励,特别是银行规模越大,道德风险的可能性就越大。因为银行的高级管理人员知道,银行的倒闭对整个银行体系将是一场灾难。这就是所谓"大得无法倒闭"的论据。二是金融机构的客户和股东会因存在政府出面援助有问题金融机构的预期而降低对金融机构行为的监督,从而弱化金融机构的市场约束。可见,同时履行货币政策与金融监管职能的中央银行,其创造基础货币的能力可以方便地被用来弥补监管的失败,由此诱发道德风险。这种道德风险的存在不仅降低了监管的效率,而且致使微观经济主体的行为扭曲,削弱货币政策的效果。值得注意的是,在实施紧急救助时,为避免引起市场不良反应,影响借款银行的正常运转和声誉,中央银行一般会保持"事中"的秘密性,由于短期内公众难以预期,所以这种情况下的货币政策操作(也是救助行动)更容易产生明显的扩张效果。

消除道德风险的主要手段是保证监管当局的独立性。只有银行确信监管部门将抵制他们的压力,监管的有效性才会最大。否则,在一个可以方便地动用最后贷款人手段的监管当局(中央银行)面前,银行相信中央银行将在它们出现困难时给予援助,就不会有动力去遵守审慎原则和市场约束。如果监管当局与中央银行分离,它就不能作为最后贷款人创造流动性去满足处于困境的银行的资金需求。同样,这样的独立机构也无法操纵利率去帮助银行。因此,将中央银行的货币政策与银行监管职能分离,并成立独立的监管机构,是避免最后贷款人的道德风险对市场力量造成扭曲的有效办法。

3. 成本—效率说

从中央银行自身出发来研究货币政策与金融监管职能分合的理论可以归结为成本—效率假说，其核心观点在于以成本和效率作为中央银行体制选择的标准。

（1）从效率方面来看，货币政策与金融监管职能分开能够提高效率，而全能型的中央银行存在明显的效率损失。

首先，机构分工的专业化有利于提高效率。中央银行的时间和精力有限，其工作范围愈专一效率就愈高。货币政策和监管决策都很重要，中央银行不可能同时做好两项主业，"全能型"的体制难免会顾此失彼。加之银行监管颇费时间，尤其是在金融危机期间，监管者几乎无法腾出精力处理其他事物，因此，监管职能应交给专门化的机构来负责。

其次，考虑到货币政策与金融监管的利益冲突以及道德风险等原因，全能型的中央银行体制会导致货币政策效率与监管效率的降低。

最后，权责的分立制衡历来是效率的保障。中央银行的地位虽然相对独立，但并非一个由民主选举而产生的机构，而是由政府直接任命才成立的，因此从政治角度考虑不应授予中央银行过大的权力。中央银行身兼二职，缺乏有效的约束机制，对中央银行及其分支机构的外部监管更无从谈起。竞争一向被视作是效率的实现手段，它会带来更充分的信息。不同机构从不同角度关注银行系统，势必会搜集掌握不同侧重点的信息，全面了解银行系统的状况将会有助于金融体系有效而有序地发展。此外，中央银行责任越大（如同时负责货币政策和对整个金融业进行监管），它就越容易受各种政治力量的干扰，从而有可能破坏货币政策的独立性和银行监管的效率（Briault，1999）。为了使以稳定币值为目标的货币政策不受干扰，将银行监管职能从中央银行分离就成为最有效的解决办法。

（2）从成本角度出发，货币政策与金融监管职能分开能够降低中央银行的成本。

其一是声望成本。中央银行的重要职责是保证货币政策目标的实现，它应该具有权威性和可信性。而如果中央银行同时又负责银行业的监管，银行破产倒闭的发生可能会影响中央银行的声誉，所以他们在实施相关货币政策时可能会偏离货币政策制定时的初衷，这当然也会对货币政策实施造成损害（Haubrich，1996；Briaut，1999；Abrams and Taylor，2000）。另外，货币政策的目标愈来愈容易被量化,如设立通货膨胀率目标,这意味着货币政策的成功与否相对透明,而银行监管则不易量化且由于保密等原因缺乏透明度。这样,监管往往被认为是"费力不讨好"(thankless task)的工作。正常时期,银行监管往往不会引起公众太多注意,而一旦出现危机,监管工作就会成为人们指责的对象,这有可能损害中央银行的地位,使其无端地付出声望成本。因此,中央银行从提高自己的声誉出发,本身也许并不愿意接受银行监管的职能。

其二是信息成本。监管职能分离所带来的冲击可能迫使中央银行更认真地思考所需要的确切信息,这可能会带来信息成本的节约。鉴于银行监管职能从中央银行分离之后通常交给一个综合性监管机构,布瑞奥(Briault,1999)指出,中央银行和财政部从单一的综合监管机构比从多个监管机构(即使其中之一隶属中央银行)能够更快、更有效地获取金融集团整体状况的信息。

2.3.2 反对货币政策与金融监管职能分离的若干理由

1. 利益冲突并不明显,协调配合仍是主流

反对货币政策与金融监管(特别是银行监管)职能分离的主要理由是,尽管二者有可能存在利益冲突,但更多的情况是,中央银行同时负责货币政策与银行监管,有利于信息的交流和政策的协调,使二者相互促进并达到更好的效果。

利益冲突说与道德风险说的核心实际上是货币政策与金融监管的关系问题。尽管这种观点注意到了二者之间有冲突和矛盾的一面,但事实是这种情形并不总是存在,甚至可以说在多数情况下并非如此。很多的历史证据表明,大规模的银行倒闭和金融不稳定常常发生在货币政策过度紧缩期间,如美国1930—1939年以及日本1991年之后的情形就是如此。而银行倒闭个案激增时也会致使货币总量下降,这时中央银行实施扩张性的货币信贷政策,无论对宏观货币调控还是对微观银行监管来说都是正确而有效的策略。相反,银行信用规模的迅速膨胀对于货币政策和银行监管而言也都是一个危险的信号,这种情况下紧缩性的货币信贷政策无疑会起到一箭双雕的效果。因此,许多反对利益冲突假说的经济学家强调:银行监管和货币政策只是同一枚硬币的

两面。如果一国的银行系统处于极端不稳定的状态,中央银行也不可能确保货币的稳定;另一方面币值的剧烈波动也会破坏银行有效分配社会资源的职能并对银行的经营造成严重的损害。癸田(Guitian,1999)认为,价格稳定与金融业稳定目标的潜在利益冲突并没有想像中的那样严重,二者的关系可以看作是一种暂时的利害权衡,即在今天的价格稳定(严格追求价格稳定而不考虑对银行业的后果)与明天的价格稳定(明确考虑到系统性风险所带来的宏观经济后果)之间做出选择。考虑到银行破产可能导致的严重问题(系统危机),货币当局必须重视其货币政策对银行的可能影响,而货币政策对银行体系的影响本来也是货币政策制定的重要出发点。在有可能造成严重后果的金融危机时期,中央银行对监管职能的掌握就显得尤为重要,因为只有监管手段才能及时有效地传导货币当局的意图。

从另一个角度讲,银行监管职能从中央银行分离对于货币政策造成的影响也不容忽视。因为中央银行只有在对商业银行负有监管责任的时候,才能最及时地获得大量有关经济运行和银行体系方面的信息。通过更好地了解金融服务部门的情况和货币政策在金融部门的传导过程,能够大大提高中央银行货币决策的能力(Briault,1999)。而单纯负责金融监管任务的机构,往往不能根据货币政策的变化和宏观经济的走势来很好地掌握监管尺度,这可能会给被监管对象的经营造成不必要的麻烦,同时也给货币政策效果和宏观经济运行带来负面影响。正如美国联邦储备委员会副主席弗格森(Roger Ferguson,2000)所指出的,"联储的货币政策由于其监管职责而取得了更好的效果,而它稳定价格的职能也使其银行监管取得了更好的效果"。皮克、罗森格林和图特尔(Peek, Rosengren and Tootell,1999)采用时间序列法,以美国的微观数据为基础研究发现,秘密的银行监管微观信息有助于联邦储备委员会提高经济预测的准确度,从而使得货币政策更有效。比如,银行业问题的出现通常是经济状况转坏的前兆,联储委可利用基于 CAMEL 评级的秘密信息要求相关银行预先调整其贷款行为。依欧安尼多(Ioannidou,2001)对美国的情况进行的实证分析表明,美联储货币政策的改变确实改变了其监管行为,但二者是出于协调和配合考虑,从而否决了利益冲突说。

即使承认冲突的存在,也并不意味着解决的唯一办法是将两者分离开来,从理论上讲,"全能型"的中央银行完全可以权衡利弊,从全局利益出发,在社会可承受的范围以内选择一个政策的均衡点。

2. 并没有其他更好的机制来防范系统性风险并消除道德风险

尽管最后贷款人手段容易产生道德风险问题，但并没有其他更好的机制来防范系统性风险并消除道德风险。作为金融安全网的另一重要组成部分，存款保险制度也被广泛采用，但它在缓解挤兑压力和防范系统性风险方面并不明显优越于最后贷款人手段。存款保险制度在支付赔偿款项时常常十分缓慢，复杂的法律程序也极大地影响了存款人的信心；而最后贷款人手段则可迅速予以实施，对重建存款人的信心具有无可比拟的作用（Duquesne，1999）。另外，由于存款保险制度的存在，存款人将忽视对银行的监督，这会引发银行部门严重的"道德公害"（麦金农，1997）；而中央银行可以采取随机性策略，使潜在借款人持有不确定的信息，从而加强市场约束的力量，缓解道德风险问题。经验表明，在存款保险制度下，政府的直接干预更为频繁，这是制度缺乏效率的特征（Duquesne，1999）。

英国经济学家古德哈特和斯哥梅克（Goodhard and Schoenmaker，1995）曾对24个国家的104起银行破产案通过统计分析进行了实证研究。在实行全能型中央银行体制的国家，银行破产事件的发生率少于实行职能分离体制的国家。在研究的24个国家中，11个国家的中央银行属于全能型，80年代共发生了33起破产案。另外13个国家的中央银行属于职能分工型，同期发生了高达71起的银行破产案。由此可见，全能型的中央银行体制下银行的倒闭率较低，更有利于金融稳定[①]。

另外，将中央银行的监管职能分离出来并交给综合性金融监管机构以后，如果公众认为各金融机构的风险差别将日益模糊，那么很有可能发生金融安全网的外溢效应，从而更容易引发道德风险问题（Goodhart and Schoenmaker，1998；Ferguson，2000）。

3. 监管职能的分离并不能提高效率，而且可能加大成本

反对中央银行货币政策与金融监管职能分开的又一论据在于这样做会加大信息成本。首先，在货币政策的制定和实施方面，中央银行监管职能分离

---

① 这项研究中也涉及到对两种体系下通货膨胀率的比较，其结果支持利益冲突说；而对银行倒闭率的比较又否定了利益冲突说；但这似乎也表明，全能型模式确实存在更明显的银行保护倾向。造成这种莫衷一是的状况与此类分析采用的跨国抽样分析方法有关，而其他方法的尝试也没有取得广泛认同的结果。因此，在这个问题上实证研究还有待进一步发展。

会造成信息流失，使货币政策的制定缺乏微观信息支持，加大了实施货币政策的难度。其次，对金融监管的效率也有损害。一般来说，现代中央银行除了价格稳定和银行系统稳定的目标外，还负责支付系统的平稳运行。这样，中央银行就可以掌握对于监管来说非常有意义的微观经济信息。通过管理商业银行的储备和支付账户，中央银行可以自动、连续地实时监管银行的流动头寸，在货币市场上的操作还可以掌握每家银行在市场上的情况（Pauli, 2000）。如果银行监管者与中央银行分离，那么监管部门将很难及时取得相关的数据，从而加大监管成本，损害监管的效率。特别是从防范金融危机的角度来看，建立有效的早期预警系统需要政府不同部门间的交叉合作，微观信息的快速传递更加重要。当危机将要爆发时，政府最多只有48小时的时间（考虑到周六和周日以及世界各国的不同时区）来决定是否限制危机、如何处理危机和如何执行战略。这就是伦敦经济学院的查尔斯·古德哈特（Charles Goodhart）教授提出的所谓"48小时法则"（48 hour rule）。可见信息传递的及时性是减弱甚至避免金融危机的重要条件。现代中央银行几乎都具有最后贷款人的功能，商业银行在出现流动性困难时便会求助于中央银行。如果中央银行不负责监管职责，没有掌握微观经济主体的信息，那么在进行援助时就会进退两难。

此外，关于权力制衡的说法也并不可靠。中央银行之所以掌握巨大的权力，是与其肩负的责任（稳定价格和宏观经济）密不可分的（Ferguson, 2000）。更何况，将银行监管职能从中央银行分离并成立综合性金融监管机构，统一负责对金融业的全面监管，同样会带来监管部门的权力过于集中的问题。

反对监管和货币职能分离的经济学家还认为，一方面在拥有监管职能的中央银行的管理下的商业银行更能够适应货币政策的变化，而另一方面拥有监管职能的中央银行更有动力去研究那些在紧缩环境下经营有问题的银行，并采取适宜的措施。这既有利于货币政策的实施，还有利于银行业的稳定。这一点对于那些银行体系还不成熟的发展中国家更为重要。此外，监管机构的独立性是有效监管的重要前提，将监管职能赋予中央银行更有利于强化监管的独立性，阿布拉姆斯等人（Abrams and Taylor, 2001）指出，对于转轨国家和新兴市场国家这样的安排更为必要，因为它可以避免监管职能的政治化（Politicization of Bank Regulation）。

第三章

当代中央银行体制特征的形成原因

3.1 货币制度演进对当代中央银行体制变革的要求

3.2 金融体系变化对当代中央银行体制变革的影响

3.3 政府职能演变对当代中央银行体制的影响

3.4 独立性、透明度与监管职能分离三大趋势之间的关系

我们注意到，当代中央银行体制的特征呈现出一些新的变化趋势，特别是独立性、透明度以及监管职能的分离，但从支持这些变化的诸多理论来看，又都充满了争议。如果就利弊本身而言难以作出判断，一个有效的办法就是跳出单纯的利弊分析，而将这种现象置于历史的大背景下来观察。"不识庐山真面目，只缘身在此山中"。伟大哲人亚里士多德曾深刻指出，一个人对一切事物不论是对国家还是对别的什么，思考到它们最初成长和起源，就能对它们获得明确的概念。这就是人们通常所遵循的研究问题的科学方法，即历史的研究方法，因为现实往往是历史的必然。而以历史学派为发端的新制度经济学认为，制度分为有效率的制度和无效率的制度。判断一项制度是否有效率与制度所处的环境有关：在一种环境下是有效率的制度，当环境发生变化时，它就可能成为无效率的制度。中央银行作为发行的银行、银行的银行、政府的银行，在其体制变革的漫长历史过程中，无不与货币制度、金融体系以及政府职能的演变相伴相生，因此本章首先从上述三个视角综合分析当代中央银行体制发展趋势形成的内在原因，然后总结说明这些趋势（独立性、透明度与监管职能分离）之间的关系。

需要指出的是，所谓中央银行体制的发展趋势，实际上主要体现在发达国家，由于其经济的总体发展水平较高，所以成为其他国家学习与仿效的对象，由此渐成潮流。而趋势毕竟只是趋势，即使是经济发达程度相当的国家也并非普遍适用，至于为数众多的发展中国家情况就更加复杂。国际普遍的共识是，除了一些有关中央银行良好管治的一般原则外，并没有一套划一的中央银行体制模式或模型，各种体制安排都有其利弊，其主要差别关乎经济体系不同的规模、不同的开放程度、金融机构不同的性质与相对规模，以及市场不同的复杂程度，而这些差异又是由该地区的历史传统、市场特色、政治体制以及法律文化等基础因素所决定。但从另外一个角度来说，人类经济制度的发展从来都不是各国齐头并进的，总是先有星星之火，而后呈现燎原之势，潮流通常反映了大势所趋。因此，本章中涉及的问题主要着眼于中央银行制度发展的历史性和规律性特征。

3.1 货币制度演进对当代中央银行体制变革的要求

在货币制度演进的过程中,纸币取代实物货币从而大幅度降低了人类经济活动的交易成本,而由中央银行统一发行纸币的制度安排则进一步节约了交易成本。因此,与其说中央银行是与火和轮子并列的人类三项伟大发明之一,不如说它是人类历史发展的必然选择。从国际货币制度演进的历史中,我们可以清楚地认识到这一点。而当代中央银行体制的变革,也正是为了更好地适应货币制度方面的变化。

3.1.1 信用货币制度与中央银行体制变革

中央银行的首要功能就是保持货币稳定。在不同的货币制度条件下,货币稳定的实现途径发生了根本性的变化。从金属货币制度到不兑现的信用货币制度,货币的自动稳定机制被弹性调节所取代,中央银行制度的诞生本身就反映了这种变化。1944年确立的布雷顿森林体系作为金属货币制度的过渡形态,在一定程度上保持了货币稳定,因而这一时期中央银行的行为是可测的,具有规则性;20世纪70年代布雷顿森林体系崩溃之后,如何保证中央银行不滥发货币就成为金融制度发展的重要议题。可以说,当代中央银行体制变革的三大特征都与这一根本性的问题有关。

1. 如何消除政府利用中央银行过度扩张货币的动机

现代经济理论认为,货币政策要获得充分的效力,就应该是出乎公众意料的,这给政府货币政策的时间不一致提供了理由。而政府货币扩张政策的动机主要是实现就业目标、获取铸币税收入、改善国际收支、稳定金融,相应地,货币政策时间不一致就有如下四种情形:(1)就业型时间不一致,即政府原来向公众承诺的是低通货膨胀目标,从而公众也形成了一个较低的通胀预期,然而政府为了刺激就业,实现就业目标,需获得一个较高的产出,因而采取的货币政策导致出现公众没有预期到的高通货膨胀,使实际通胀率高于最优通胀率。(2)铸币税型时间不一致,即政府决定最优货币增长率的行为在公众决定实际货币余额之前和之后不一致。(3)国际收支型时间不一致，即在钉住汇率制度下，或在对外汇盈余的强烈偏好下，如果市场不能结清，名义工资具有刚性，政府可能选择本币贬值的政策，以减少国际收支赤字，其代价是以本币表示的物价上涨。(4) 金融稳定型时间不一致，即当金融体系面临严重危机时，政府宁可牺牲物价稳定而采取货币扩张的办法予以救助。在实际中，上述四种货币扩张的动机可能交织在一起，同时发挥作用。一般认为，就业动机主要适合于发达国家的情况，铸币税动机主要适用于发展中国家，而国际收支和金融稳定动机对通货膨胀的作用较小（孙凯，秦宛顺，2005）。

为了消除政府利用中央银行扩张货币的动机，强化货币发行的约束机制，中央银行体制需要进行以下改革：

首先，一个有效的制度安排就是赋予中央银行更大的独立性，甚至是一个独立的中央银行。其理由主要有：政治家缺乏经济远见，干扰货币政策的稳定性和连贯性。政府为满足短期利益的需要，推行通货膨胀政策。中央银行与政府的工作侧重点的不一致，致使相互的措施矛盾对立。当然，这与一国的政治体制有关，从实证分析的结果来看，美国和德国（典型的联邦制国家）的中央银行被公认为是最具独立性的。

其次，如果一个国家的政治治理结构不能摆脱政府对中央银行施加影响的安排，那么就需要公众监督方有可能保证货币不被滥发。透明度原则因此受到重视，并成为近年来中央银行体制改革的有力依据。

最后，针对货币扩张的金融稳定动机，将监管职能从中央银行分离有助于解决相应的时间不一致问题。显然，这种体制安排需要与独立性相配合，否则即使中央银行不存在对金融机构过度放贷的倾向，政府的干预也可能导致货币扩张。

2. 如何消除中央银行自身过度扩张货币的动机

事实上，即使不考虑市场因素的影响，政府也并不一定总是通货膨胀的制造者，因为选举带来的政治压力使政府不能充分利用铸币税提升其收入，也就是说，善意的政府能够考虑到通货膨胀税的"福利负担"（怀特，1999）。而现代的中央银行通常被认为是一个特殊的官僚政治机构：它是政府的一个办事机构，由政府任命的官员领导，不向追求利润的股东负责，它能够自负盈亏，不需要像典型的政府机构那样依靠财政拨款。因此经济学家们在解释中央银行行为的时候，常常暗含着中央银行是"社会人"的假设。但是20世纪80年代以来的一些分析使人们的看法发生了变化。弗里德曼（M. Friedman, 1982）指出，美联储反对毫不含糊的政策目标而保持某种神秘性，是为了避免被追究责任，提高它在人们想像中的重要性；这种官僚政治利益甚至在宏观经济波动中也表现出来，因为美联储官员们的重要性确实是在他们行使积极的（实际上破坏稳定）政策时得到提升，所以他们更愿意充当危机管理者的角色。马克·托姆（M. Toma, 1982）则指出，美联储能够获得收入并任凭自己的操作所需来花费这笔收入，并且将剩余的部分上缴财政，这种自融资机制导致货币扩张的动机，从而使美联储具备了"通货膨胀倾向"。上述分析显然使人们对于中央银行增强透明度的要求更加强烈，如果有了明确的考核基准，中央银行就必须为自身扩张货币行为的后果负责，这将对中央银行出于自身利益的货币发行形成制约。

除此之外，中央银行货币扩张的动机也可能是由其监管职能引起的。在中央银行同时承担货币政策和银行监管职能的情况下，就会产生如利益冲突说、道德风险说以及声望成本说所指出的问题，为了顾及监管职能而采用不利于货币稳定的通货膨胀性政策，特别是在20世纪80年代以后，由于金融风险因素增加而导致监管责任更加重大，这一问题就越发突出。在此背景下，将监管职能从中央银行分离出来的呼声和行动日渐增加。

3.1.2 浮动汇率制度与中央银行体制变革

不同的国际货币制度形成了不同的汇率制度。中央银行制度建立以来，经历了汇率制度的几次主要变化：首先是国际金本位制下较为稳定的固定汇率制，以黄金作为物质基础，汇率具有自动稳定的机制；然后是布雷顿森林体系下的汇率制度，这是以黄金—美元为基础的、可调整的固定汇率制，特征是"双挂钩"，即美元与黄金挂钩、各国货币与美元挂钩；随着1971年美国政府宣布停止美元兑换黄金，国际货币体系进入了无序状态。1972—1973年各主要西方国际陆续实行浮动汇率制，以固定汇率和可兑换货币为特征的布雷顿森林体系土崩瓦解。在IMF的建议下，1976年1月20个国家的代表在牙买加首都金斯敦达成了协议，称为"牙买加协议"。其主要内容是废除了黄金对货币发行的限制，承认浮动汇率的合理性，允许各国自由选择汇率制度，当时各主要货币都实行了自由浮动汇率制度。其中大多数工业化国家（占IMF成员国的三分之一左右）都实行单独浮动方式，欧洲的部分国家实行了联合浮动，而大多数发展中国家则实行钉住汇率制（或钉住单一货币或钉住"一篮子"货币）。

1. 固定汇率制下的中央银行体制特征

从形式上看，金本位制下的固定汇率制和布雷顿森林体系下的固定汇率制是非常相似的，但实际上二者之间有着本质的区别，从而对中央银行体制产生了不同的影响。

金本位制下的固定汇率制度是全球性的，而且是自发形成的。各国货币的汇价以黄金平价为基础实现自动稳定，并且使各国物价也自动稳定，是这种制度的最大优点。这是由金本位制下黄金的自由铸造、自由兑换、自由输出入等基本特点所决定的。在金本位制下，中央银行的货币发行必须有黄金作保证，因此政府也无法任意干预中央银行的行为，除非它宣布停止银行券兑换黄金（正如两次世界大战期间所发生情形），而这就意味着金本位制的解体。加之这一时期各国普遍奉行经济自由主义思想，政府并不干预经济。因此，这一时期中央银行的独立性是极高的。

布雷顿森林体系下的固定汇率制是国际协调的产物。该体系在1945—1971年间成功地保持着固定汇率，同时，当一国货币离开它应有的或基本的价值线太远的时候，比价可以得到调整。德国马克曾好几次向上调整，而英镑也曾在1967年下调。这种调整是通过政府的干预得以实施的。当汇率从基准平衡点移开时有能力予以调整，从而使之成为具有一定灵活性的固定汇率体系，这是布雷顿森林体系与金本位的关键区别。有了这一既固定又可适当调整的汇率体系，世界外汇市场得到了双重的优越性：一是它仍基于稳定的金本位，汇率可以逐月预测，因而鼓励了世界贸易和资本的流通；二是由于采用具有一定灵活性的固定汇率，相对持久的价格可以通过汇率变化得到一定的调整，这在一定程度上避免了金本位制下那种痛苦的通货紧缩和大量失业的状况。

布雷顿森林体系下的固定汇率制度对中央银行独立性产生了多方面的影响，既有正面影响，也有负面影响。首先，在固定汇率的约束下，为了维持本国产品在国内市场对进口产品的竞争力和本国出口产品在海外市场的竞争力，政府在国内实行通货膨胀政策的可能性较小，从而有利于维护中央银行的独立性。其次，由于这种固定汇率制度具有造成通货膨胀国际传递的内在缺陷，往往需要政府不惜一些代价维护汇率稳定，从而削弱中央银行的独立性。因为如果中央银行为稳定国内物价而实行紧缩政策，就会由于利率水平上升导致资本大量流入，从而对该国货币造成升值压力。由于这一时期多数国家政府都直接掌控着汇率的确定与调整权力，政府会迫使中央银行投放基础货币以维护货币平价，因而对中央银行的独立性有所牵制。最后，由于这种固定汇率制度又具有一定灵活性，一国政府能够对其货币的汇率进行调整而不必强迫中央银行进行与货币政策相抵消的外汇市场操作，因而对中央银行独立性的提升又具有积极作用。总而言之，与金本位制时期相比，布雷顿森林体系下的固定汇率制度对中央银行独立性有所削弱，但仍存在维持其独立性的内在动力。

2. 浮动汇率制对中央银行体制的影响

（1）浮动汇率制度对中央银行独立性的影响

在浮动汇率制度下，一国经济的内部平衡和外部平衡一般不会发生冲突，政府也不必仅仅为了恢复国际收支的均衡而在国内实行不合时宜的膨胀性政策或紧缩性政策，"中央银行能够控制货币存量的事实是这种汇率制度的关键之处"①。因此中央银行的独立性容易得到体制上的保障。

而另一方面，由于缺乏固定汇率制度的约束，对扩张性的货币政策的制约弱化，可以使一国政府长期推行通货膨胀政策，而不必担心国际收支问题，因而浮动汇率制具有内在的通货膨胀倾向。如果一国的通货膨胀率较高，国际收支发生赤字，于是本国货币汇率贬值，进口商品价格上涨，进一步加剧国内通货膨胀，还会引起国内通货膨胀的恶性循环。这种隐患的存在使中央银行独立性显得更为重要。

综上所述，20世纪70年代以来的浮动汇率制既对中央银行独立性提出了更为迫切的要求，也为中央银行独立性提供了更加现实的制度基础。

（2）浮动汇率制对中央银行监管职能的影响

首先，浮动汇率制加剧了国际金融的动荡性。金融风险加大，金融监管变得更加复杂，对于承担监管职能的中央银行来说，要花费更多的精力，责任也更加重大。这一现实导致全能型中央银行出现监管成本增大、效率降低的趋势，因此分离监管职能的体制需求随之增加。

---

① 相关的分析可以参见（美）多恩布什、费希尔：《宏观经济学》（第6版），中国人民大学出版社，1997年版，第143—147页。

其次，在那些实行钉住汇率制的国家，在国内和国外目标不一致时确实存在利益冲突。若一国正处于经济衰退之中，需要通过降息来刺激经济，但恰逢国际利率呈上升趋势，为了维持固定汇率，中央银行不得已采取加息的货币政策，结果可能导致企业利息负担过重而拖欠银行贷款，造成金融体系的不稳定。1997年爆发的亚洲金融危机便是这种冲突的真实写照。因此，支持货币政策与银行监管分离的"利益冲突说"实际上反映了在复杂的开放经济条件下中央银行面临的新挑战，如果中央银行既需要在内、外均衡的不断权衡中实施货币政策，同时又负有银行监管的职责，那么就不免要经常面对两难的境地，使其货币稳定与金融稳定的功能无法同时实现。然而，即使将银行监管职能从中央银行分离出去，上述矛盾依然存在，只不过中央银行出于自身利益的考虑更容易将货币稳定放在首位。

3.2　金融体系变化对当代中央银行体制变革的影响

中央银行的另一重要职能就是金融稳定。自20世纪70年代以来，由于金融创新和金融自由化的出现，金融体系发生了重大变化。新的金融工具、金融市场和金融机构不断出现，创新所导致的较低的融资成本和便利的融资渠道，大大提高了发达国家金融业运行效率，并由此促进了经济的运行效率和繁荣发展。同时，金融创新也使金融监管制度据以发挥作用的客观基础发生了重大变化，从而在发达市场经济国家出现放松管制的浪潮。这些变化对经济落后、资金匮乏的发展中国家产生了极大的影响，许多发展中国家先后进行了以金融深化或金融发展为目标的金融体制改革。金融自由化不仅促进了各国金融市场的紧密联系，而且为金融全球化提供了客观基础和强有力的技术支持，促进了全球金融市场逐渐走向一体化。在金融创新和金融自由化的推动下，全球范围内资金转移的方式从以间接融资为主（以银行信贷为主）转向了以直接融资为主（以可在公开市场上交易的债务工具为主），从而促进了全球金融市场的一体化和繁荣。而金融全球化的发展，又为金融创新提供了广阔的舞台，促进了金融创新活动的深化。在这一过程中，中央银行的货币稳定和金融稳定功能都受到了巨大的影响。

3.2.1 虚拟资本扩张与金融危机加重

1. 虚拟资本扩张与金融危机加重，导致中央银行"最后贷款人"的救助能力不足

根据马克思的论述，虚拟资本是指以有价证券形式存在并能给持有者带来一定收入的资本，是信用制度和货币资本化的产物。虚拟资本可分为广义和狭义两种含义：狭义的虚拟资本是指债券、股票等有价证券，广义的虚拟资本则包括银行借贷信用（期票、汇票、存款货币等）、有价证券（股票和债券等）、名义存款准备金以及由投机票据等形成的资本的总称。20世纪70年代以来，随着金融创新特别是各类金融衍生工具的发展，信息技术的迅速进步，金融自由化程度的增大，以及经济全球化的发展，资本的虚拟化程度越来越高，虚拟资本在金融市场中的流动速度越来越快，流量也越来越大，从而使得虚拟经济的规模不断膨胀。虚拟经济是一把双刃剑，它既能促进实体经济的发展，又增大了实体经济系统的脆弱性。特别是当实体经济系统运行失常、政府宏观管理失误或外部投机资本的冲击发生时，极易引发金融危机或经济危机。进入90年代以后，金融全球化趋势越发明显，长期以来用虚拟经济创造的庞大货币资本，像出笼的猛兽一样在世界各国的金融市场上横冲直撞。20世纪的最后10年中，世界接连不断地爆发了一场场金融与货币危机，先是1990年日本由资产泡沫破灭引起的金融危机，然后是1992年的英镑危机，1995年的墨西哥金融危机，1997年的亚洲金融危机，1998年的俄罗斯金融危机和2000年以来的阿根廷和委内瑞拉金融危机。这些金融危机的共同表现是，利率、汇率、股价等金融指标全部或大部分突然而急剧地恶化，这时人们纷纷抛售其实际资产并变现其虚拟资本，导致经济及社会的动荡。

上述变化对中央银行的最后贷款人功能产生了冲击。基于部分准备金制度而建立起来的最后贷款人制度，面对业务日趋全能化和国际化的银行业，显得力不从心。表面上看是金融市场的发展以及金融体系的变化导致虚拟资本扩张大大超过物质产品增长，但更为根本的原因还是货币制度的变化。正是黄金的非货币化，使国际储备货币的发行失去了约束，货币由传统的实体财富变成了一种抽象的价值符号。从理论上讲，在这种信用货币制度条件下，作为最后贷款人的中央银行可以无限制地满足虚拟经济膨胀对货币的需求。

但是，中央银行提供紧急救助的资金是有成本的。如果所提供的救助资金不能收回，那么，就等于中央银行凭空发行了一笔基础货币，随之而来的货币存量扩张实际上是对以货币表现的整个社会财富作了相应摊薄。从这个意义上说，中央银行所提供的救助资金实际上是社会的公共资金。作为负有社会性责任的机构，中央银行必须权衡公共资金使用的成本和效益，注意防范救助行动可能对货币稳定目标带来的消极影响，以及可能产生的严重道德风险问题，这正是近年来中央银行增强独立性、分离监管职能趋势扩大的重要原因。

2. 金融危机的频繁出现是导致金融监管体制和中央银行体制变革的直接原因

由于信用货币制度和大量虚拟金融资产的快速增长，全球经济、金融体系发展呈现出虚拟经济的发展速度和规模远大于实体经济的重要特征。虚拟金融资产和实物资产的倒金字塔结构成为当代经济金融体系不稳定的内在根源。从20世纪80年代初开始，一系列区域性金融危机的相继爆发，国际货币基金组织181个成员国中的133个国家，包括发展中国家和工业化市场经济国家，还有所有转轨国家，都在不同阶段经历过金融领域的严重困难，几乎占成员国的3/4。这些金融问题被分为两大类：一类是"危机"（36个国家共41例）；另一类是"严重问题"（共108例）[1]。而世界银行1999年的一份研究报告显示，从20世纪70年代以来金融不稳定特别是金融危机发生的频率直线上升，发展中国家和发达国家的金融危机达69次之多。

每一次金融监管理念和制度的重要变革都是与危机相联系的。在金本位时代，严重的金融危机一般不多，但较小规模的危机相当频繁。19世纪中期频繁出现的货币危机导致中央银行制度的建立，20世纪30年代世界性的经济危机引发全面、严格的金融监管，中央银行货币政策与监管职能得以强化，20世纪80年代以后国际金融市场风波迭起，出于对货币危机和金融危机的防范，世界范围内加强中央银行独立性的呼声日渐高涨，而对金融监管的重视更是达到前所未有的高度。

20世纪70年代以后，由于证券融资市场份额不断扩大，特别是新兴金融

---

[1] 卡尔—约翰·林捷瑞恩：银行稳健经营与宏观经济政策，北京：中国金融出版社，1998年版，第20—38页。

市场的不断涌现，导致金融监管主体出现了分散化、多元化的趋势。其中，银行和非银行金融机构的监管由中央银行承担，证券市场、期货市场的监管则由证券监管委员会、期货市场委员会等机构承担，对保险业的监管也由专门的保险监管机构来承担。20世纪90年代，人们逐步达成共识，认为中央银行的主要任务就是长期致力于维持物价的稳定。于是，一些发达国家和发展中国家纷纷开始进行中央银行体制改革，在强化中央银行独立性的同时，适应由混业经营和跨国银行集团发展而掀起的整合金融监管机构的浪潮，将银行监管职能从中央银行分离出来，交给独立于中央银行的综合监管机构承担。尤其是那些经历了重大金融事件和金融危机的国家更是纷纷采取分拆中央银行的改革。

3. 存款保险制度和政府的救助行动成为危机管理的重要手段，为中央银行的职能转变提供了必要条件

存款保险制度最早诞生于美国。20世纪30年代大危机之际，全美约有三分之一的银行破产，公众利益广泛受到严重的损害，社会不安加剧，在这种形势下，美国率先设立存款保险制度，此后其他国家也纷纷效仿。截至2000年，已有72个国家和地区建立了存款保险体系，其中68个国家和地区属于"明确型"或称为"显性"存款保险体系，在这68个国家和地区中，大约50个是在20世纪80年代以后建立的存款保险体系（有19个在80年代建立，有31个在90年代建立）。而且许多国家的存款保险机构还被赋予了金融监管职能。如美国联邦存款保险公司（FDIC）对银行的监管包括定期与不定期要求商业银行提供财务报表和经营管理状况，采用CAMEL评级法对资本、资产、管理、盈利、流动性进行评级，并可以进行现场检查。除此之外，还有权与其他监管部门联合发布停业整顿命令，对其高级管理人员进行严格监管，防止银行高级管理人员的恶意经营和欺诈行为，保证银行安全稳健运行。可见，中央银行的最后贷款人功能以及金融监管职能已经部分地被存款保险机构所取代。

政府的救助行动在当代金融危机中的作用也愈加明显。过去，中央银行常常依赖于私有银行业处理金融危机，私有银行业考虑到自身的利益，也愿意助一臂之力。但随着竞争的加剧及金融全球化的到来，私有银行的援助已变得越来越困难甚至几乎是不可能的。跨国银行声称，来自股东、监管者、国内法律的压力阻止其对陷入困境的金融机构进行援救。如果跨国银行不进

行救助，那么国内银行出于竞争的考虑也会袖手旁观。既然无法说服私有银行参与拯救计划，危机管理又超出了中央银行的能力范围，就只能借助于政府财政资金。

20世纪80年代以来，随着金融危机的加重，存款保险制度和政府的救助行动变得日益重要，这为中央银行分离监管职能提供了必要的条件。古德哈特和斯哥梅克（Goodhart and Schoenmaker, 1995）在对24个国家的研究中发现，这些国家的104例银行危机案例中，只有2例是中央银行单独拯救困难银行，说明中央银行在危机管理中已居于次要的地位。而且从表3—1中可以看出，存款保险机构和政府是危机银行救助的最主要资金来源，在中央银行不承担银行监管职能（简称分离型）的体制下更是如此（问题银行依靠政府资金和存款保险基金救助的比例为53/103，依赖银行系统救助的比例为35/103），而在中央银行承担监管职能（简称全能型）的体制下则恰好相反。这种情况至少可以说明，在中央银行分离监管职能的体制下，政府和存款保险机构成为危机管理的主要角色。

表3—1　全能型与分离型体制下的救助资金来源

来源	监管体制 全能型	监管体制 分离型	合计
中央银行	6	21	27
商业银行	11	14	25
存款保险	12	28	40
政府	3	25	28
没有外部资金	8	15	23
合计	40	103	143

资料来源：Goodhart, C., Schoenmaker, D., 1995, "Should the Functions of Monetary Policy and Banking Supervision Be Separated?" Oxford Economic Papers, New Series, Vol. 47, NO. 4, 539—560.

总之，如果中央银行履行最后贷款人职能时严格遵循以下原则：一是仅向陷入暂时性流动危机但仍然资可抵债的银行提供援助，二是执行惩罚性高利率，三是必须提供良好抵押品或者可信赖的担保，那么，其稳定货币的职责就可以得到保证，但却无法应付规模庞大的金融危机；如果从金融稳定的职责出发全力救助，则中央银行作为最后贷款人的职能实际上愈来愈像财政手段，远离原本的货币手段。面临两难的选择，要保持中央银行的独立性以维护货币稳定，就要求其放弃稳定金融的职责而专注于稳定价格的职责，从而使中央银行的监管职能向政府分离。

3.2.2 金融业放松管制与货币政策实施环境的变化

现代金融制度的主要方面在19世纪末已基本就绪，从那时起一直到20世纪60年代以前，银行业的结构、习惯做法以及技术都没有发生大的变化。而此后的20年当中，金融创新以及金融自由化在世界范围内的兴起和蔓延，已经并且仍将继续改造着银行业和金融市场的本质。在这一过程中，放松管制、创新和技术进步交织在一起，相互作用。其中，特别值得注意的是，放松管制与其他引起变革的力量不同，它是一个政治过程的结果，对中央银行体制产生的影响不容忽视。

1. 商业银行地位的变化与中央银行体制变革

从商业银行诞生一直到20世纪的60年代以前，其对于经济的重要性可以说与日俱增。特别是信用货币制度建立以后，政府通过中央银行与银行系统分享货币创造的权利，一旦政府已经习惯于依赖银行信用，那么也就意味着政府在银行破产时的直接利益损失，因此政府通常赋予中央银行对银行进行监管的权利；而中央银行能够凭垄断性的货币发行权力获得大量铸币税收入的事实，也使其自然地负有了维护币值稳定的责任。

从20世纪30年代到70年代，大多数国家的中央银行作为政府代表都充当了银行业管制者的角色。中央银行管制银行业和管制金融业有两大主要动机：一是保护货币供给及信贷活动，以促进私人和公共部门的资本形成，防止由于银行倒闭和流动性损失造成系统性的影响；二是要通过货币的（从而是银行的）政策，实现各种宏观经济目标，特别是物价稳定目标。

在许多国家放松管制之前，商业银行由于具有存款创造功能而在一国的货币供给中占据着中心地位。信用货币制度下的货币供给包括现金与银行存款两部分，这就意味着银行必然是货币当局（通常就是中央银行）的控制核心。中央银行通过控制和影响那些决定银行行为的因素，如利率上限、法定存款准备金、道义劝告等，使得货币政策通过银行信贷渠道对产出和物价起到了相当大的作用。

然而，在20世纪七八十年代放松管制的环境下，货币政策的实施已经发生了变化。随着直接控制和信贷指导以及其他管制的取消，金融市场上的竞争更加激烈，从而使银行失去了许多特殊性：他们丧失了对支付系统的垄断；他们不再拥有通向中央银行贴现窗口的特别通道；银行业不再是外汇的唯一代理机构或经销商；在一些国家，银行存款不再具有政府百分之百的支持；银行和其他金融机构之间曾经泾渭分明的区别，现在在很大程度上已经模糊一团了，因为证券化蚕食了许多曾经将市场交易从中介交易中剥离出来的市场壁垒。实际上，放松管制引起了以往由政府、中央银行和银行体系组成的三合一货币控制的重新安排。货币制度向着一种新的结构演进着，在那里银行不再是核心的一部分，而必须是与经济的其他内生决定部分打成一片（Davis and Lewis，1992）。这同时意味着政府的"有形手"在与市场的"无形手"较量的过程中不得不有所退让，由于政府无法继续通过中央银行有效地进行货币控制，因此中央银行进一步脱离政府而趋向独立就有了更大的空间。

在银行对于货币政策的重要性降低的同时，正如前文所分析的那样，虚拟经济的发展却使得银行危机的风险越来越大。因此，同时承担货币政策与银行监管职能的中央银行对声誉的考虑占了上峰，致使越来越多的中央银行倾向于将银行监管职能分离出去。

2. 货币政策规则的建立与中央银行体制变革

关于货币政策的"随意与规则"问题一直是货币体制的两个替代性选择。人们对此有颇多争论，从历史发展的实践来看，大体上可以分为三个阶段：金本位制下的规则体制；20世纪30年代以来的相机抉择体制；20世纪70年代以后发达国家的货币政策向规则方向发展。

在19世纪初英国的那场持久的论战中，"通货派"认为银行券的流通应该有完全相应的金币作保证，也就是说，货币供给应该受到严格的规则约束。而"银行派"则认为，这种规则是多余的，他们相信超额的货币供给原则上是不可能的，银行会把贷款限制在货币经济的"实际纸钞"水平内，从而相应地消除了通货膨胀产生的压力。其实，银行学派忽略了货币量是与名义纸钞相连的事实，同时也忽略了利率的影响。最终，通货派赢得了这场争论的胜利，金本位制下的规则得以确立。而1929—1933年世界性的经济大危机却使得这种规则性的政策黯然失色，许多国家政府感到束手无策。在这一背景下，美洲大陆出现的"罗斯福新政"以及欧洲大陆兴起的凯恩斯主义获得了广泛的认同。从此，政府干预之手重拳出击，相机抉择的货币政策体制大行其道，并且取得了明显的绩效。然而，这种绩效是递减的，原因在于人具有学习能力，公众对相机抉择发挥作用的机理理解程度不断提高，当他们采取自我保护的行动时，政府的扩张性政策便会失去效应。到了20世纪70年代后期，随着"滞胀"的出现，相机抉择的作用几乎丧失。以弗里德曼为代表的货币主义和以卢卡斯为代表的理性预期学派对此作出了有力的解释，并强调要稳定经济只能采用规则的货币政策。公共选择理论则将相机抉择和缺乏基本货币法律相等同，认为货币当局可能存在政治动机，如果允许其任意追求政治目标，则可能是铸币税或者政治经济周期，而这些都与公众的利益相悖。从基德兰德和普雷斯科特（1977）开始，时间不一致性的理论对规则优于相机抉择提供了更加充分和有力的论证。他们认为相机抉择的体制使政府缺乏公信力，公众不会相信政府会真正遵守其反通货膨胀的承诺，因而政府的相机抉择政策只能导致过度通货膨胀的次优结果。

实际上，规则胜于相机抉择的思想与"古典自由主义"思想是相近的。换句话说，建立规则性货币政策的理论也是有前提的，那就是完备的市场机制所具有的自我调节功能。而20世纪70年代以来政府放松管制的结果恰恰就意味着市场更加趋近自由竞争，银行部门对货币政策的反应变得更加内生化，这些变化都为规则性的政策提供了土壤。

现在是规则如何在实践中付诸实施的问题了。一方面，规则的建立使公信力成为中央银行体制改革的核心原则，这就要求中央银行提高独立性和权威性；而另一方面，中央银行的透明度和责任性也正是规则性货币政策实施的重要前提。按照弗里德曼的观点，任何由专家组成的中央银行机构都自然地偏好能相机抉择地应用其专业意见，以显示他们的重要性，因此他提出了在冻结基础货币的同时废除美联储的激进方案。然而现实毕竟没有理论走得那样远，弗里德曼的单一规则（固定的货币增长率）没有得到不折不扣的实践，中央银行也没有被废除。事实上，发达国家的中央银行往往为了建立一个稳定的名义锚（nominal anchor），更愿意执行基于明确规则的货币政策，但这些规则并不是刚性的，而是货币当局系统行动的基本准则，在实际执行过程中允许有一定的灵活性。当然只要允许中央银行继续存在，对规则的实施就存在抵制因素，而且中央银行越独立，这种抵制的力量就越强大。为此，20世纪80年代以来随着一些发达国家对规则性政策的认同，同时也对中央银行体制提出了透明度和责任性的要求。这既是对高度独立的中央银行的制约，也是规则能够生效的制度保证。因为只有清晰地预先制定出中央银行的操作规程,并使规则能够以可观测的变量和行为表现出来,局外人才能够对其监察和评价;只有建立实实在在的监察制度,才能够发现中央银行偏离规则的所有行为;只有建立相应的惩罚机制,才能约束中央银行严格遵循规则行事。

货币政策规则的建立对中央银行的监管职能也产生了潜在的影响。中央银行监管的一个好处是可以将监管手段与货币政策工具配合,特别是在市场化程度较低的国家;另外是可以随时掌握货币政策的执行情况,便于分段决策,这是与相机抉择的货币政策相匹配的制度安排。而在规则的政策下,中央银行的货币政策操作简单化,并且着眼于经济变化的整体规律性,对单个银行机构监管信息的需求量大大降低,这一变化与其他方面原因共同作用的结果,是越来越多的国家将银行监管职能从中央银行分离出去。

3.2.3 混业经营与综合监管趋势

纵观各国的金融业经营模式,主要存在两种做法:混业经营和分业经营,这两种经营模式的实践和争论在西方金融业发展历史上曾几经起伏。1929—1933年大危机之后,国际金融领域逐渐由混业经营占绝对统治地位的格局演变为混业和分业两种经营模式并举的格局,前者以德国、瑞士和奥地利为代表,后者以美国、日本和英国为代表。20世纪80年代以来,在金融创新、金融自由化和金融全球化的影响下,世界范围内出现了金融混业经营的趋势,单一的银行功能正向全能银行的方向发展。这其间最具划时代意义的事情是1999年11月美国国会通过了《金融服务现代法案》(Financial Services Modernization Act of 1999),从而正式废除了长期作为美国金融监管的立法基础的《格拉斯—斯蒂格尔法案》,结束了美国商业银行、证券公司和保险公司分业经营的历史。它标志着分业经营这一由美国首先创立、并被实践证明行之有效的金融管理方式,又在它的诞生地被废止了。而在此之前,英国和日本先后颁布了实施混业经营的法律文件。发展中国家如拉美许多国家也取消了分业经营制度,1997年韩国也基本完成向混业经营的过渡,而东欧转型国家中的绝大部分在转轨之时就实行了混业经营。这些情况都充分说明了混业经营已经成为当今国际金融业发展的主流。

金融机构的混业经营趋势及综合性金融集团的崛起,不仅引起了货币政策实施环境的巨大变化,同时也对金融监管体制提出了巨大挑战。中央银行原有的银行监管职能由于银行业务定义的变化而扩大了范围，这必然会产生两方面的问题：同时承担货币政策与银行监管职能的中央银行权力是否太大？中央银行是否足以负荷如此大量的工作和沉重的责任？在当前金融市场瞬息万变的情况下，中央银行持续地集中精力于保持金融体系稳定性的做法显得越来越突出，这使人们有理由担心中央银行的货币稳定职能受到削弱。与此同时，为适应金融机构和市场的发展，监管组织结构也应做出相应的变革或调整。从效率角度考虑，成立独立于中央银行的、统一的金融监管机构是最佳选择（Briault，1999）。20世纪80年代，挪威、丹麦和瑞典相继建立起单一的综合性监管机构，英国在1980年以前，银行、证券和保险采取分业经营、分业监管的模式，1986年实行的金融"大爆炸"全面摧毁了分业经营体制，而众多监管机构的存在难免职能交叉，监管效率降低而成本上升，面对金融产品和市场的巨大变化，原有的监管组织架构已逐渐不能适应金融管理的需要。1997年5月，刚刚上台的工党政府宣布对英国金融监管体制进行改革，将英格兰银行等9家监管机构的金融监管职能移交给新成立的超级金融监管机构——金融监管服务局（FSA）。继英国之后，全球掀起了一股建立综合监管机构的热潮。据世界银行专家的统计，从1986年到2003年的17年里，全球共有46个国家建立起单一的综合性监管机构[1]。当然，学术界对综合金融监管体制有着相当大的争议，一直存在正反两种看法（见表3—2）。但从采取综合监管模式的国家的情况来看，几乎所有的国家都宣称，它们建立综合监管机构的首要原因在于金融混业经营的重新兴起。在这一过程中，中央银行分离监管职能的改革实际上往往是与金融监管体制的改革同步进行的（本文7.1.1节将做进一步的分析）。

---

[1] 参见 José de Luna Martinez and Thomas A. Rose（2003）：International Survey of Integrated Financial Sector Supervision. World Bank Policy Research Working Paper 3096. 以及《经济社会体制比较》2005年第2期。

表3—2 赞同或反对综合监管的观点

赞同的观点	反对的观点
·可以更好地适应金融混业经营的潮流，促进对跨国金融集团的监管 ·更好地监测到影响整个金融体系的事件，而这种事前的监测与事后的政策反应同样重要 ·综合监管机构有助于找到减少监管套利行为的方法，利于金融业内的公平竞争 ·加强监管者的责任 ·降低监管成本，使规模经济与范围经济的效果最大化，促进资源最优配置	·兼并过程可能导致监管低效率，这不仅表现在过渡期，而且表现在这个过程之外 ·银行、证券、保险行业风险性质不同，且在金融系统中的重要性有别，需要受到不同程度的管制 ·可以通过其他途径达到现有机构的信息共享，而不用综合监管 ·综合监管可能只在个别国家奏效，而且更适合于发达的金融系统 ·规模经济收益并不明显，也可能会导致规模不经济

3.3 政府职能演变对当代中央银行体制的影响

中央银行从诞生之初就被打上了政府的烙印。1694年，英国威廉三世政府想要为英法战争融资，于是同意了威廉·帕特森（William Patterson）的计划，该计划提出由本来已是政府债权人的金匠募集120万英镑作为股本来组建英格兰银行，为政府垫款。作为交换条件，政府特许这家银行以政府债券作抵押发行等值银行券，并排他性地占有政府存款。此后，作为承担更多债务的回报，该银行不断获得更大的特权，最终成为全国法偿货币的唯一发行银行。由此可见，英格兰银行一开始就与政府有着密切的关系，"作为国家银行和私人银行之间的奇特的混合物"①，显然是基于财政原因获得了政府的支持。中央银行在世界各国的发展历史尽管不尽相同，但大量的历史事实说明，中央银行充当银行的银行、最后贷款人、银行监管等职能可以由私人性质的机构来承担，而垄断货币发行和执行货币政策两项关键职能却只能由政府创立的中央银行来行使。正是基于上述原因，薇拉·史密斯（Vera Smith，1936）甚至说："中央银行不是银行业发展的自然产物。它是外部力量强加或者是政府偏好的结果。"中央银行制度在世界范围内形成和发展的结果是政府

---

① 《马克思恩格斯全集》第25卷，第454页。

将那些私营机构的职能国有化或者直接创立中央银行。自第二次世界大战结束以来,"政府的银行"已经成为现代中央银行的基本职能之一。显然,政府职能的变化是影响中央银行体制的重要因素。

3.3.1 国家干预理论与政府对中央银行职能的强化

在市场经济发展的历程中,国家干预主义和经济自由主义始终是经济理论争论的焦点。在市场经济的初期阶段,西方经济学者普遍崇尚经济的自由放任,反对政府干预,他们认为市场机制会自动地使经济运行保持和谐。作为时代旗帜的经济学家亚当·斯密在1776年出版的《国富论》当中,着力宣扬市场这只"看不见的手"的作用,抨击重商主义时代政府对经济生活的无端干预,呼吁通过不受政府干预的自由市场作用保持经济高效率。在这种时代精神的影响下,从17世纪至19世纪各国政府行为的主要特点是充当"守夜人"角色,在经济领域消极无为。19世纪后期,这种潮流就已经开始向相反方向转变。随着经济危机的加剧,几乎所有资本主义国家中,政府在经济上的作用都稳步增强。以美国为例,1887年成立州际商务委员会(ICC)来管理州铁路的运价,1913年建立了中央银行制度(FED)以控制各商业银行,同时建立联邦贸易委员会(FIC)以防止大企业的不公正贸易行径。而20世纪30年代整个资本主义世界更是经历了空前的经济危机,凯恩斯主义正是在这一背景下应运而生。凯恩斯革命,其最本质的东西就是主张加大国家调节经济、干预社会经济生活的力度,凯恩斯写道:"我们生存其中的经济社会,其显著缺点,乃在不能提供充分就业,以及财富与所得之分配有欠公平合理。"[①] 而要解决这些问题,"政府机能不能不扩大,这从19世纪政论家来看,或从当代美国理财家来看,恐怕要认为是对于个人主义之极大侵犯。然而我为之辩护,认为这是唯一切实的办法,可以避免现行经济形态之全部毁灭;又是必要条件,可以让私人策动力有适当运用。"[②]

凯恩斯主义在20世纪50年代和60年代的发展中国家也曾风靡一时。理由很简单,这些国家(包括在亚洲、非洲和拉丁美洲陆续出现的一些由于殖民地解放而新独立的国家)的市场极为不发达,有些市场根本不存在,因而

---

① [英]凯恩斯著,徐毓枏译《就业、利息和货币通论》,北京:商务印书馆,1996,321。
② [英]凯恩斯著,徐毓枏译《就业、利息和货币通论》,北京:商务印书馆,1996,328。

比发达国家更加容易有市场失灵的问题。既然在发达国家市场失灵的对策是政府干预，那么在发展中国家的经济发展中，政府更应该扮演一个不可或缺的角色。受早期发展经济学的这种影响，发展中国家大多有过一段钟情于政府扮演要角的经济浪漫主义时代。在他们看来，除了政府这一因素外，经济发展的另一个重要因素就是资金。当时，许多发展经济学家认为这些国家如果能够获得足够的资本，例如，通过强迫提高本国居民的储蓄率，或举借外债，就可以采用进口替代型的贸易战略全面推行工业化，经济就会顺利地发展起来。这里，政府被赋予极大的责任，成为经济资源的主要掌控者，并且是经济活动的主要组织者和推动者。以前苏联为代表的中央计划经济体制国家，除了意识形态方面的原因外，其选择高度集中的计划经济体制的重要原因之一，是当时西方发达国家经济危机频繁发生，国民经济频频陷入困境。按照当时的预想，只要建立中央计划经济，便可避免重蹈市场经济国家的覆辙，走上共同富裕、繁荣平等的道路。因此，国家被赋予了政治经济活动的最高权威地位。

可见，第二次世界大战以后国家干预经济的思潮在世界范围内兴盛一时。不用说计划经济体制，就是经历了长时期自由竞争发展的资本主义国家，政府也再不是过去的无为而治，而是积极监督和调控。政府权力日益扩大的这种趋势在中央银行体制方面更是得到了充分的表现。

1. 中央银行独立性降低

伴随着大规模国有化浪潮的出现，这一时期中央银行的国有化引人注目，而且成为此后中央银行设立的重要原则①。由于政府成为具有绝对控股权的大股东，因此，政府在中央银行的人事任命、业务活动等方面享有更大的权力。1945年法国政府将法兰西银行收归国有，并规定其最高权力机构为理事会，由总裁、两位副总裁和10名董事组成。总裁和副总裁经内阁会议通过并由共和国总统委任，董事会中有9人由财政部提名，经内阁联席会议通过任命，第10名是从法兰西银行职员中以无记名投票方式选举产生，可见其独立性较低。1946年英格兰银行也被收归国有，听命于政府。1959年英国莱德克利夫委员会在其发表的报告中指出："正像我们所勾画的那样，货币政策不能构想

---

① 尽管少数国家还允许私人持有部分中央银行的股份（如瑞士、日本、墨西哥），但私人股份的数量和权力受到严格限制，其所有权和投票权已经失去了实质性意义。

成为一种追求自己独立目标的经济战略，它是一国整体经济政策的一个组成部分，并且也必须如此设计"①。被公认为具有高度独立性的美联储，尽管没有进行国有化，而是走了一条中间路线——其决策机构理事会是一个完全意义上的公共机构，各地区的联邦储备银行却在很大程度上具有私营机构的特征（其股本为私人性质的会员银行所有），但这一时期也曾明显地受到外部干预。美国于大萧条时期出台的相关法律，赋予了财政部长调整美联储货币政策的权力，并规定美联储必须配合政府的经济政策，否则其所指定的货币政策将被废止。第二次世界大战期间，美联储牺牲了独立性，同意钉住财政债券的收益曲线，为战争融资提供低利率政策。而直到 1970 年代中期，美联储的货币政策目标基本上都是以 1946 年制定的《就业法》为基础，"最大限度地促进就业、提高生产力和购买力"。1975 年美国众议员和参议员通过的主要针对货币政策操作的《第 133 号联合决议》，也表明了国会对于货币政策的干预和影响。

2. 中央银行货币政策与金融监管职能的集中和强化

在凯恩斯主义摒弃"货币面纱"观的理论基础上，传统的中央银行货币管理职能也转化为制定和执行货币政策并服务于宏观经济政策目标，而市场失灵理论和信息经济学的兴起更进一步丰富了银行监管的理论基础。这段时期的银行监管理论主要以维护金融体系安全，弥补金融市场的不完全为研究的出发点和主要内容，认为自由的银行制度和全能的金融机构具有较强的脆弱性和不稳定性，认为银行过度参与投资银行业务，并最终引发连锁倒闭是经济危机的导火索，这些理论为 20 世纪 30 年代开始的严格而广泛的政府金融监管提供了有力的注解。

第二次世界大战结束以后，各国中央银行逐渐实行了国有化政策，而此时货币政策与银行监管作为政府经济职能的地位已经得以确立，中央银行便无可争议地成为这两大职能的执掌者。英国《1946 年银行法》在宣布英格兰银行国有化的同时，也规定了英格兰银行对其他银行具有监管权。这一时期获得民族独立的广大发展中国家则适应潮流，一般都直接由政府出资设立中央银行，并全面负责货币政策与银行监管。

---

① 转引自 F. Capie, C. Goodhart, S. Fischer, N. Schnadt, "The Future of Central Banking," Cambridge University Press, 1994, 54.

与此同时，中央银行的功能也得到强化。一方面，货币政策目标多元化，即由原来单纯的币值稳定发展为稳定币值、充分就业、经济增长和国际收支平衡四大目标，多数国家允许货币政策在上述目标之间相机抉择（德国是个例外，坚持稳定币值的唯一目标，但被视为"非理性的通货膨胀恐惧症的产物"）；另一方面，货币政策工具进一步完善和发展，间接性的总量调控工具——法定存款准备率、再贴现和公开市场业务——逐步法令化、制度化，此外还出现了一些直接性控制工具，如利率高限、特别存款、信贷分配、道义劝告、窗口指导等，货币政策的针对性增强，中央银行的调控领域得以延伸。在这一过程中，货币政策与银行监管职能统一于中央银行，绝非简单地加总，而是不断相互融合。例如，出于防止银行倒闭和破产对经济造成震荡的目的，中央银行采取集中储备和法定存款准备金制度，这起初是一种银行监管手段，但后来却发展成为重要的货币政策工具。又如，限制商业银行支付的利率，这是1980年代以前许多国家的做法，然而这项银行管制手段又可以作为直接性的货币控制工具。此外，这一时期以相机抉择为主要特征的货币政策，也要求中央银行必须及时了解银行部门的流动性状况，从而进行分段决策。可见，货币政策与银行监管职能向中央银行集中并融合发展，是当时历史发展条件下的必然选择。在20世纪30年代以后的大部分时间里，上述两大职能都被包含在中央银行的定义性特征之中。

然而也正是从这一时期开始产生了货币政策与银行监管矛盾的问题。在凯恩斯主义理论的影响下，中央银行为了实现宏观经济政策目标相机抉择地制定和执行货币政策，其政策工具直接作用于银行体系的准备金，并通过私人银行的自利性行为影响可贷资金的供给。而金融监管则更加倾向于政府的直接管制，放弃自由银行制度，通过法律法规对金融机构的具体经营范围和方式进行规制和干预成为监管的主要内容。这两种作用特点不同的职能集于中央银行一身，在某些情况下就会出现利益冲突等问题。

3.3.2 经济自由主义思想的复兴与中央银行体制变革

在国家干预理论的指引下，政府长期执行赤字财政政策，并用通货膨胀政策来筹措财政预算，结果造成20世纪70年代和80年代西方国家普遍出现的以高物价、高失业率和低增长为特征的滞胀。而社会主义国家对于计划经济的设想最终也没有成为事实。在经过初期的高速发展后，很快便遭遇到了各种挫折，与发达国家曾一度缩小的差距又逐渐拉大，国家经济生活呈现出积重难返之势，日用消费品极度匮乏，人民群众的劳动积极性和创造性低落。一些拉美国家和非洲国家，经过一段时期的发展后，于70年代后期开始，特别是80年代出现经济成长的瓶颈。这些国家的政府不但未能发展出市场机制，反而使市场扭曲和市场失灵较以前更为严重。

20世纪70年代末80年代初以来，在许多资本主义国家出现了极不寻常的现象，那就是大批出卖国有企业归私人所有，这种私有化的态势波及之广、影响之大，也是史无前例的。与此同时，新保守主义经济学的自由经济思潮卷土重来，货币学派、供给学派、理性预期学派等纷纷出现并且影响不断扩大，这些理论被许多国家政府采纳，一时间成为经济政策的潮流所向。如英国的撒切尔政府在十余年间推行自由经济政策，美国的里根总统采纳了供给学派和货币学派的主张，联邦德国则从战后即实行属于新型自由经济主义的社会市场经济政策，它们都曾取得了显著的成就。然而这场经济自由主义的复兴并不是简单地回复古典主义，因为经历了几十年的政府干预经济的实践，人们对市场机制与政府干预各自的优缺点有了更加全面的认识。因此，在政府干预弱化的同时，其干预方式也发生了明显的改变，这些变化对当代中央银行体制产生了直接而深刻的影响。

1. 政府干预弱化与中央银行独立性的增强

货币学派的"自然失业率"理论、理性预期学派的政策无效命题、哈耶克的"货币非国家化"主张以及供给学派的"回到萨伊定律"等观点的提出，都对凯恩斯主义指导下的政府干预提出了批判。这些理论使人们对政府干预的态度发生了重大转变，认识到政府扩张经济的政策最终只能导致通货膨胀，物价稳定对于发展经济的重要意义得到空前的重视。在这一背景下，中央银行独立于政府从而坚持稳定物价的唯一目标的做法受到认同，各国政府纷纷改革中央银行的货币政策体制（参见1.3节）。

值得注意的一个有趣的问题是，作为规则的倡导者，货币学派的经济学家在反对政府干预的同时，却对中央银行独立性进行了严厉的批评。他们认为，能够抵制政治要求的中央银行也能够抵制公众的要求，中央银行的官员通常会特别强调独立性，而这正是他们不想对任何人负责的借口。因此弗里德曼提出，消除货币政策不稳定性的切实可行的最好办法就是冻结基础货币，但这还不够，要彻底消灭相机抉择的推动力还应当废除美联储。而相机抉择的支持者尽管认为政府干预有其合理性，却对中央银行的独立性给予了高度重视。他们认为应该授权中央银行家而不是政府官员来实施相机抉择，享有高度独立性的中央银行能够抵制政府刺激经济增长的短期行为、抵制政治家为争取选票而实施货币扩张的倾向、抵制财政部的低利率融资需求，从而运用专业化的技术手段去追求公众的利益目标。这种对比让我们产生了一个疑问：中央银行的独立性与政府对经济的干预程度之间究竟存在什么关系？

我们首先应当了解理论和现实之间的差距在哪里。倡导规则的理论认为，政府干预经济的相机抉择政策由于存在时间不一致性而具有内在的通货膨胀倾向，这些理论中的一个关键是信息因素。按照理性预期学派的观点，公众能够有效利用一切可获信息，很快形成（总体上）与实际通货膨胀率相一致的理性预期，因此完全抵消了政府的政策效果。那么，无论是长期还是短期，政府旨在降低失业率的经济政策都是无效的；弗里德曼则没有引入信息博弈的概念，其使用的预期也只是适应性预期而非理性预期，因此得出了货币政策短期有效而长期无效的结论。但是，现实中作为博弈双方的中央银行与公众所拥有的信息是不完全的和非对称的，一般说来，中央银行拥有对货币政策目标重点变动和货币需求预测等方面的信息优势，而公众只能通过对过去货币供给和通货膨胀实际的观察，来间接了解政策目标重点的变化。这种信息的非对称性和公众的学习过程，使中央银行过去和当前的货币政策行为能够影响公众当前和未来的通货膨胀预期。因此中央银行可以通过降低当前的通货膨胀来影响并降低公众未来的通货膨胀预期，从而降低未来的通货膨胀。另一方面，信息不对称也使公众面临的通货膨胀不确定性上升，由于公众对货币政策目标的长期变动与货币需求预测和货币供给控制的暂时性误差之间的认识较模糊，使得政府可以利用这种信息优势来刺激经济增长。这说明在非对称信息和理性预期假定下，相机抉择的货币政策对经济的调节仍然是有效的。现实当中，我们也可以看到，尽管货币主义理论曾一度被多个国家宣布作为货币政策的实施依据，但往往是言行不一的。以美国为例，1979年10月美联储宣布它正在降低联邦基金利率目标的重要性，而将货币增长率目标置于更重要的地位，然而实际的结果是：货币增长率的目标每年都在变化，而且3年中有2年都没能维持在建议的货币增长范围内（见表3—3），所谓的货币主义实验成了一个幌子。许多经济学家认为美联储实际上是为了能够使用必要的严厉措施迅速抑制通货膨胀,并使这一目标获得政治上的可行性①。

表3—3 1979—1982年美联储公布的M1增长率控制目标与实际情况对照表

年份	M1的目标范围（%）	M1的实际增长率（%）
1980	4.0—6.5	6.8
1981	3.5—6.0	5.3
1982	2.5—5.5	7.8

资料来源：（美）劳埃德·B.托马斯：《货币、银行与金融市场》，机械工业出版社1999年版，第350页。

政府干预的确在弱化，但是并没有像弗里德曼所建议的那样取消中央银行，也没有真正坚持所谓的单一规则，至于理性预期学派等新保守主义思想的更加极端的主张，则只是停留在书本上的自由市场经济模型当中。在错综复杂的现实世界里，政府的改良性措施似乎总是遵循着中间道路。增强中央银行独立性的体制改革成为世界趋势，这已经表明了经济自由主义思想的渗透作用，政府对待货币政策问题的态度实际上发生了变化，赋予中央银行更大的权力可以看作是政府在货币职能方面的巨大让步。而中央银行的官员们也及时地利用这些理论加强了对政府的抵制，从而为自身争取了更大的独立性。

2. 政府干预方式的改革与中央银行透明度的提高

20世纪70年代石油危机之后的经济衰退，导致西方各国高额的财政赤字，福利国家不堪重负，并面临一系列新的社会与政治问题。面对日趋庞大臃肿而又效率低下的政府机构，公众对政府能力失去信心，"政府失败"论开始占主导地位，成为引发政府改革的直接原因。世界各国都在探索如何综合自由市场经济与政府干预的优点，避免"市场失灵"和"政府失灵"。与此同时，经济全球化和新技术革命也使传统的政府行政方式受到了挑战。20世纪70年代末80年代初，英国、美国等发达国家都在不同程度上将市场机制引入政府管理，推行所谓"新公共管理"的理念，认为那些已经和正在为私营部门所成功地运用着的管理方法，如绩效管理、目标管理、组织发展、人力资源开发等并非为私营部门所独有，它们完全可以运用到公有部门的管理

---

① 参见（美）劳埃德·B.托马斯：《货币、银行与金融市场》，机械工业出版社1999年版，第350页。

中。在这一理念的影响下，政府公共行政改革潮流席卷全球。新西兰、澳大利亚与英国一起被人们视为新公共管理改革最为迅速、系统、全面和激进的国家。特别是新西兰，它因改革的深度、广度、持续时间和成效而被许多西方国家奉为典范。

西方行政改革中一个主要做法就是在提供公共服务的过程中引入行政合同制度（也称行政契约制度），即政府官员走到"市场"去同商家签订种种合同，将某些公共服务以合同的形式承包给私人部门，打破政府垄断，鼓励和吸引私人资本投资到原来政府包揽包办的事业中。另一方面，新公共管理反对传统公共行政重遵守既定法律法规，轻绩效测定和评估的做法，主张放松严格的行政规制（即主要通过法规、制度控制），而实现严明的绩效目标控制（即确定组织、个人的具体目标），并根据绩效示标（performance in dicator）对目标完成情况进行测量和评估，由此实现所谓"三E"目标——经济（economy）、效率（efficency）和效果（effect）。这种做法也影响到中央银行，新西兰就是第一个使用通货膨胀目标制的国家。1989年《新西兰储备银行法》颁布以后，中央银行的货币政策目标被唯一地确定为物价稳定，1990年财政部代表政府与新西兰储备银行签署了《政策目标协定》。这种安排在一定程度上提高了货币政策的透明度和可靠性。

新技术革命尤其是信息革命也是当代西方政府改革的催化剂。信息技术的快速发展为建立起灵活、高效、透明的政府创造了可能性。信息时代的来临以及"数字化生存"方式要求政府对迅速变化着的经济作出反应；它打破了长期以来政府对公共信息的垄断；新通信技术以及接触政府信息的便利使公民和社会团体更容易参与公共管理活动。这要求对政府组织及其运作过程作出变革与调整。当前，各国中央银行通过自己的官方网站公布内部组织和操作框架，以及货币政策的相关信息，其传递效果远比传统媒体更加迅速和广泛，这也使得社会对于货币政策的关注程度大大提高。显然，中央银行透明度的提高正是政府行政管理方式改变的反映。

3.4 独立性、透明度与监管职能分离三大趋势之间的关系

尽管从历史的角度可以为中央银行体制的发展变迁找到充足的依据，但不容忽视的是，上述三大趋势在不同国家的反映并不一致，在同一国家也未必同步发展。美国联邦储备系统以及（1999年之前的）德意志联邦银行就被认为是有较强的独立性但透明度较差的中央银行的典型例子，德国是最早建立独立于中央银行的综合金融监管机构的国家[①]，而美联储至今也没有进行分离监管职能的改革；另一个事例是英格兰银行在1993年仍缺乏独立性时就采用了提高货币政策透明度的措施，而1997年法律赋予其较高独立性的同时，英格兰银行的监管职能被分离出来并交给了新成立的完全综合监管机构（FSA）。作为具有重要影响力的一些国家在中央银行体制方面的变革引人注目，但上述三大趋势之间的关系却显得扑朔迷离，这些范例使许多效仿者面临困惑——中央银行体制的改革应当遵循什么样的原则进行？对这一问题的回答将使当代中央银行体制新特征的解释更为完整。

人们在对中央银行独立性、透明度与监管职能分离这些问题进行研究的过程中，经常会提及它们之间的联系，但总体看来，这些分析是零散的和不系统的，甚至是相互矛盾的。毕竟，与单纯追求利润最大化的商业银行相比，各国中央银行体制的构建受到更多因素的影响，诸如经济金融发展水平和结构特征、金融业经营模式及监管体制、货币政策作用的特点、政治体制和法律制度等等，因而差异也更加明显。本文尝试从总体上对这些错综复杂的关系进行分析。

3.4.1 中央银行的独立性与透明度

中央银行独立性从制度上分离了政府和中央银行之间的责任，为平均通

---

① 早在1961年，联邦德国通过了《银行法》，授权建立联邦银行监督局，并使其在银行监管中发挥中心作用，该机构直接隶属于德国财政部，由于德国银行业可以同时经营证券和保险，银监局实际上就是一个综合金融监管当局。当然，这还只是一种不完全的综合监管。

货膨胀的降低造就合适的环境。但是,独立性可能招致民主责任的丧失,中央银行独立之后,一方面,可能转变为追逐自身目标的官僚机构,无视其他的经济政策目标,如就业目标;另一方面,中央银行可能会使用隐秘方式来掩饰错误、愚蠢或者无能,而且,更危险的是,隐秘性本身成为目的,政策制定者会借口政策有效性来遮盖隐秘性(Goodfriend,1986)。所以,监督对民主制来说是必要的。透明度的作用在于,它引起了社会对货币政策的公共兴趣或理解,通过信息披露增大了中央银行的策略和操作程序的可见性,因而,提供了公众直接监测货币政策的机会,这本身会迫使中央银行对公众更加负责,更坚定地服从承诺;同时,透明度也防止了中央银行滥用权力或者它的决策独立性。因此,近年来中央银行透明度的提高实际上是其独立性发展的重要制衡机制。各国中央银行和国际货币基金组织之所以要致力于透明度的建设,主要是基于政治考虑(Briault et al.,1997)。随着中央银行独立性的增强,为了防止受货币政策短期收益的驱使,中央银行应该增加其货币政策各方面的透明度,使公众能够正确评估货币政策绩效(Buiter,1999;Geraats,2002a、b)。这类观点可以得到经验主义的证据支持。杰拉特兹(Geraats,2002b)利用弗瑞等人(Fry,Julius,Mahadeva,Roger and Sterne,2000)提供的透明度和独立性的大量数据(来自92个国家),得出了中央银行独立性和透明度之间呈正相关关系的结论。

但杰拉特兹(Geraats,2002b)通过模型分析告诉我们:当货币政策由保守或负责的受制于政府的中央银行制定时,信息不透明是有益的。原因是信息不透明使政治家在干预时更谨慎,因为政府很难判断中央银行的行为。所以,信息不透明赋予中央银行更大的有效独立性。他认为,中央银行宁愿不把信息透明化,从而换得更大的自由度。像美国联邦储备委员会和德意志联邦银行,通过使自己政策的非透明化而维持自己的信誉,同时,信誉本身使透明度问题变得不那么重要了。陈利平(2005)的研究也表明,在一定条件下,货币政策目标模糊一方面可以导致通货膨胀预期的提高,降低社会福利;另一方面有助于稳定产出,提高社会福利。当中央银行比较保守时,后一种效应优于前一种效应,从而解释了为什么通货膨胀控制较好的国家通常允许中央银行货币政策保持一定程度的模糊性。爱德华·凯恩(E. Kane,1980)也曾提出一个假说,即美联储的最终职能是充当在位的政治家们在经济和政治上失利的替罪羊。他从这一观点出发解释了有关美联储行为的特点——不完全的货币控制战略、倾向于神秘化而不是清晰的解释自己的行为（不透明）、独立性。凯恩认为美联储工作的模糊性，满足了国会和行政部门的要求，因为他们未曾强迫美联储宣告或实施任何有完全具体内容和步骤的货币控制战略（这样的战略将迫使执政者也必须遵守），没有这一约束，他们可以把不理想的结果归罪于美联储；作为交换，美联储拥有一个"独立的"制度结构，它的官员享有长期的任职期限和预算上的自主权。上述观点表明，透明度与独立性存在着一种此消彼长的替换关系。

这似乎与前面的经验分析产生了矛盾。尽管杰拉特兹（Geraats，2002b）同时指出，当中央银行享有独立性时，透明度不再是有害的，经验主义证据所证明的中央银行透明度和独立性有正相关关系正是解释了这一点。但这些论述给我们留下了一系列的问题：透明度对于独立性强的中央银行没有害但又不重要，而这类中央银行本身也没有动力提高透明度，那么独立性与透明度的正相关该如何解释？对于那些独立性弱的中央银行，透明度是否可取？是否应该通过降低透明度以换取更大的有效独立性？综合考虑，透明度为什么会作为一种世界潮流出现呢？

我们不妨回忆一下本章前面三节所讨论的内容，如果从历史发展过程中各种因素相互作用的角度回答上述问题，应该可以得出比较圆满的解释。因为中央银行独立性的发展在世界范围是不均衡的，所以有必要分别来讨论。

首先，对于独立性较强的中央银行来说，透明度的提高可以起到权力制衡的作用，抑制中央银行的道德风险。国际货币基金组织在1999年公布的《货币与金融政策透明度良好行为准则》中指出，提高货币政策透明度主要基于以下两方面的原因：（1）如果公众知晓政策的目标和操作工具，而且货币当局对实施这些目标和工具做出可信的承诺，那么货币金融政策的有效性就会增强；（2）中央银行要对其行为负责，尤其是当其独立性较高时，增强透明度有利于接受公众的监督。现实中，政策是由一些具有自身目的的个人或集团制定的。当这些人可以自由地决策并且不负有明确责任的时候，他们行为的真实动机会令人质疑。人们有理由怀疑中央银行官僚会为自身利益（如在公众中享有声望，或许还有物质方面的利益）而积极开展寻租活动，扩张自己的影响范围，或者与政府形成某种默契。解决这种道德风险问题最直接的办法是使代理人的行为可观察，而借助于信息披露这样的行政程序可以实现官僚机构的运作透明化。当中央银行的政策目标和工具清晰而透明，就可以让公众断定政府机构所公布的政策，是基于专家分析而不是未被察觉的某个院外集团施加影响的结果，也就有可能追究中央银行的官员们是否履行了职责，这样他们便无法充当替罪羊的角色从而与政府进行权力交换。因此，在某些国家中央银行独立性提高到一定程度时，上述问题越发明显，引起了人们对于独立性的反思——中央银行使公众相信它对既定政策的承诺，主要取决于透明度而不是依赖保证中央银行官员绝对独立于政治干预。这种情况下，尽管中央银行本身没有动力提高透明度，但由于意识到只有提高货币政策的透明度才可以增强自身的声誉博取能力，于是纷纷在透明度的提升方面作出制度安排。当然这一过程在不同国家并不是同步进行的，所以基于同一时点的数据分析并不能完全说明问题。

其次，对于独立性较弱的中央银行来说，透明度的提高可以促进独立性的增强。一些国家由于历史、政治和经济等各方面的原因导致政府对中央银行施加较多的干预，但由于独立性对于抑制通货膨胀的作用已经得到广泛的共识，并成为当代的世界潮流，这些国家增强独立性的改革并不少见（参见1.3节），特别是转轨国家，为了表明经济上的可信性，吸引国际资本的流入，往往非常重视中央银行的独立性（至少是在法律上）。在这一背景下，透明度对这些国家的中央银行又意味着什么呢？应当指出的是，一个独立性较弱的中央银行要想独自提高透明度，这在政治上是不可行的，因为这同时会将政府干预部分地公开化，政府就可能要面对公众的指责，而且由于中央银行不是独立决策，无法对货币政策负责，透明度也就失去了意义。因此，只有当政府真正下决心增强中央银行的独立性，它才会允许中央银行提高透明度，透明度和独立性会相互促进。

综上所述，对于中央银行来说，独立性是第一位的，透明度是第二位的。尽管透明度成为一种潮流，并且与独立性呈现出同向变化的趋势，但是它对于独立性较强的中央银行和独立性较弱的中央银行有着完全不同的意义。在中央银行已经具备了相当大的独立性的前提下，透明度作为一种制衡机制发挥作用，而在政府干预较多的国家，透明度和独立性应该而且只能同步发展。

3.4.2 中央银行的独立性与银行监管职能分离

有关银行监管职能从中央银行分离的讨论大多是从监管体制的角度来加以分析，因为这项改革往往是与金融监管机构的一体化改革同步进行的，分离之后的银行监管职能几乎都交给了一个综合性的监管机构（参见 7.1 节）。而作为中央银行体制变革的一项内容，银行监管职能分离也是在中央银行独立性不断提高的背景下出现的，那么两者之间又存在怎样的关系呢？对这一问题的认识有以下几种观点：

一种观点认为，对于独立性较强的中央银行，剥离监管职能有利于制衡其日益扩大的权力。由于中央银行并非一个由民主选举而产生的机构，而是由政府直接任命才成立的，这样中央银行就有可能与公众利益发生冲突。中央银行通过货币政策的操作和银行监管，掌握了金融机构的大量信息，它对监管对象拥有信息"准租"利益，这可能会诱发中央银行的寻租等败德行为。因此从政治角度考虑不应授予其过大的权力。

另一种观点认为，将监管职能从中央银行分离有利于提高中央银行的独立性。理由是，中央银行的职能范围越广，其受到政治影响的可能也越大，从而有可能危及到独立的货币政策的制定和实施，因此可行的做法是政府一方面扩大中央银行制定货币政策的独立自主权，而另一方面将银行监管交给一个独立于中央银行的综合监管机构。根据海勒（Heller，1991）的实证研究，不监管金融机构的中央银行其独立性更高。他用通货膨胀率的高低来代表一国中央银行独立性的程度，分析其与是否承担金融监管职能之间的关系，结果发现，中央银行没有任何金融监管职能的国家其平均通货膨胀率最低，拥有部分金融监管职能的国家其通货膨胀水平次之，拥有全部金融监管职能的国家其通货膨胀水平最高。

还有一种观点认为，中央银行的独立性越强，就越没有必要剥离其监管职能。因为监管机构的独立性有利于它有效地开展监管工作，将监管职能赋予中央银行有利于强化监管职能的独立性。对于这种分析美联储就是一个很好的佐证。

上述观点看似矛盾，但仔细分析可以发现，实际上是从不同的角度、针对不同的情况作出的判断。

首先从权力分配来看，可以肯定的是，银行监管职能的分离对于中央银行来说意味着权力被削弱。关键是分离的"事前"和"事后"状况如何：如果事前的中央银行独立性较强，要看其权力是否需要制衡以及如何制衡，剥离银行监管职能只是一种可供选择的方法，而即使实施，也并无损于货币政策的独立性。德国早在 20 世纪 60 年代就将银行监管职能从中央银行分离出去，被认为是权力制衡的一种措施，但直到加入欧洲中央银行体系之前它仍然是公认的独立性最强的中央银行；如果事前的中央银行独立性较弱，这种情况下继续削弱权力只能降低其权威性，出于政治均衡的考虑，分离银行监管职能往往是为事后或者同时提高中央银行独立性的改革做准备，从而使改革更易于被社会各利益集团所接受。例如，英国成立 FSA 后，英格兰银行被赋予了独立操作货币政策的权力，根据 1998 年新修订的《英格兰银行法》，它还获得了自主设定基准利率的权力（Davies，2000）。韩国银行（BOK）在让渡了所有与银行监管有关的职责后，法律加强了其作为负责货币政策部门的独立地位。澳大利亚储备银行（RBA）在分离监管职能以后，强化了其通过控制货币状况来稳定价格的职责。

其次从货币政策作用的特点来看，发达国家和发展中国家（特别是转轨国家）之间存在着相当大的差别。发达国家的市场化程度相对较高，货币政策的实施主要通过间接性政策工具来实现，如美联储的公开市场业务占其全部资产业务的 92%，日本银行则占到 85%[①]。间接性政策工具的特点是完全依靠市场机制发挥作用，只要中央银行独立操纵货币政策的法律地位得以确立，并不需要借助行政权力付诸实施。这种情况下，考虑政治上的权力均衡以及金融监管体制的需要，将银行监管职能从中央银行分离出来，不仅不会对货币政策的执行和效果产生负面影响，而且有助于提高货币政策的独立性。与此相反，转轨经济国家由于市场化程度相度较低，货币政策还需要借助大量的直接性政策工具，如利率高限、消费者信用控制、信用配额管理、流动性比率控制和直接干预（信贷业务、放款范围等）。直接性货币政策工具与银行监管措施经常难以区分，在实施过程中往往需要行政权力的保障，因此剥离银行监管职能对货币政策效果将产生不利影响，有可能导致政府进一步加重对经济的干预。

由此可见，如果排除金融监管体制变革的原因，市场经济国家将中央银行的银行监管职能分离出去主要基于两种情况——制约独立性导致的过大权力或者是增强独立性；而转轨国家要想从分离监管职能的改革中受益，必须在加快市场化进程的同时提高中央银行的独立性。

---

① 根据黄达：《金融学》（中国人民大学出版社 2003 年版，第 385 页）"2001 年末美国联邦储备银行资产负债表"和"2001 年末日本银行资产负债表"计算。

3.4.3 中央银行的透明度与银行监管职能分离

从一般意义上讲，中央银行的透明度与银行监管职能之间的关系可以归结为下几方面：（1）如果考虑到透明度问题，银行监管职能最好从中央银行分离出来，因为与货币政策信息相比，监管信息不宜公开。（2）透明度的出发点在于使中央银行接受社会的评估与公众的监督，显然，把监管职能分离出去有利于分清中央银行的责任，特别适宜于建立通货膨胀目标制的国家。（3）透明度往往与规则的建立相联系，如果中央银行坚持一个固定的规则并公之于众，那么，银行监管信息的重要性将会降低，这为中央银行监管职能的分离提供了条件。

尽管总体上提高中央银行透明度与分离银行监管职能的做法相互支持，但在中央银行独立性程度不同的情况下仍有差别：对于高度独立的中央银行，提高透明度和分离银行监管职能都是可选择的权力制衡方法，如德国选择了将银行监管职能从中央银行分离，而美国近期的改革似乎更倾向于提高中央银行的透明度；对于独立性较弱的中央银行，分离银行监管职能的改革若不能与提高透明度同步，则政府就会有加强干预的动机和可能。

3.4.4 中央银行的独立性、透明度与银行监管职能分离

1. 作为当代中央银行体制发展的趋势性特征，独立性、透明度与监管职能分离在概念上并非属于同一层面。

独立性表明了中央银行的地位、与政府以及政府部门之间的关系，通过机构设置及权力分配、人事制度等体现，通常会以法律形式加以确立；透明度反映了中央银行管理运作的方式，核心就是信息披露，通过法律和一些中央银行内部的规章制度加以保证；监管职能分离则体现了中央银行职能的变化，也要以法律形式明确，其实施过程往往涉及与政府部门权力的再分配和中央银行内部机构的调整。独立性和透明度通常被作为中央银行治理的重要原则，它们共同构成了中央银行管理的法律框架的基础，从而影响其体制安排，而监管职能分离本身就是体制变革。

独立性强调的是中央银行的法定权力，透明度强调的是中央银行应尽的义务，而剥离监管职能是对中央银行职能的重新设定，三者都与中央银行的

责任有关。在三大趋势当中，独立性是最重要的。因为中央银行作为"国家银行与私人银行之间的奇特的混合物"，始终受到市场无形手与政府有形手的双重影响，而中央银行与政府的关系即独立性正是这两只手较量结果的反映。自中央银行诞生以来，独立性问题就一直被经济学家和政府决策部门所关注，而今，"独立的货币当局有利于一国货币稳定和经济长期增长"已经是一个被理论界普遍接受的观点。另一个值得注意的事实是，独立性的争论由来已久，而透明度和监管职能分离问题获得广泛关注则是在中央银行的独立性普遍得到提高之后。

2. 本文从历史角度所做的分析表明，当代中央银行体制的变革适应了货币制度不断演变以及金融自由化和全球化的挑战，同时也体现了政府职能转变的要求。三大趋势并不是孤立发展的，其背后可以找到一个共同的原因，那就是从体制上防止通货膨胀，保持价格稳定。理论分析表明，独立性可以使中央银行排除政治压力坚持物价稳定的目标；透明度则通过承诺保持物价稳定或公布通货膨胀目标等措施引导公众预期，能较好地实现稳定物价的最终目标；而监管职能分离实际上也是为了使中央银行能够专注于货币稳定的目标，并减小"最后贷款人"的道德风险。从中央银行制度与体制的关系来看，稳定与管理货币是中央银行制度的基本特征，而当代中央银行体制改革所表现出来的上述趋势符合了制度演进的一般规律，即不断提高中央银行制度的效率并降低其成本。

3. 如果从历史演变的逻辑关系来看，中央银行体制的变迁本质上还是体现了政府与市场力量对比的变化，其基本思想可以用图3.1来描述。

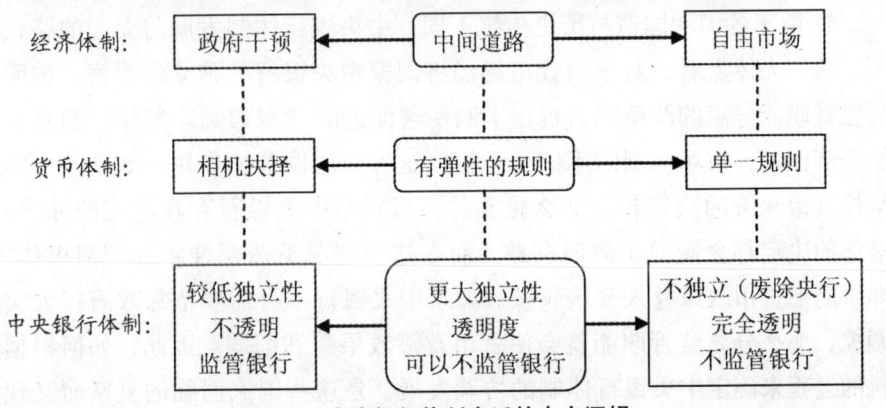

```
经济体制：   [政府干预] ← [中间道路] → [自由市场]
                │            │            │
货币体制：   [相机抉择] ← [有弹性的规则] → [单一规则]
                │            │            │
             [较低独立性]  [更大独立性]  [不独立（废除央行）]
中央银行体制： 不透明       透明度         完全透明
             监管银行    可以不监管银行   不监管银行
```

图3.1　中央银行体制变迁的内在逻辑

从金本位制下的规则到 20 世纪 30 年代以后伴随凯恩斯主义而兴起的相机抉择，再到 20 世纪 70 年代货币学派的单一规则，有关货币体制的两个替代性选择已经形成，并引发了"两种经济哲学思想的争论"（周慕冰，1993）。从中央银行体制的变迁过程来看，20 世纪 30 年代开始其货币政策职能的强化正是相机抉择体制确立的结果，与此相适应的是政府干预下的相对较低的独立性、不透明的货币政策以及方便获得银行监管信息的体制安排。到了 20 世纪 70 年代中期以后，随着货币体制改革应遵守规则的建议日渐增多，关于是否需要一个中央银行的问题重新开始进入讨论的议题（参见 Selgin and White，1994），因为规则的倡导者对中央银行独立性给予了严厉批评，甚至要求废除中央银行，实行分散的竞争性的货币供给，或由政府公布一个固定的规则去执行（完全透明），当然这种体制下银行监管职能只能交给其他政府部门。事实上，当代中央银行体制的世界趋势表明，几乎所有的货币当局都倾向于选择一条"中间道路"，在规则与相机抉择之间折中地进行政策操作，在麦卡勒姆（McCallum，1988）和泰勒（Taylor，1993）等经济学家的研究之后，对规则及其作用已有了新的理解：规则并非静态的、简单不变的原则，作为货币当局制定政策的基准，规则本身也是相对灵活的。也就是说，中央银行仍然可以执行一种货币政策规则，即预先确定根据信息变量的变化而做出的反应。只要规则是可信的、透明的且易于操作，那么中央银行的声誉机制就可以避免相机抉择政策导致的通货膨胀偏差。当然，中央银行的可信度以及与声誉有关的责任性都对独立性提出了更高要求，而银行监管职能的分离也会有助于提高透明度、声誉和分清责任。

4. 由于各国的国情与历史传统不同，中央银行体制发展与变迁的路径也不一致。大体上看，对于当代市场经济国家中央银行的独立性而言，透明度与监管职能分离的改革都表现出了制衡与促进的"双刃剑"特征。而对于转轨经济国家，市场机制的不健全会扭曲这种双向调节的作用。如果政府牢牢掌控货币政策的决定权，那么很显然，当它与中央银行存在潜在的冲突时，最终的决定都会倾向于政府利益。而在这种情况下透明性将起到消极作用，即可能把货币政策卷入政治领域。如果中央银行本身需要依靠政府权力实施调控，那么分离监管职能就会使货币政策效果受到削弱。因此，如何根据转轨的进程来确定中央银行体制的协调发展，是这些国家面临的复杂而又现实的问题。

第四章

当代中央银行体制的世界趋势与中国的改革

4.1 当代中央银行体制的世界趋势对中国的影响

4.2 现行中国人民银行体制存在的主要问题

4.3 中国人民银行现行体制的基本矛盾

4.4 中国中央银行体制改革的逻辑与思路

中国由计划经济向社会主义市场经济的渐进式转轨是历史上一项独一无二的创举。在这一过程中，经济体制改革与政治体制改革的各个环节交错前行、共同推进。作为高度融合了政治与经济元素的中央银行体制，其发展过程本身就值得关注。在本章中，我们将讨论中央银行体制的世界趋势对中国的影响，并进一步分析中国人民银行体制现存的问题，探讨解决或弥补这些缺陷的基本思路。

4.1 当代中央银行体制的世界趋势对中国的影响

4.1.1 影响途径：制度移植

人类的历史在时间中演进。时间是单向变化的，因此从总体上说人类的历史不会重复。但是，不重复并不意味着无规律。正是对发生在世界历史中的理性化过程和规律的理解，在很大程度上影响着发展中国家的现代化过程。诚如马克思在《资本论》中所说："工业较发达的国家向工业较不发达的国家所显示的，只是后者未来的景象……一个国家应该而且可以向其他国家学习"[1]。西方发达国家实行市场经济已有几百年的历史，二战后相继取得民族独立的发展中国家也大都选择了市场经济体制。但直至20世纪80年代末90年代初苏联、东欧剧变，从而宣告"两个平行市场"时代结束，被大多数学者认同的真正意义上的经济全球化才告开始。可以说，20世纪90年代以来的经济全球化是以市场经济体制的全球化为基础的，没有市场经济体制的全球化也就没有生产要素国际间的自由流动，也就谈不上真正意义的经济全球化。全球化不仅带来了各国在物质交流层面的扩大与深化，而且也使相对落后的民族国家逐渐意识到，要谋求与发达国家在全球竞争中的平等地位，最根本

---

[1] 马克思：《资本论》（第一卷），人民出版社1975年版，第8—11页。

的途径就是效法这些国家的制度。

所谓的制度移植指的是某个制度或一组制度从其原生地转移到其他环境并被实践的过程。尽管国家与国家之间、民族与民族之间，在人口规模、历史文化传统、发展水平等方面存在着巨大差异，呈现出丰富多彩的个性。但是，从根本上讲人类的政治生活和经济生活具有普遍性、共同性。所有民族国家面临的问题都具有某种相似性，诸如个人和国家的关系、中央与地方的关系、公平与效率的关系等等是几乎所有国家在任何时候都要面对的课题。人们移植分权制衡的制度，是因为他们相信不受制约的权力有被滥用的可能；人们移植信息披露的制度，是因为他们相信不对称的信息将导致市场失灵。因此，制度移植是现代制度变迁的一种重要方式，对于后发国家来说更是如此。从制度层面上看，发展中国家的"发展"过程本身就主要是通过制度移植实现的。

制度移植通常是后发国家自觉自愿的主动学习过程①，其意图是希望通过制度移植使本国在全球化竞争中实现跳跃式发展，改变其不太有利的国际处境。中国近二十多年来的制度变迁正是大胆向西方学习的结果。这里既包括制度采纳者向制度原创者学习，从而使一套外来的制度能够在法律上得到确认；也包括共同体中相关利益主体围绕制度进行的相互学习以及对制度的了解，进而使这套外来的制度能够实现合法化并被遵守。这两方面依次进行，就体现了一个自上而下的制度移植过程。但在交往扩大的情况下，这个顺序并非固定的，在很多情况下，两个层面的学习是同步的，甚至第二个层面上的某些成员是先学习到的。这样，制度移植就不单单是一个自上而下的过程，也可能是自下而上或上下互动的。中国改革开放以后，大批出国经商者和留学生，学习了一系列关于市场经济的先进理念和技术，然后在国内传播、试验和推广，这也成为制度移植的一条途径。

作为金融制度的重要组成部分，中央银行制度由发达国家向发展中国家特别是转轨国家的移植相当明显。从历史进程来看，中央银行制度的形成是资本主义国家商业银行自然演进的结果，第二次世界大战后独立的发展中国

---

① 这是指当代民族独立国家的情况，而在殖民主义和后殖民主义时代则不然。宗主国为了方便地控制殖民地，有意识地将本国的做法移植到这些殖民地（如加拿大、澳大利亚对英国体制的移植）；或者从殖民地政治撤退的过程中，通过所谓非殖民化，将西方的政治经济制度推销到这些地方（如印度对英国议会民主制度的移植）。

家效仿发达国家,直接由政府设立中央银行。而以苏联为首的一批社会主义国家,开始并未建立单独的中央银行,而是适应高度集中的计划经济体制,设立"大一统"的银行体制。这些国家向市场经济转轨的初始阶段,大多打破了单一银行的金融体系,移植了中央银行制度,同时建立起二阶式银行体系,将货币政策制定与金融经营业务相分离。中国在1984年发生了这种转变,匈牙利于1987年,前苏联于1988年,波兰于1989年,捷克斯洛伐克则于1990年也都实行了这种转变。

20世纪80年代以来,世界货币制度与金融体系发生了巨大的变化。金融业内各部门之间的界限日益模糊、金融自由化和全球化的迅猛发展,对中央银行的角色和功能提出了新的要求,各国(特别是发达国家)纷纷变革中央银行体制以期提高宏观调控的能力与效果。国际清算银行下属的中央银行管制督导委员会的研究显示,国际社会普遍就两点达成共识:首先,中央银行机构在运作及资源方面具有独立性,能够在不受政治影响的条件下履行其职责。其次,中央银行机构的运作应有透明度,并要接受社会问责。由于越来越多的中央银行接受并实践这些治理准则,因此形成了一个事实上的国际中央银行标准。在参与经济全球化的过程中,转轨国家为了获得国际资本的支持,往往将中央银行的独立性、透明度和一些先进的制度规则作为标签,以表明经济上的可信性,增强对国外资本的吸引力。这一时期,也正是中国积极推进经济体制改革,扩大金融业对外开放的时期,在努力谋求并且最终成功加入 WTO 的过程中,国内金融机构逐渐向国际惯例靠拢。尽管 WTO 并没有对各成员国的中央银行作出整齐划一的要求,但在经济全球化的背景下,中央银行治理规则的世界趋势必然会影响到中国。可以看出,20世纪90年代中后期,中国人民银行几次重要的体制变革,如货币政策委员会制度、大区分行体制和银行监管职能分离,都是制度移植的结果。

制度移植的变迁成本一般来说比较低,但是历史经验证明制度移植要比技术移植困难得多。因为对于制度采纳者来说,移植的制度是外生的,必然遇到与本土环境以及与既有的内生制度如何"耦合"的问题。如果这个问题不能解决,这些制度就无法被有效实践,难以得到价值上的认同并成为规范相关行为者活动的规则,移植的制度充其量也只会停留在各种法律文本上,无法成为"活的"制度。而且,任何正式制度在形式上实现变迁到它最后真正发挥作用都需要相当一段时间。在这一"时滞"过程中,制度作用的环境可能发生变化，相关的配套制度也可能发生变化，这又需要不断对引进的制度进行调整和修正，从而纳入经济体制渐进转轨的一般范式。

4.1.2 改革开放以来中国中央银行体制的重要变革

1. 中央银行制度得以确立

从建国初期—1978年间，中国的金融体系实际上是一个"大一统"的银行体系。中国人民银行既是中央银行，又是商业银行，集中管理和分配资金，集现金中心、结算中心、信贷中心于一体。

1979—1983年，我国逐步恢复了中国农业银行、中国银行、中国人民建设银行、中国人民保险公司的独立经营地位，又新设了十多家非银行金融机构，单独成立中央银行已经是水到渠成的事情。1983年9月国务院决定，由中国人民银行专门行使中央银行职能，中国人民银行由"大一统"银行向中央银行的转轨宣告开始，中央银行与商业银行在职能及其相互关系上的界定正式完成。中国人民银行单独行使中央银行职能，在中国经济发展史和金融改革史上具有重要的意义。它标志着中国的经济体制改革已向市场经济体制迈出了重要的一步，标志着宏观调控方式的重要转换，货币政策开始日益成为重要的宏观调控手段。

1986年1月国务院发布《银行管理暂行条例》，它对中央银行职能的规定仍然带有传统体制色彩。例如，只规定了中国人民银行的各项权利，缺少相应的约束条款；赋予中国人民银行以发展经济、稳定货币、提高社会经济效益等多重政策目标；全面监管银行、证券、保险以及其他非银行金融机构。

这段时期，中央银行要不要对经济增长负责、是否兼顾经济结构调整、是否支持地区经济增长、是否给非金融部门发放贷款、是否可以自办营利性公司、实行何种财务预算制度等问题一直没有定论，严重影响了中央银行职能的有效履行。此间，中国人民银行以"支持地方经济"名义给非金融部门发放贷款，但贷款质量欠佳，本息收回比例低，损害了中央银行形象，不利于控制通货膨胀；中国人民银行自办证券公司、城市信用社、融资中心等营利性机构，既造成不小的损失，又与中央银行维护货币稳定和金融监管职责相冲突，也极大地损害了中央银行的威信；中央银行实行与财政部利润分成的预算制度，强化了利润动机，扭曲了中央银行行为。

1995年3月18日,第八届全国人民代表大会第三次会议审议通过了《中华人民共和国中国人民银行法》(以下简称《人行法》),第一次在法律上明确了中国人民银行的中央银行地位,并对其性质和职能作了法律规定,同时通过一些限制性条款对以前许多模糊问题进行了廓清。例如,中央银行不得对金融机构的账户透支,不得对政府财政透支,不得直接认购、包销国债和其他政府债券,不得向地方政府、各级政府部门提供贷款,不得向非银行金融机构以及其他单位和个人提供贷款,不得向任何单位和个人提供担保等。1997年,中央银行发布了《中国人民银行货币政策委员会条例》、《票据管理办法》、《支付结算办法》等涉及机构管理、风险监控方面的规章近百件。这些都显示了中国中央银行制度的创新和完善。

2. 提高中央银行的独立性

在中央银行制度确立之初,独立性的问题已经受到关注,1985年10月召开的中共代表会议通过的"七五"计划中关于金融体制改革的内容就有一条:"人民银行作为中央银行是最重要的调节机构之一,要加强其地位和独立性"[①]。但在计划经济体制的长期影响下,刚刚从"大一统"的银行体系中分离出来的中央银行,要想摆脱政府的压力独立行使货币政策职能,显然是不现实的。

1995年《人行法》的颁布,确立了中央银行在国务院领导下独立执行货币政策的体制。《人行法》第七条规定:"中国人民银行在国务院领导下依法独立执行货币政策,不受地方政府、各级政府部门、社会团体和个人的干涉。"

从1994年开始,中国人民银行停止向中央财政透支,第二年停止借款。中央财政的赤字通过社会融资弥补,中央银行在中央财政进行融资时提供专业支持与服务,不直接购买、包销政府债券(《人行法》第二十八条),从而完全切断了中央银行直接向财政提供基础货币的通道。中央银行可以从市场上买卖国债,调节商业银行的流动性,调控宏观经济。

1997年,借鉴国际通行做法,中国人民银行内部成立货币政策委员会,虽然没有成为决策机构,但实践中其作用不断增强。

1998年12月,中国人民银行开始调整组织体系,跨行政区设立分支机

---

① 刘鸿儒:《刘鸿儒论中国金融体制改革》,中国金融出版社2000年版,第28页。

构。改革后，分行的主要职责是监管辖区内的金融机构，确保金融业的平稳，执行总行的货币政策并向总行报告辖区的经济金融运行情况；建立中国人民银行党委与分行党委的隶属关系，中止分行与地方之间的隶属关系。至此，从制度上完全排除了中国人民银行分行在执行货币政策过程中来自地方政府和其他政府部门干扰的可能性①。

3. 增强中央银行的透明度

纵观全球，整个90年代，无论发达国家还是发展中国家，都开始了新公共管理运动，这一运动对中国政府改革影响很大。1998年的政府改革，使之完全摆脱了计划经济的模式；而2003年的改革，最主要的是建立适应市场经济规则要求的政府职能体系。十六大报告相关部分这样表述："按照精简、统一、效能的原则和决策、执行、监督相协调的要求，继续推进政府机构改革。"这一运动最直接的结果是：提高了政府部门资源配置与工作效率；增加了政府各种计划与项目的有效性；通过职能转变，缩小了机构规模、减少了政府预算开支；改变了公共服务质量与公共产品质量；保证了公众获取公共服务的便利性；加强了公共服务部门对公众需求的回应性；加强了行政行为的透明度；加强了责任机制。

1993年以前中国人民银行主要采用领导发表讲话的方式披露货币政策方针，透明度较低，公众很难在此基础上形成准确的预期。1993年起人民银行开始向社会公布货币供应量指标，1996年正式采用货币供应量作为货币政策中间目标以后，每月中旬人民银行会公布上月M0、M1和M2的实际增长率、金融机构短期和中长期贷款、企业贷款、储蓄存款和外汇储备情况等月度金融统计数据。

从1998年3月起，中央银行每月召开经济金融形势分析会，与国家综合经济管理部门、各政策性银行、商业银行及时交流、沟通信息，以适时把握经济金融运行中的新变化，使商业银行全面了解货币信贷政策措施和意图，并及时获得有关方面对货币政策的意见和建议。同时对商业银行加强指导，促进稳健货币政策的贯彻和有效实施。

从1999年6月开始，货币政策委员会每季度召开会议，发挥咨询议事功能，为货币政策决策提供参考。会后及时向社会发布新闻稿，公布相关信息。

---

① 谢平，刘锡良等：《从通货膨胀到通货紧缩》，西南财经大学出版社2001年版，第3—6页。

从2001年第一季度起人民银行货币政策司开始在每一季度结束后对外公布季度货币政策执行报告。对社会各方面了解货币信贷的运行情况、面临的主要问题、近期的货币信贷政策趋势，以及引导市场预期发挥了良好作用。

从2002年开始，就新拟订的货币信贷政策，在正式出台前公开向社会征求意见，以使有关政策规定更切合实际。2002年2月27日人民银行首次对外公布了货币政策司撰写的《稳健货币政策有关问题的分析报告》，报告说明了实施稳健货币政策的由来、内涵、实施效果及取向，对我国处于通货紧缩的情况下，为何还要实行稳健的货币政策做出了解释，并对当时金融运行中的主要问题进行了分析，对2002年货币政策目标和主要措施进行了说明。

2002年4月25日，中国政府宣布加入IMF数据公布通用系统（GDDS），在IMF的网络上定期公布中国的金融经济统计数据，以及相应的数据注释和改进计划。为了方便公众获取金融统计数据，中国人民银行从2003年底开始发布下一年度《公布金融统计数据时间表》（表4—1）。

表4—1　中国人民银行2005年公布金融统计数据时间表

媒体 时间 报表	中国人民银行网页	《金融时报》	《中国人民银行季报》	《中国人民银行年报》	《金融年鉴》
金融机构信贷收支表	月后15日	月后15日左右，以新闻稿公布上月主要指标。季后15日左右公布上季报表	季后8周	年后5月	年后10月
国家银行信贷收支表	——	同上	——	——	同上
其他商业银行信贷收支表	——	同上	——	——	——
货币供应量统计表	月后15日	同上	季后8周	年后5月	年后10月
黄金储备统计表	季后15日	同上	——	同上	同上
外汇储备统计表	同上	同上	季后8周	同上	同上
汇率统计表	同上	同上	——	同上	同上
货币当局资产负债表	月后4周	——	季后8周	同上	同上
货币概览	同上	——	同上	同上	同上
银行概览	同上	——	同上	同上	同上
存款货币银行资产负债表	——	——	同上	同上	同上

(续表)

特定存款机构资产负债表	——	——	同上	同上	同上
国有商业银行资产负债表	——	——	同上	同上	同上
其他商业银行资产负债表	——	——	同上	同上	同上
城市商业银行资产负债	——	——	同上	同上	同上
外资银行资产负债表	——	——	同上	同上	同上
城市信用社资产负债表	——	——	同上	同上	同上
农村信用社资产负债表	——	——	同上	同上	同上
财务公司资产负债表	——	——	同上	同上	同上
国际流动性报表	——	——	——	同上	同上
金融机构现金收入支出统计表	——	——	——	——	同上
全国城乡储蓄存款（余额、增减额、人均、分地区）报表	——	——	——	——	同上

资料来源：中国人民银行网站。

2005年11月中国人民银行首次发布《中国金融稳定报告》。这一报告与《中国人民银行年报》、《中国货币政策执行报告》共同成为中央银行对外发布的三大重要报告。

4. 金融监管职能分离

从1992年开始，随着中国金融机构不断增多，证券市场快速发育，信托业、银行业和保险业的竞争加剧，出现了宏观金融失控和金融秩序混乱的状况，金融监管的重要性逐渐提高，对金融监管是否一定要隶属于中央银行开始产生争议。1992年8月，国务院决定成立证券委和中国证监会，将证券业的部分监管职能从中国人民银行分离出来。1995年《人行法》对中国人民银行的基本职责有着明确规定：在国务院领导下，制定与实施货币政策，并对金融业进行监督管理。

从1998年开始，针对亚洲金融危机的严重局势和中国经济金融实际情况，党中央、国务院决定对我国金融体制进行重大改革，其标志性的改革是建立跨省区的中国人民银行分行，实施中国人民银行与证监会、保监会的分业监管。1998年，在商业银行和人民银行与所办证券公司、保险公司、信托公司等经济实体彻底脱钩，银行、证券、保险和信托实现分业经营的基础上，中国人民银行的监管职能也相应调整。先是于1998年6月将对证券机构的监管职能移交给证监会，后又于11月将对保险业务、保险机构和保险市场的监管职能分离出去，移交同年成立的中国保险监督管理委员会。至此，银行、证券、保险实现了分业监管。从1998—2003年，中国人民银行对银行业实行分类监管，即在人民银行内部按照银行的产权性质分设监管部门（依照国有银行、股份制银行、信用合作社、非银行金融机构和外资银行来分别设立）。

2003年，十届全国人大一次会议决定，中国人民银行不再承担银行监管职能，批准国务院成立中国银行业监督管理委员会。至此，中央银行有关金融监管的职能基本剥离出去。

4.2 现行中国人民银行体制存在的主要问题

中国中央银行体制历经二十多年的发展，通过不断向发达国家学习，也呈现出与世界趋势相一致的发展态势。但要准确地评价其发展程度和绩效，则是一件困难的事情。毕竟，中国的转轨经济模式是世界上独一无二的。通过对当代中央银行体制发展的世界趋势及其相互关系的分析，对照中国改革现状可以看出，体制改革的协调性是关键问题。

4.2.1 治理层面的问题：独立性、透明度与责任性

1. 中国人民银行的实际独立性高于法定独立性

20世纪90年代以后关于中央银行独立性的实证分析成果相继出现，许多经济学家运用独立性指数对各国中央银行进行测量。中央银行独立性的测度主要分为法定独立性的测度和非法定或行为独立性的测度。其中，法定独立性的测度是根据各国关于中央银行相关法律条款对该组织管理、政策制定和运作等方面的规定来进行的。目前，对中央银行法定独立性的测度方法主要有：AS法（Alesina and Summers, 1993）、GMT法（Grilli, Masciandaro and Tabellini, 1991）、ES法（Eijffinger and Schaling, 1993）和CWN法（Cukierman, Webb and Neyapti, 1992），这些测度方法的基本研究思路完全一致，即通过对"独立性"内涵的界定，选择若干衡量指标并设定相应的备选项，每一项赋予一定的数值和权数，以此为参照，汇总计算出"中央银行独立性指数（CBI）"。上述

评判方法在标准选取、解释、数值和权数设定等方面各有侧重，但总体而言比较适用于中央银行制度相对完善的工业化国家。例如，GMT法（表4—2）认为，中央银行独立性包括政治独立性和经济独立性两部分。其中政治独立性主要涉及第1、2、4、10、11、12项问题；经济独立性又分两类，一是中央银行制定货币政策的权威，主要涉及第3、5、14、15项问题，二是中央银行与政府财政的资金关系，主要涉及第6、9和13项。这种方法的优点是舍弃了权数选择问题，避免由此产生的主观性，但又显得过于简单化。此外，非法定独立性或曰行为独立性的测度主要针对一些影响中央银行独立性的非法定因素，比如政府的非正式安排、中央银行委员会成员的个人素质和个性等。国内一些学者（伏润民，2004；蔡志刚，2004等）运用这些方法对中国人民银行的独立性进行了测评，大多数结论认为其独立性偏低。

表4—2 工业化国家中央银行独立性指数测度表
（Grilli, Masciandaro and Tabellini——GMT, 1991）

衡量指标	评判标准	中国的分值
1 中央银行官员的任命	不是由政府任命为1，否则为0	0
2 中央银行官员的任期	任期超过5年为1，否则为0	1*
3 货币政策制定的权威	无须经政府同意为1，否则为0	0
4 价格稳定作为法定目标	若至少为法定目标为1，否则为0	1
5 解决冲突的法律规定	若强化中央银行地位为1，否则为0	0
6 中央银行对政府借款的利率	采取市场利率为1，否则为0	1*
7 中央银行给政府借款的期限	若只是临时借款为1，否则为0	1*
8 中央银行给政府借款的数量	若存在数量限制为1，否则为0	1*
9 从初级市场上购买政府债券	中央银行不参与购买为1，否则为0	1
10 中央银行董事会的任命	若不由政府任命为1，否则为0	0
11 中央银行董事会的任期	若超过5年为1，否则为0	0
12 中央银行董事会的政府代表	非必须出席为1，否则为0	0
13 中央银行给政府贷款的可得性	若非自动获得为1，否则为0	1
14 贴现率设定的权威	由中央银行设定为1，否则为0	0
15 中央银行监管的角色	中央银行不涉及银行监管为2，不单对银行监管为1，否则为0	2

资料来源：Economic Policy, Vol.6 1991, 341—392. 最后一列为作者整理。

注：带*号的分值为立法条文不符合衡量标准或没有明确规定，但根据其他法律条款和实际情况应取的分值。

但是，我们应当注意到，由于测度指标选择的主观性、测度指标解释的主观性以及立法与实际运作的差异性等，使独立性测度本身存在明显的局限。特别是国外大量的独立性实证分析都针对发达经济体，对处于经济转型时期的中国而言，中央银行体制正处于变革和完善的过程之中，相关法律尚不完备，上述评估方法中的许多问题无法在现有的法律法规中找到明确的答案，影响了测度的准确性。另一方面，即使法律完备，在实践中仍有可能偏离，而法律之外的安排往往又对中央银行的独立性产生重要影响，这些因素通常很难进行量化。因此，对中国中央银行独立性的评价不能单纯采用量化分析的方法，还必须结合实际情况运用定性分析的方法来评价。

首先，从人事独立性来看。法律规定，中国人民银行设行长一人，其人选根据国务院总理的提名，由全国人民代表大会决定；设副行长"若干人"，由国务院总理任免。这种不甚明确的法律规定实际上为政府干预留有余地——国务院总理可以通过改变副行长的人数影响中央银行的决策，但在实践中并未出现这种情况。从任期上看，法律对中国人民银行行长的任期没有规定，这似乎表明政府对中央银行领导人任免程序与任期的影响程度较大，但自《人行法》颁布（1995年）以后，行长的任期明显延长（表4—3），而这正是考察发展中国家中央银行独立性的重要指标[①]。此外，中央银行行长的背景也可以反映该国中央银行的独立性程度。如果中央银行行长是该方面的专家或者具有一定的工作经验和学术背景，那么在制定和执行货币政策时就享有权威，不易受到来自政府或其他部门机构的干扰，从而中央银行的独立性就更高。自20世纪80年代初以来，中国人民银行的历任行长逐渐趋于向"专家"角色转变（表4—3）。

表4—3 中国人民银行历任行长简介（1978—2006年）

姓名	任职时段	上任年龄	学历背景	上任中国人民银行行长前历任主要职务
李葆华	1978—1982	69	大专	水电部副部长
吕培检	1982—1985年	54	大专	审计署审计长，财政部副部长

[①] 常用的中央银行独立性指标及其与平均通货膨胀之间在统计上的相关性只适用于发达经济体，而对于发展中国家，库基尔曼（Cukierman, 1992）建议用中央银行行长更换频率来近似反映独立性，因为在发展中国家，较高更换频率伴随着较高通货膨胀。

(续表)

陈慕华	1985—1988年	64	高中	国家计生委主任，妇联主席
李贵鲜	1988—1993年	51	大学本科	辽宁省电子工业局副局长、总工程师、党组副书记，辽宁省、安徽省省委书记
朱镕基	1993—1995年	65	大学本科	中国社科院经济研究所主任，国家经委副主任，上海市市长，国务院副总理兼中国人民银行行长
戴相龙	1995—2002年	51	大学本科	中国农业银行江苏省分行副行长，中国农业银行副行长，中国交通银行总经理兼副董事长，中国太平洋保险公司董事长，中国人民银行副行长
周小川	2002年—	54	博士学位	中国经济体制改革研究所副所长，国家经济体制改革委员会委员，国家外汇管理局局长，中国人民银行副行长，中国建设银行行长，中国证监会主席

从世界范围来看，大多数的中央银行管理者都有一个官方的从3年到8年的明确任期，其中5年期比较普遍（参见表4—4）。中国在这一指标上实际已经属于独立性较高的行列，但遗憾的是还没有形成一个法令性的明确任期，中央银行行长只是一个具有"模糊任期"的管理者。

表4—4　中央银行管理者的任期（至2004年）

任期	未受访	模糊	8年	7年	6年	5年	4年	3年及其以下
G—20成员国	1	2	1	2	3	6	4	0
BIS成员国（不含G—20成员国）	1	2	1	6	15	9	0	1
非BIS成员国	24	17	0	4	8	46	9	14
合计	26	21	2	12	26	61	13	15

资料来源：Morgan Stanley, Central Bank Directory (2004); Bank for International Settlements.

至于曾经存在的省级分行过多受地方政府干预的状况，从1998年撤并中国人民银行省级分行改设大区行以后，中央银行就在人事方面实现了独立于地方政府。

其次，从财务或经济独立性来看。《人行法》规定，中国人民银行不得对政府财政透支，不得直接认购、包销国债和其他政府债券；不得向地方政府、各级政府部门提供贷款，不得向非金融机构和个人提供贷款；实行独立的财务预算管理制度。这些条款的规定较一般国家严格，有力地保障了中国人民银行履行职责的独立性。

最后，从政策独立性（一般是指工具独立性，而不是目标独立性）来看，中国人民银行只享有一般货币政策事项的决策权，对于重大货币政策事项只有制定权和执行权，最终决策权却在国务院手中。《人行法》规定，中国人民银行就年度货币供应量、利率、汇率和国务院规定的其他重要事项做出的决定，报国务院批准后执行；此外还规定，中国人民银行不得向地方政府、各级政府部门提供贷款，不得向非银行金融机构以及其他单位和个人提供贷款，但国务院决定中国人民银行可以向特定的非银行金融机构提供贷款的除外。这些规定通常被认为是制约中国人民银行独立性的关键因素。但在实践中，中国人民银行内部由于具有了某些事实上的关键性能力从而可以抵制一些外部压力。比如谢平（1995）认为，由于中国人民银行在货币政策的决策上拥有很大的技术垄断性（主要是信息上的优势），所以它上报的决策方案往往是唯一可选择方案，或选择余地很小，使得其在技术方面难以被否定，决策结果往往符合人民银行的意图。近年来随着有关利率和汇率的一些市场化改革措施出台，中国人民银行的实际独立性又进一步提高。经国务院批准，中国人民银行决定从2004年3月25日起实行再贷款浮息制度，即在国务院授权的范围内，中国人民银行根据宏观经济金融形势，在再贷款（再贴现）基准利率基础上，适时确定并公布中央银行对金融机构贷款（贴现）利率加点幅度。这项制度的建立理顺了中央银行和借款人之间的资金利率关系，提高了中央银行引导市场利率的能力[①]。在人民币面临巨大的升值压力的背景下，从2005年7月21日起，我国人民币汇率制度由有管理的浮动汇率制度调整为"以市场供求为基础，参考一揽子货币进行调节，有管理的浮动汇率制度"，这意味着从1994年汇率制度改革以来实行的，实际上钉住美元的基本固定的汇率制度将被钉住一揽子货币的更富弹性的汇率制度所替代。新的汇率体制下，人民币汇率将更富弹性，更加反映市场供求变化，汇率主要由市场机制形成；而"中国人民银行将根据市场发育状况和经济金融形势，适时调整汇率浮动区间"，这意味着人民银行拥有了调整汇率浮动区间的主动权，可根据市场、经济金融形势适时调整。

通过上述分析发现，目前我国中央银行的实际独立性要高于法定独立性。

---

① 中国人民银行货币政策分析小组：《中国货币政策执行报告》2004年第4季度。

这一现象与东欧的转轨国家不同：东欧国家通过休克疗法迅速实现经济转轨，往往直接赋予中央银行很高的法定独立性，但在实践中都曾或多或少地偏离了法律的规定，即法定独立性高于实际独立性①；但我国实行的是渐进转轨，法律的调整非常慎重，也不可能经常调整，往往滞后于实际情况，从最新的变化来看，中央银行的实际独立性明显高于其法定独立性。

2. 中国人民银行货币政策的透明度不足

尽管中国人民银行近年来在透明度方面采取了一定的措施，如建立了公布当年货币控制目标的制度以及公开市场业务操作公告制度等，但与其他国家相比仍有很大差距。美国知名投资顾问公司威尔逊（WILSHIRE）公司对中国货币政策透明度状况的评估在所有26个新兴市场国家中位于最后一名②如果参照发达国家货币政策透明度评估指标体系（具有代表性的是E&G指标）并考虑中国的实际情况来评价，中国人民银行货币政策的透明度在以下方面存在明显的不足：

从政治透明度来看，货币政策目标在《人行法》中有正式的说明，即"保证货币币值的稳定，并以此促进经济增长。"这是一个多重目标，但并没有明确的优先目标。在中央银行与政府之间也没有明确的关于政策目标的制度安排或合约。

从经济透明度来看，与执行货币政策相关的基本经济信息数据在覆盖范围、频率、时效、质量、真实性及公众对数据的可获得性等方面做得不够，还需要向更高的质量、更快的频率和更高的时效努力。尽管我国已于2004年4月加入国际货币基金组织的GDDS（数据公布通用系统），但在统计数据的可靠性和可获得性方面还存在一系列问题：统计法制观念普遍比较淡薄，依法统计意识不强，统计体系欠科学，统计制度、手段不完备，统计数据准确度有待提高。此外，没有对外披露中央银行用于政策分析的正式的宏观经济模型，对未来经济金融形势的预测等信息公布较少并且不定期。

从程序透明度来看，中央银行没有明确的政策规则或战略，以表明其货币政策框架，而往往使用过于宽泛的表述，如"稳健的货币政策"。作为制定

---

① 参见麦挺、徐思嘉："中央银行独立性分析——转型国家的经验与教训"，《世界经济研究》2004年第1期。

② 参见 Wilshire Consulting, "Permissible Equity Markets Investment Analysis", Prepared for The California Public Employees' Retirement System, April 2006, p. 28.

货币政策的重要机构,中央银行的货币政策委员会每次发布的新闻都比较简短,而且使用很原则的语言,只公布决议而对整个过程并不公开,中央银行对制定政策所依据的经济数据不作说明,也没有披露每个决策在其主要操作工具或目标层面是如何实现的。货币政策委员会每次会议举行的时间并不固定,也未提前告知公众,没有向公众征求意见,《货币政策委员会会议纪要》目前还只属于内部报告。

从政策透明度来看,我国在改革以来逐步建立了定期公布货币政策最终目标的制度,1996年初,中央银行又建立了公布当年货币控制目标的制度。当宣布政策决定时,也能够提供有关的解释。这种公布信息对于引导公众预期具有重要作用,无疑应该坚持下去。但是,长期以来我国公布的政策目标与实际执行结果之间存在较大的偏差(表4—5)。这种过大偏差的存在使公布货币政策目标的可信度大大降低,因而难以起到准确引导公众预期的作用(陈学彬,1997)。此外,货币政策委员会每次政策制定会后对其政策倾向的披露不够明确,缺少关于未来可能的政策行动的明确指示。

表4—5 1996—2006年我国货币供应量M1和M2的
目标值和实际值、物价调控的目标值和实际值(%)

年份	M1年增长率 目标	M1年增长率 实际	M2年增长率 目标	M2年增长率 实际	通货膨胀率 目标	通货膨胀率 实际
1996	18	18.9	25	25.3	10	6.1
1997	18	16.5	23	17.3	6	0.8
1998	17	11.9	16—18	15.3	5	-0.8
1999	14	17.7	14—15	14.7	4	-1.4
2000	14	16	14	12.3	4	0.4
2001	15—16	12.7	13—14	14.4	1—2	0.7
2002	13	16.8	13	16.8	1—2	-0.8
2003	16	18.7	16	19.6	1	1.2
2004	17	13.6	17	14.6	3	3.9
2005	15	11.8	15	17.6	4	1.8
2006	14	17.5	16	16.9	3	1.5

注:1998年以前的通货膨胀率按商品零售物价指数(RPI)计算,1998年及其以后的通货膨胀率按居民消费物价指数(CPI)计算。

资料来源:根据相关年份《中国金融年鉴》、《货币政策执行报告》、《中华人民共和国国民经济和社会发展统计公报》数据整理得出。

从操作透明度来看,中国人民银行已经开始注意定期提供有可能影响政策传导过程的宏观经济波动信息，但尚不全面。更重要的是，缺少定期对主要货币政策操作目标达到的水平进行的评估以及对宏观经济目标实现效果进行的评估。

3. 中国人民银行的责任性不足

独立性和责任是同一授权过程中的两个方面。政府向中央银行的授权越多，中央银行的责任就越大，相应地，政府对该权力使用的监控机制就必须更为完善。反之，没有授权就没有责任，也就无须控制。图4.1给出了这一思想的图形解释。纵轴表示赋予中央银行的独立性程度，横轴表示中央银行需要对其绩效进行解释说明的责任程度。向上倾斜的曲线代表政治家眼中的独立性与责任的最优组合。政治家赋予中央银行的独立性越高，其所承担的风险越大。因此要更好地对冲这一风险，必须建立一套对中央银行绩效进行控制的体系。

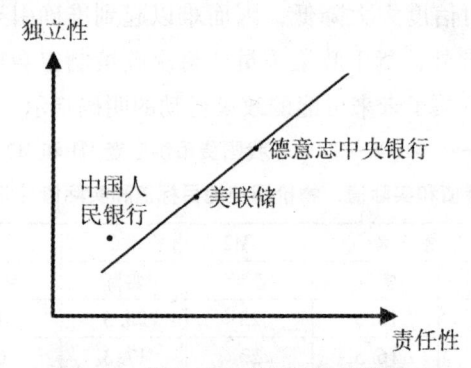

图4.1 独立性和责任性的最优关系

在库尔曼（Cukierman，1992）等众多学者的分析中，德国中央银行和美联储的独立性居于前列，中国人民银行的独立性显然与它们有较大的差距，这的确是一个不争的事实，也是国内学者研究中国人民银行独立性的基本出发点。但是，近年来值得注意的发展趋势是，中国人民银行的实际独立性不断增强以致高于其法定独立性，而另一方面，中国人民银行的责任性是否也在随之提高呢？似乎并非如此。

首先，根据权责对等的原理，中央银行的责任性是通过法律对其授权来体现的。在中国的法律和实践中，都是把中国人民银行视为国务院的一个部，照搬部长负责制。《人行法》规定："中国人民银行实行行长负责制"。中国人民银行行长通过委任将其权力分解下放，但是保留最终的权力，并且对中国人民银行承担全部领导责任。仅从这一点看，中国人民银行行长似乎权力极大,既不受民选机制的制约,也不受政策委员会的合议制制约;但《人行法》同时又规定:"中国人民银行就年度货币供应量、利率、汇率和国务院规定的其他重要事项作出的决定,报国务院批准后执行"。由于我国法律上对中央银行的授权有限,处处体现出国务院的权威性,也就必然导致中央银行的责任有限。因此,即使中央银行的实际独立性较强,也可以不对货币政策的重大调整负责,公众会将舆论的矛头指向国务院。

其次,作为政府授权的重要方面,应当明确规定中央银行要实现的目标以及实现目标的方法。目标规定得越明确,对中央银行的监督就越容易;相反,如果目标模糊,就很难监督中央银行的行为,它所负的责任也就越少。《人行法》中规定:货币政策的目标是"保证货币币值的稳定,并以此促进经济增长。"由于币值稳定包括国内物价稳定和对外汇率稳定,而这两个目标又与经济增长经常存在冲突,因此,中国人民银行有可能对其应实现的目标做出有利于自己的解释。

再次,透明度可以弥补正式责任性的不足,使中央银行增加履行非正式的责任。越是独立性高的中央银行,越应该主动公布更多的政策信息。中国人民银行实际独立性较高,而透明度却相对较低,这也导致其责任性不足。

对照希克洛什(Siklos,2002)列出的各国央行货币政策责任的特点(表4—6),可以看出中国人民银行在责任性方面仍有很大差距。

表4—6 中央银行货币政策责任性的特点

	澳大利亚	加拿大	法国	德国	日本	新西兰	瑞典	瑞士	英国	美国	ECB	中国
1. 明确目标(法定)	否	否	是	是	否	是	是	是	是	否	否	否
2. 数量化的目标	是	是	否	否	否	是	是	否	是	否	是	否
3. 公布经济展望					√							
(1)公开预测形式	√						√		√			
(2)风险评估预测			√			√	√	√				
(3)一般性叙述				√						√	√	
4. 公布对货币政策的课责声明与最终责任	是	是	否	否	是	否	是	否	否	否	否	否

(续表)

5. 解决政策冲突程序（法定）								无	无	无	无
（1）定义冲突	是	是	否	是	是	是	否			否	
（2）解决程序	是	是	是	是	是	是	是			是	
（3）明确定义无法解决冲突的结果	是	是	是	是	是	是	是			是	
6. 报告对象与程序（有关政策方面）											
（1）总理（行政院院长）	√	√		√	√	√	√		√		√
（2）国会				√		√	√		√	√	
（3）其他（如理事会）		√	√								
7. 决策架构（法定）											
（1）委员会	√(9)		√(9)	√(17)	√(9)		√(6)	√(3+)	√(9)	√(12)	√(6)
（2）总裁		√			√						√
8. 明述对政府政策建议	否	否	否	是	否	是	否	否	否	是	否	否
9. 明确详述总裁任命程序	是	是	是	是	是	是	是	是	是	是	是
10. 定期出席国会（法定/实际）	是	是	是	是	是	是	否	是	是	是	是
11. 央行执行货币政策时可能受到限制（法定）	是	是	是	是	是	是	否	否	是	是	是
12. 货币政策目标的制订											
（1）无/政府					√						√
（2）央行	√	√	√			√		√	√		
（3）法律				√					√		
（4）央行与政府共同决定			√				√				

资料来源：Siklos, P. L., *The Changing Face of Central Banking: Evolutionary Trends Since World War II*, Cambridge: Cambridge University Press, 2002, pp. 248—251. 最后一列为作者整理。

4.2.2 监管职能分离后的货币稳定与金融稳定问题

曾经在金融监管上一统天下的中国人民银行十几年来经历了 3 次大的分离：1992 年 10 月 26 日，中国证监会成立，对证券市场的监管职能从中央银行剥离；1998 年 11 月 18 日，中国保监会成立，对保险市场的监管职能也离开中央银行；2003 年 3 月 10 日，中国银监会成立，对银行的监管职能再从中央银行独立出来。至此，证监会、保监会、银监会犹如三辆独行的马车，行驶在各自的跑道上。中国人民银行在基本失去对商业银行经营实行监管的职能之后，主要剩下货币政策和集中清算职能，这场改革对于中国而言，至少在短期内会面临如下问题：

1. 货币政策效果受到冲击

首先，中央银行失去监管权可能削弱其独立性和权威性。证监会、保监会和银监会的相继建立，将原来中国人民银行对证券经营机构、商业保险市场和银行、资产管理公司、信托投资公司及其他存款类金融机构的监管职能拆分或剥离出来，由这些专门机构负责监管。这样，中国人民银行就可以更加专一、更加独立地制定和执行货币政策。根据中央银行独立性测度方法 GMT 法关于银行监管角色的标准，在其他条件既定的情况下，如果中央银行不监管银行机构，其独立性最高；如果它不单独监管银行机构，其独立性次之；如果它单独监管银行机构，其独立性最低。但 GMT 方法更适用于发达国家，中国作为新兴的转轨国家，间接调控的基础尚不充分，中央银行失去银行监管权力则有可能削弱其独立性和权威性。例如，2003 年 3 月银监会成立后，加大了对不良贷款比例的考核，促使一些商业银行加大发放力度，试图通过扩大不良贷款率中分母的量来达到监管要求，客观上加剧了 2003 年贷款增长偏快的局面，这使中央银行控制货币信贷的工作难度加大，因为"窗口指导"失去了以前的威力，只能通过中央银行票据被动应付由于监管政策所导致的信贷扩张局面。而此后的宏观调控中明显加强了行政性手段，通过诸如控制新开工项目、控制土地征用、控制优惠价格、清理拟在建项目等措施来抑制投资增长过快问题。尽管有人把这一时期货币政策失效的原因归结为在开放经济中实行固定汇率体制，但事实上，2005 年 7 月人民币汇率体制改革以后，这种现象仍然存在。2006 年在中央强调严控信贷增长过快的情况下，

6月份和7月份广义货币供应量M2均保持18.4%的高增长（年初央行制定的2006年货币政策调控目标是M2增长16%），至7月底新增贷款共计2.352万亿元，已达央行全年新增贷款2.5万亿元调控目标的94%[①]。尽管央行采取了公开市场业务、加息、提高法定存款准备金率等手段意图抑制流动性过剩，但效果并不十分明显。而失去银行监管职能的中央银行，对商业银行的窗口指导也开始失效。相比之下，倒是一些行政手段（如央行以惩罚性利率发行定向票据，银监会对商业银行启动分类监管措施等）更能触动商业银行的经营行为，对遏制银行新增贷款激增的局面起到了重要作用。上述情况进一步印证了前文的分析结论，即在经济体制转轨的过程中，剥离中央银行的银行监管职能对货币政策效果将产生不利影响，有可能导致政府进一步加重对经济的干预（参见3.4.2节）。从中国现阶段的形势来看，货币政策的传导依然是以银行业为主导，货币政策的有效实施最终还是需要金融机构及时调整资产负债结构。而造成流动性过剩的因素并非是市场化的货币政策手段可以控制的，即使中国人民银行能够独立行使货币政策职能，其执行过程中也需要辅之以行政手段。如果不对现行的金融体制进行改革，不对政府职能进行根本性改革，只是通过分离监管职能追求中央银行形式上的独立性进步，其代价就是货币政策的效率损失。

其次，中央银行在货币政策方面的信息优势受到削弱。银行体系是货币政策传导机制的关键环节，中央银行几乎所有的货币政策操作，都必须立足于对金融机构的经营状况的深入掌握。特别是对于相机抉择的货币政策而言，及时获取银行体系资本金、流动性等方面的第一手资料并持续跟踪所需信息是相当重要的，有助于中央银行对经济现象快速反应和迅速决策，从而缩短货币政策的内部时滞。在我国目前的行政体制下，政府部门之间信息交流效率低下，势必影响到中央银行对于银行监管信息的获得，影响到货币政策实施的及时性与合理性。同时，银行监管职能的分离不仅削弱了中央银行的权力，更重要的是，多年来中国人民银行由于信息优势所形成的决策上的技术垄断性面临挑战，由此将使其实际独立性降低。

2. 未来的金融危机治理存在隐患

发展中国家的中央银行往往在金融监管体制中发挥较大的作用，这一方

[①] 根据中国人民银行网站公布数据计算。

面是由于发展中国家的法制不健全，宪政制度不完善，容易发生金融危机；另一方面，这些国家的银行业在金融业中占主导地位，中央银行如不参与金融监管，就无法对银行行为施加直接而有力的影响，既不利于宏观经济政策的传导，也不利于防范金融风险。

中国银监会成立以后，对银行业监管的专业性、充足性和有效性无疑会有所提高，在没有出现危机的时期，特别是近年来银行盈利和资产状况大幅度好转的情况下，这种效果尤其明显。但潜在的问题是，银行一旦真的碰到流动性风险，需要确定由谁来负责任的时候，就会发生博弈。中央银行作为最后贷款人，在金融稳定职责上跟负责风险监管的银监会会有冲突的地方。银监会作为单纯的银行监管机构，并不能为陷入困境的银行提供流动性；而中央银行要恰当运用"最后贷款人"职能，必须充分了解具体银行的经营状况。货币政策与银行监管职能的分立使得中央银行行使最后贷款人职能时将更多地依赖银监会对银行困境的判断而不是自身的判断，在中国政府部门本位主义严重、沟通合作困难的情况下，将不可避免地存在实施效果下降、运用过滥、过严、过迟等问题，或者在中央银行与银行监管部门难以形成共识时需要国务院层面的决策，从而可能错过防范银行危机的最佳时机。因此现行体制下是否能够迅速而有效地实现危机预警或救助令人担忧。

4.3 中国人民银行现行体制的基本矛盾

改革开放以来，中国中央银行体制的改革大量地借鉴和移植西方发达国家的制度，如货币政策委员会制度、大区分行体制、监管职能分离等，而这些制度纳入中国政治经济社会运行的轨道之后，几乎无一例外地发出不和谐的摩擦音，因此，如何进行制度移植的本土化，成为中国现行中央银行体制的关键问题。

所谓制度移植的本土化，从另外一个角度讲其实也正是中国经济体制向市场经济转轨的过程。从前文的分析中可以看出，当代世界中央银行体制三大发展趋势的形成有一个共同的根本原因，那就是促进物价稳定目标的实现。或者可以说，市场经济体制发展到今天，更多的发达国家认识到，中央银行只应在长期中发挥稳定价格的作用。因此，一国中央银行是否选择与这些趋势相适应的制度还应该看最终是否选择以追求价格稳定为出发点的货币体系。这种货币体系至少要具备两个要素：其一是价格稳定成为主要的经济政策目标之一，其二是在前一条件确定的情况下，能够选择适当的货币政策工具。遵循这一思路可以发现，中国现行中央银行体制的基本矛盾表现为以下两个方面。

4.3.1 货币政策目标设定的矛盾

从历史的角度来看，世界各国中央银行的目标大致有两种情况：一种是以英法为代表的模式[①]，中央银行的目标是多元化的，诸如稳定物价、熨平经济周期、充分就业、金融稳定，其中的物价稳定目标与其他目标地位相当，并无优先；另一种是以德国为代表的模式，明确规定物价稳定是中央银行的首要目标，在保证完成这一目标的前提下，才可以考虑其他目标的实现。这两种情况下中央银行的制度设计明显存在差异，英法模式下的中央银行具有政治依赖性，货币政策的决定权最终掌握在政府（财政部）手中；而德国模式下的中央银行排除了政治当局的干扰，其政治独立性不仅有法律保障，而且在实践中也能够得到很好的维护。

可见，随着货币政策目标的不同，中央银行会出现不同程度的独立性。但学者普遍认为，只要以维持物价稳定为首要责任，对其他目标的追求并不影响其独立性。按照罗戈夫（Rogoff, 1958）的研究，根除通货膨胀偏差的办法就是将货币政策交给一个"保守的"中央银行，即与社会其他各界相比，该中央银行赋予物价稳定以较高的权重，而对产出、就业稳定赋予较低的权重。但在中国这个"新兴＋转轨"的国家中，中央银行显然无法做到权重保守。

一方面，作为新兴的发展中国家对于经济增长有着迫切的要求，而作为渐进转轨的国家更需要依靠经济增长来推动"增量改革"，从而减小改革的风险和阻力。因此，对于中国而言，经济增长目标的重要性有时要超过物价稳定。1995年颁布的《人民银行法》中明确提出："货币政策的最终目标是保持货币币值的稳定，并以此促进经济增长。"尽管与中央银行制度建立之初的"发展经济、稳定物价"目标相比，中央银行对于物价稳定目标的重视程度已

[①] 英国于1992年底开始采用单一的通货膨胀指标。

经有所提高，但是言辞之中，似乎币值稳定只是手段，而经济增长才是最终目的。在实践中，如果中央银行只关注物价稳定，在通货膨胀时期可能会得到政府的支持，而在经济萧条时期，往往会遭到社会各界的指责。1998—2002年中国出现通货紧缩期间，中国人民银行采取了一系列扩张性政策以拉动内需，这显然不是一个保守的中央银行所为。

另一方面，物价稳定目标还要经常让位于金融稳定。为了弥补转轨过程中的改革成本，中央银行必须承担大量的金融稳定政策，如运用优惠利率的再贷款化解金融机构风险（可能得不到偿还）、对农村信用社不良贷款给予长期专项再贷款等，从而被动发行基础货币（表4—7），难以专注于物价稳定目标。在经济体制转型时期，国有商业银行与国有企业仍占有绝对优势，由于它们与中央银行具有产权的同质性，因此"倒逼机制"依然存在。中央银行很难超然物外，比商业银行和企业部门给予价格稳定更高的权重。

表4—7 被动式货币发行：中央银行再贷款不完全统计　　　　单位：亿元

目的	手段	规则	累计额度	承诺偿还
化解全局性金融危机	再贷款	人民银行发文	8526	—
化解地方金融危机	省级政府借款（中央银行再贷款）	人民银行与财政部联合发布了《地方政府向中央专项借款管理规定》	1411	1031.2
化解不特定金融危机	再贷款	人民银行发文	500—1000	
国有银行改革	注资	国务院决定	600（亿美元）	
农村信用社改革	专项票据核销不良贷款	国务院决定	1000	
合计			16000	

资料来源：陆磊：非均衡博弈、央行的微观独立性与最优金融稳定政策［J］．经济研究，2005，(8)。

4.3.2　中央银行间接调控手段与微观主体行为之间的矛盾

假如中国人民银行能够一贯坚持以物价稳定为首要目标，或者立即修改法律使其成为一个独立的、权重保守的中央银行，那么就能够成功地消除通货膨胀偏差吗？让我们看一下目前中国人民银行是否具备这种能力。

中央银行货币政策作用的基本模式可以简单概括为：货币政策→商业银行和金融市场→经济活动。尽管西方工业化国家金融系统结构不尽相同，但却有着相似的微观基础和社会经济环境：各商业银行及其他金融机构都是独立经营、自负盈亏的金融企业，具有追求资金盈利性、流动性和安全性的动力和活力，它们与中央银行之间是完全的客户信用关系；金融市场机构健全、法制比较完备；企业自主经营、自负盈亏，与银行的经济关系比较明确、经济行为比较规范。相比之下，我国中央银行制度的微观基础和运行环境还存在诸多缺陷：（1）资产规模占有绝对优势的国有商业银行还没有完全企业化，银行内部经营机制不健全，而且在一定程度上依附、依赖于中央银行；（2）金融结构是典型的银行主导型，金融市场不完备，有价证券的品种和交易活动非常有限，从而使银行普遍只有一线准备金，缺少二线准备金；（3）企业制度和企业行为还有待规范。在产权界定不明确的情况下，现存金融组织结构中不存在独立的利益主体，因而在金融改革中缺乏明确的微观创新主体与动力机制，金融交易市场呈现出不规范性特征。没有明确的产权主体，缺乏利益导向，激励机制也就不健全。这样，市场交易必定是扭曲的。

尽管从1998年中国人民银行放弃信贷规模限制这一重要的直接控制工具，而更多地转向以公开市场操作为代表的间接调控工具，但不可否认的是，这一过程刚刚开始而且仍然处于过渡阶段，间接调控工具的发展状况和有效性受到国债市场的规模、利率市场化程度和商业银行经营机制等因素的制约。在西方的经济学理论与货币政策实践中，中央银行的日常操作主要是通过公开市场业务来实施对经济运行的微调，以短期货币市场利率（银行同业拆借利率）为操作目标，以市场利率（贷款利率）为中间目标。其市场利率是由金融市场供求状况和商品劳务市场供求状况共同决定的，是内生的经济变量。而我国的市场利率主要还是由中央银行制定，并不完全随货币资金供求关系的变化而变动，官定利率的调整必须兼顾各方面的利益，因而不能很好地起到调节资金供求的作用。而企业（包括金融企业）制度的改革尚未完成，大多数企业还不是对利率反应敏感的市场经济主体。最近几年情况虽有所变化，但尚未发生大的转折（见表4—8）。数据显示，我国固定资产投资的变化与贷款利率之间只表现出一种弱相关性。投资的利率弹性虽大部分年份是负值，但弹性的绝对值过小，而且缺乏稳定的关系，震荡幅度较大。国内一些学者如汪小亚等（2000）、郭金龙（2000）、曾宪久（2001）、姚玲珍和王叔豪

(2003)、曾令华和王朝军（2003）等曾对此进行了大量的实证分析，包括采用实际利率或者一阶滞后模型计算，结果都反映出我国的投资利率弹性是非常低的。

表4—8 实质性投资的利率弹性分析

年 份	全社会固定资产投资（亿元）*	全社会固定资产投资变动率（%）	1年期贷款利率变动率（%）	投资的利率弹性
1986	2664.98	24.80	37.50	0.66
1987	3295.06	23.64	0	n.a
1988	4321.84	31.16	13.64	2.28
1989	4044.35	-6.42	26.00	-0.25
1990	4123.97	1.97	-17.46	-0.11
1991	5214.07	26.43	-7.69	-3.44
1992	7732.64	48.30	0	n.a
1993	12588.63	62.80	27.08	2.32
1994	16512.53	31.17	0	n.a
1995	19398.25	17.48	9.84	1.78
1996	22287.62	14.90	-16.42	-0.91
1997	24244.36	8.78	-16.67	-0.53
1998	27208.78	12.23	-26.04	-0.47
1999	28002.57	2.92	-8.45	-0.35
2000	30808.28	10.02	0	n.a
2001	34667.07	12.53	0	n.a
2002	40338.95	16.36	-10.68	-1.53
2003	52878.79	31.09	0	n.a
2004	67222.30	27.13	5.08	5.34

* 全社会固定资产投资数据是用历年的全社会固定资产投资总额减去来源于国家预算内的资金后求得。

资料来源：根据相关年度《中国统计年鉴》的有关资料计算得出。

由于缺乏必要的金融环境和条件，微观主体行为并未充分地市场化，金融市场特别是债券市场不发达，中国目前尚无法完全依靠价格调控来对信贷和货币供应加以控制，因此中央银行现阶段仍不得不通过一些行政手段来进行宏观调控。然而这就容易与具有规制（regulation）特征的银行监管活动混淆不清，也使中央银行难以独立于中央或地方政府。与此相关，在银行监管职能是否应从中央银行分离的问题上中国实际面临着两难的境地：若不分离，直接性货币政策工具与审慎监管手段的界限模糊不利于货币政策的独立性与监管效率的提高；若分离，在中央银行依附于政府从而缺乏独立性的同时，运用行政手段（监管手段）调控的能力又受到削弱，这不仅造成中央银行地位的"边缘化"，而且可能导致货币政策更加缺乏效力。在2003年中国选择了分离的模式以后，问题也随之出现，而且短期内——至少在中央银行无须依靠行政手段就能够实现对宏观经济的有效调控之前难以消除。

4.4 中国中央银行体制改革的逻辑与思路

金融史是经济学中最令人激动、也最令人清醒的一个部分（萨缪尔森，诺德豪斯，1998）。特别是在研究体制的发展与变迁时，任何的历史细节都值得仔细斟酌。中国中央银行制度的形成与发展有着独特的轨迹和逻辑，与发达国家相比，中国经济"新兴+转轨"的特征决定了其中央银行体制形成与发展的特殊性，而中国的政治体制和文化传统也造就了中央银行体制运行的特定环境和空间，这些都应是我们研究中国中央银行体制问题的立足点。

如果把1844年《比尔条例》颁布作为中央银行诞生的起点，那么，在140年以后中国才建立起专门的中央银行。与大多数市场经济国家相反，中国的中央银行制度并非脱胎于商业银行，而是从"大一统"的银行体系中分离出来。认识这一客观事实，对于理顺我国中央银行体制改革的思路至关重要。

4.4.1 与商业银行体制改革平行推进

历史上，中央银行是作为商业银行的对立面而产生的。商业银行发展到一定阶段，问题和矛盾日益突出——分散的货币发行与清算导致交易成本过高，商业银行在信用创造中经常出现的"过"与"不及"以及经营活动中出现的非稳定性等，制约了经济的发展。为了解决这些问题，中央银行应运而生。既然中央银行作为商业银行的对立面而产生，那么在整个金融体制改革中，矛盾的主要方面就在商业银行，中央银行改革在逻辑上应从属于商业银行改革。有什么样的商业银行体制，就有什么样的中央银行体制。在商业银行体系尚未健全之前，如果中央银行改革超前进行，虽然在强化宏观金融的行政手段（可控性）方面也能取得一些进展，但是，对于充分发挥金融体系的效率性和稳定性功能来说，意义并不是很大。金融体系配置金融资源的效率性，主要是由商业银行体系完成的；金融体系的稳定性也主要取决于商业银行体系的健全性。

但是，这是不是意味着只有商业银行体制改革完成之后才能开始中央银行体制的改革呢？显然不是，因为商业银行体制改革是中央银行体制改革成功的重要条件，而中央银行体制改革同时也是商业银行体制改革成功的前提，这正是渐进式转轨过程复杂性的体现。根据樊纲、胡永泰（2005）的分析，一个经济体系有 n 个需要改革的体制方面，并将这个方面表示为：

(x_1, x_2, x_3, LL, X_n)

$x_i = 0$ 表示 i 方面尚未改革（仍处于中央计划体制）；

$x_i = 1$ 表示 i 方面已经改革（已实现市场体制）；

$0 < x_i < 1$ 表示 i 方面部分改革。

构建一个福利指数 W，定义为 $W = a\left\{\sum_{i=1}^{n} x_i\right\} - \beta\left\{\sum_{i=1}^{n}\sum_{j=1}^{n}(x_i - x_j)^2\right\}$

其中，a = 收益系数；β = 冲突系数。

改革战略与政策制度的基本问题就是，如何最大化函数 W：社会福利增量 = 改革带来的收益 − 因改革而发生的不协调成本。

现实生活中的体制转轨充满了变化带来的各种利益冲突和混乱。政治家实际上能采取的最好的办法，就是在力所能及的范围内，尽可能地推进所有能够推进的改革，并适当照顾到各种体制之间的"协调性"问题。

这一理论对于中央银行体制改革的逻辑与思路相当重要。作为经济体系的一部分，中央银行体制改革必须与商业银行体制以及其他市场主体的改革相互"协调"或相互"兼容"，如果仅从中央银行体制的内部考察，其组织结构和各项制度的改革也应遵循"平行推进"的原则，甚至还可以将这一基本逻辑拓展到政治体制改革之中。总之，应努力实现各项改革之间的相互协调和相互促进，避免因某一方面的改革滞后而形成"体制瓶颈"，或因某一领域改革过于超前（"过激"或"早熟"）而导致混乱，产生过大的"不协调成本"。

从近年来实施的几项重大的中央银行体制改革来看，突出的问题是"早熟"，即中央银行体制的一些改革进行得相对过快（特别是从发达国家移植而来的制度），从而出现了与其他方面的改革不协调的情况，如货币政策委员会制度、大区行政体制、监管职能分离的体制（本文第5、6、7章将分别研究这些问题)。针对这种状况,似乎存在着模棱两可的解释:既可以说是中央银行体制改革超前,也可以说是商业银行体制、资本市场体制乃至政治体制改革滞后。这里的关键问题是如何定义各种改革的"正常进程"。由于中国实行的"渐进式转轨"是人类社会发展史上的创举,没有现成的经验可资借鉴,而只能"摸着石头过河",因此这个"正常进程"显然无法确切地定义,但有一点可以肯定的是,在改革滞后的领域无法取得快速进展的情况下,"早熟"的体制改革必须放慢速度,尽量保持相互协调的步调。值得注意的是,放慢速度不等于倒退,因为任何一项体制改革都不可能在短时间内完成,从新制度建立到真正发挥作用也存在一个"时滞",其长短部分地取决于与其他体制的协调程度,如果因为出现了"过激式不协调"就原路返回,那么也可能出现经济学中的所谓"稳定器梦魇"现象,最终的结果不仅不能达到协调,而且会加剧不协调。

4.4.2 与金融自由化进程同步进行

从各国实践来看,中央银行独立性的水平和绩效与金融自由化进程密切相关(表4—9)。在金融自由化程度较高的发达国家,如美国,调整利率的决定由联邦公开市场委员会在每六周一次的例会(特殊情况下随时开会)上集体作出。但美联储宣布的利率调整幅度仅仅是一个目标,他们并不能用行政命令的方式决定利率水平,要达到目标还得改变货币市场上的供求关系,可见市场化的利率机制是实现宏观调控的基础。反观实施金融压抑政策的发展中国家,中央银行不可能出于物价稳定的目标而独立决定其货币政策。尽管很多国家都将提高中央银行独立性作为金融自由化改革的一个部分,期望以此增强对不断放松的利率、汇率等指标的调控能力。但对此形成制约的基本原理是,只有当价格信号能够充分反映市场供求,中央银行才能够依靠价格型的间接调控工具实施其货币政策。在中国当前的环境下,仅仅强调中央银行的独立性是不够的,整个金融系统的市场化才是问题的关键所在。中央银行与行政当局隔离的前提是整个金融系统与行政当局的隔离,只有通过国有金融机构股份制改造以及外资、民营金融机构的市场引入加速金融部门远离行政当局,不断提高金融自由化的进程,中央银行独立性才能发挥应有的作用。历史经验表明,如果中央银行独立性程度超越了金融自由化发展水平,并无助于通货膨胀的有效治理。一些前社会主义国家在转轨初期纷纷赋予中央银行较高的法定独立性，甚至高于许多工业化国家的水平，但是由于当时这些国家的金融自由化程度很低，其中央银行仍然不能成功实现对物价的调控，这些国家的通货膨胀普遍比较严重[1]。

表4—9　主要国家金融自由化的时间以及提高中央银行法定独立性的时间

国家	金融自由化起始年份	大规模自由化时间	提高中央银行法定独立性时间
美国	1982	1973—1996	1951
德国	1980	1973—1996	1957
英国	1981	1973—1996	1997
法国	1984	1985—1996	1993
意大利	1983	1988—1996	1993
日本	1979	1993—1996	1997
韩国	1983	——	1997
新西兰	1984	1985—1996	1989
澳大利亚	1980	1986—1996	1996
菲律宾	1981	1994—1996	1993

注：美国、德国、英国一直在进行大规模金融自由化，这里的起始年份指某一项重大金融改革出台。

资料来源：黄金老：金融自由化与金融脆弱性 [M]，中国城市出版社2001年版，第191页；钱小安：货币政策规则 [M]，商务印书馆2002年版，第136—137页。

同样，提高中央银行透明度的改革也需要顺应金融自由化的要求。在巴罗—高登模型的框架下，"时间非一致性"之所以存在，其重要的两个环节就是公众的理性预期和建立在理性预期基础上的工资议价，而如果没有反映资金供求关系的市场价格信号，理性预期也就无法形成。实际上，金融自由化的内涵当中已经包括了透明度内容。金融自由化的核心是放松对利率和汇率等价格信号的管制，从而使金融市场更趋近于自由竞争市场，而在经济学的基本定义中，自由竞争市场的特征之一就是信息的充分性。20世纪80年代以来，在金融自由化浪潮席卷全球的过程中，处处体现了"自由、公正、全球化"的三大原则，而透明度正是市场的公正性得以保证的前提。实践表明，在实现金融自由化的国家中信息透明度差对经济的长期增长有不利影响。梅

---

[1] Cukierman, Miller and Neyapti (2002) 对26个前社会主义国家的研究发现，中央银行独立性与通货膨胀负相关并不总是成立，有时甚至具有正相关关系。

拉兹和考夫曼（Mehrez and Kaufmann, 1999）在《透明度、自由化与金融危机》的报告中考察了金融自由化后信息透明度对发生银行危机概率的影响。他们选取了从1977—1997年间56个国家的数据，建立了信息透明度的投资模型，说明缺乏信息透明度会导致投资的不稳定和金融机构的脆弱以及更多的风险暴露。他们的实证分析发现如果实行金融自由化而不加强信息透明度，金融自由化大大增加了危机发生的概率，尤其是在实行金融自由化的五年之后。因此，在实行金融自由化的政策转型期，应提高经济行为和政府政策的透明度，尤其是金融部门的信息透明度。

至于将中央银行的监管职能分离出去并设立综合监管机构的国家，具体分析其经济金融环境，也可以发现它们大多具有较高的金融自由化水平。一般说来，这些国家的共同特点是：有着良好的金融信誉基础和完善的金融指标统计体系，信息的真实性和及时性较好，金融当局面对的是较为廉价和完备的信息；政府财力雄厚，或者存款保险制度较为完善，基本上能够独立或联合实施对银行体系的最后救助，中央银行最后贷款人的角色主要服务于货币政策，而不对银行体系的损失的弥补承担主要责任；法制完备，政府对金融当局活动的干预有限，而且存在着良好的协商和沟通渠道。

中国改革开放以来，金融自由化的进程不断推进。在利率市场化方面，1996年以后，先后放开了银行间拆借市场利率、债券市场利率和银行间市场国债和政策性金融债的发行利率；放开了境内外币贷款和大额外币存款利率；试办人民币长期大额协议存款；逐步扩大人民币贷款利率的浮动区间。尤其是2004年，利率市场化迈出了重要步伐：1月1日再次扩大了金融机构贷款利率浮动区间；3月25日实行再贷款浮息制度；10月29日放开了商业银行贷款利率上限，城乡信用社贷款利率浮动上限扩大到基准利率的2.3倍，实行人民币存款利率下浮制度[①]。2005年3月17日又放开了金融机构同业存款利率，为商业银行自主定价提供了更大的空间。在汇率机制方面，自2005年7月21日开始实行以市场供求为基础，参考一揽子货币进行调节、有管理的浮动汇率制度。与此同时，取消了对信贷分配的指令性计划（1998年），积极发展直接融资工具、活跃证券市场。截至2005年末，银行间同业拆借市场

---

① 中国人民银行货币政策分析小组：《稳步推进利率市场化报告》，2005年1月，中国人民银行网站。

参与者达到695家，包括银行、证券公司、财务公司、农联社、城市信用社等，比1997年末增长7倍；银行间债券市场参与者达5508家，包括银行、证券公司、基金、保险机构、其他非银行金融机构、信用社和企业等，比1997年末增长90倍，债券托管量达6.82万亿元，比1997年末增长17倍；股票市场共有上市公司1381家，市价总值达3.2万亿元，流通市值达1万亿元[①]。这些变化表明中国中央银行体制改革迎合世界潮流的条件和基础正在形成。我们应当总结世界各国中央银行体制改革的成功经验，并结合中国金融自由化的水平进行因地制宜的研究。

4.4.3 独立性、透明度和责任性协调发展

当今世界各国中央银行制度的演进，都在朝着政策独立自主及决策公正透明的方向努力。这里实际上涉及当代中央银行治理的三大支柱：独立性、透明性和责任性。由于越来越多的中央银行接受并实践这些治理准则，因此形成了一个事实上的国际中央银行标准。随着中国金融业对外开放的程度不断加深，国内金融机构正在逐渐向国际惯例靠拢。尽管WTO并没有对各成员国的中央银行做出整齐划一的要求，但在经济全球化的背景下，中央银行治理规则的世界趋势必然会影响到中国。2006年底中国加入WTO的过渡期结束，如何完善与金融开放程度相适应的金融调控与金融监管体系，维护国家金融安全，是金融体制改革面临的新的挑战。

中国经济转型时期中央银行体制的改革不仅要与外部的商业银行体制改革以及金融自由化进程平行发展，其内部组织结构和各项制度的改革也需要保持协调，顺应世界潮流的三大趋势应该同步推进。目前中国人民银行的银行监管职能已经分离出去，在此基础上，一方面迫切需要提高中央银行的独立性，以实现政治上的均衡，避免中央银行的边缘化倾向；另一方面必须同时提高其政策透明度，以实现独立性与责任性的均衡。

中央银行不具有独立性，意味着稳定货币不可能成为中央银行货币政策的首要目标，经济运行面临不确定因素的干扰，即使再审慎的金融监管也难以避免金融机构受到系统性风险的冲击。因为在通货膨胀的条件下，银行及其他金融机构决策的信息极易出现失真现象，使得金融机构的经营行为发生

---

① 数据来源：中国人民银行网站，中国证券监督管理委员会网站。

扭曲，从而造成微观经济主体活动的效率下降和经济运行的系统性风险增加。目前，无论是西方市场经济发达的国家，还是发展中国家，中央银行独立性增强的趋势有增无减。在越来越多的国家尤其是那些经历了重大金融事件和金融危机的国家纷纷采取中央银行分拆模式的同时，几乎都同时提高了中央银行的法定独立性。因此，如何在与中国的政治、经济体制协调发展的前提下提高中国人民银行的法定独立性，也是银监会成立后亟待解决的问题。

与此同时，改善透明度应该成为未来中国人民银行体制改革的重要内容。但其意义与发达国家有所不同。如前所述，对于发展中国家来说，中央银行透明度的提高不是制约而是促进其独立性的提高，在中国中央银行目前法定独立性滞后于实际独立性的情况下，更重要的作用还在于增强中央银行的责任性。这不仅由于透明度本身就是责任性的内在要求，而且透明度还有利于责任的评估，促使中央银行在扩大权力的同时承担相应的责任。但是，正如大多数发展中国家都无法建立与发达国家独立性程度相似的中央银行体制一样，中国中央银行的体制改革还是应该渐进而行，由于尚不具备实施规则性货币政策的基础环境，也就不必达到规则所要求的透明度水平，一定的模糊性对于相机抉择的货币体制可能更为合适（参见图3.1）。吴卫华（2002）运用一个基本的宏观金融博弈分析模型证明，中国人民银行降低目标偏好透明度、提高经济运行透明度可以实现更好的货币政策效果。因此现阶段出于促进独立性提高的目的，应首先强调与此相关的决策制度、程序以及央行与公众的交流等透明度内容，随着金融自由化的深入，再考虑量化的政策目标、操作目标等透明度内容。

第五章

改进中国人民银行的
货币政策决策体制

5.1 货币政策决策体制的内容与分类

5.2 货币政策委员会制度的国际比较

5.3 中国货币政策决策体制的现状与问题

5.4 中国货币政策决策体制的改进

中央银行体制是中央银行系统内部权力的划分、机构的设置以及运行等各种关系和制度的总和。美国经济学家纽伯格和达菲在《比较经济体制》一书中曾提出，决策权是一个经济制度（体制）的最重要组成部分和标志。中央银行制度发展到今天，其功能不断发展和变化，货币发行、集中清算以及最后贷款人等传统职能相对固定，金融监管职能出现剥离的趋势，因此，中央银行的货币政策职能越来越突出，货币政策的决策权就成为各国中央银行体制的核心问题。

5.1 货币政策决策体制的内容与分类

中央银行属于公共组织，货币政策也属于公共决策的范畴。公共决策体制是决策权力的分配，决策的程序、规则和方式的总和。它不是自然而然地生成的，而是人为设计的产物。人们设计决策体制的目的，是为了使决策活动更加规范，决策成本更加低廉，决策方案更加可行，决策成效更令人满意。由于深深烙上了人类行为的标记，公共决策体制就会因社会政治、经济、文化、历史条件的差异以及决策主体、决策组织的差异而不同。

5.1.1 货币政策决策体制的内容

按照现代公共决策体制的一般构成，货币政策决策体制应该包括三个系统：决策中枢系统、决策咨询系统、决策信息系统。

货币政策决策中枢系统是由具有决策权的领导者组成最有权威的领导核心，处于最高领导、指挥地位，并承担公共决策全部责任的系统。其主要任务：(1) 确定决策问题、目标体系和研究课题；(2) 组织有关机构和人员拟定若干备选方案；(3) 抉择决策方案；(4) 指挥检查、监督决策方案的实施。决策中枢系统的决断方式包括集体决断方式和个人决断方式。作为一项公共政策，目前世界各国大多数中央银行是由货币政策委员会或类似的机构来制定货币政策。

货币政策决策咨询系统是指由多学科专家学者组成的专门从事广泛开发智力，协助决策中枢系统进行正确决策的辅助性机构。包括官方咨询机构与非官方咨询机构。决策咨询系统的建立，可以使得决策者作出决策时，进行更为慎重周密的考虑，更多的听取行政机关其他成员和咨询委员会成员的意见。咨询委员会成员构成复杂，代表着不同的社会集团、社会利益阶层。在审议政策或法案过程中，各方代表人物从各自立场出发，广泛地提出意见和建议。即使这些意见未被决策机关所采纳，但决策者在作出最终决策时，仍应考虑到多方因素，协调各方面关系，使出台的政策能为更多人所接受，更具科学性，减少政策实施中的阻力。

决策信息系统在货币政策决策中的重要性越来越受到重视，中央银行占有全面的信息，有助于准确的判断。占有相对最终受体的信息优势，有助于实施前瞻性的调控；占有相对部门优势的信息优势，则能够提高决策模型中的"职业声誉"；占有相对传导中介的信息优势，则能够减少货币政策实施的对抗成本，节约社会资源。

5.1.2 货币政策决策体制的分类

可以从不同的角度对公共决策体制加以分类，各种划分方法大都是围绕决策权力进行的。主要的分类方法有两种：按照掌握最高决策权的人数可以划分为首长制和委员会制；按照决策权力使用的特点可以划分为集权制和分权制。考察具有货币政策决策权的中央银行，我们可以依此对货币政策决策体制进行分类。

1. 首长制和委员会制

首长制即首长负责制，又称一长制或独任制，是指最高决策权归某个人单独掌握的一种决策体制。中央银行行长之下设立层次分明的系列等级，权力集中于行长，其他官员和职员都是他的下属。首长制的目的是为了实现高效率的领导，这就是指领导人的意图被下级所理解和认同，领导人的命令被下级迅速执行。要实现领导，首先要建立上下级关系。首长制的基础是建立委任的链条，首长并不是万能的，必须把他的职权委任给下级。委任的原则是互相负责和连带负责，即被委任者对委任者负责，委任者对委任的职务仍然要负责。被委任者还可以将职权再委任给自己的下级，委任链条的延伸建立了金字塔形的组织机构，首长对组织的整体承担全部责任。委员会制（又称合议制、集体领导制），是最高决策权由委员会集体行使、集体负责的一种决策体制。由于货币政策主要是一种总量调控政策，对国民经济的影响极大，因此在决策时需要集思广益，对有争议的问题充分地交换意见，一般采用合议制，吸收多方面的代表参加。美国与德国很早就实行委员会集体决策，美国制定货币政策的联邦储备银行公开市场委员会（FOMC）尤为著名。过去，一些国家货币政策制定依赖于个人单独决策，如英格兰银行在1997年之前，其货币政策一直由财政大臣一个人决策，英格兰银行负责执行。然而，最近十几年发生的变化表明，货币政策委员会（Monetary Policy Committees, MPCs）集体决策已成为当代中央银行货币政策决策体制的发展潮流。英格兰银行的中央银行研究中心的一项调查发现，在调查的88个国家和地区的中央银行中，有79个中央银行是由货币政策委员会或类似的机构来制定货币政策[①]。

　　传统观点认为，首长制和委员会制各有利弊。首长制可以做到决策权集中，决策果断、迅速、高效，但容易导致个人专断，滥用决策权，以及由于个人能力问题而出现的重大决策失误。委员会制可以集思广益，考虑周密、分工合作，发挥群体的力量进行决策，增进决策的科学性和民主性，但容易导致决策缓慢，办事拖拉，无人负责，效率不高。然而，目前这种认识已经受到了有力的质疑。

　　根据Von Hagen & Süppel（1994）、Waller（1989）与Sibert（2003）等人的研究，委员会决策可以获得平稳的通货膨胀路径，因而提高社会福利。因为高度易变的通货膨胀使投资者难以做出准确决策，投资随之减少，社会产出也会缩减。相反，平稳的通货膨胀让投资者能预测准确，从而增加投资，社会产出亦随之增长。此外，现实的经济总是面对高度的不确定，如果由个人单独决策则可能出现较大的失误。相反，委员会决策则倾向于更加稳健，能够消除掉部分不确定性，从而获得社会最优的决策。

　　由于两种体制孰优孰劣难以利用计量模型进行经验分析，经济学界转而

---

① 中国人民银行秘书处：《主要国家和地区中央银行货币政策委员会制度》，中国人民银行网站，2004—6—24。

利用近年来兴起的实验经济学来对此做出检验。英格兰银行的隆伯蒂利等人（Lombardelli et. al., 2005）通过对伦敦经济学院学生做试验，发现委员会集体决策表现要远远好于个体决策者的平均表现。同时发现委员会决策显著好于委员会任何一个个人的决策（但不包括最好的一个个体）。由于事先难以观察到最好的决策者，所以最好的选择就是委员会决策。委员会决策质量改善的原因是，委员会排除掉最坏个体决策者的影响，同时委员会之间经过长期磨合会互相学习。前美联储副主席布林德等人（Blinder and Morgan, 2005）同样通过对普林斯顿大学本科生的两个试验，发现委员会集体决策速度不会慢于个体决策者，同时委员会集体决策平均而言要好于个体决策者。此外，他们试验的结果表明，集体决策无论是以投票方式多数票表决，还是以一致方式达成决议，二者决策速度没有显著性统计差异。上述研究表明，委员会制明显优于首长制的决策体制。表5—1的资料显示，货币政策由委员会决策是较为普遍的做法，在21个国家中只有3个国家由个人决策，而其中的2个由咨询委员会辅助决策。

表5—1 货币政策的决策（至2003年）

国家	个人决策	MPC或委员会	咨询委员会	决策方式 投票	决策方式 一致同意
澳大利亚		储备银行委员会		×	
巴西		COPOM（货币政策委员会，包括执行委员会）			×
加拿大	政府主管				
智利		理事会（委员会）		×	
哥伦比亚		主管委员会			
捷克共和国		银行委员会		×	
ECB		管理委员会		×	
匈牙利		货币委员会		×	
冰岛		管理委员会			
以色列	政府主管		管理咨询委员会		
韩国		货币政策委员会		×	
墨西哥		管理委员会		×	

(续表)

新西兰	政府主管		货币政策委员会	
挪威		执行委员会（尽管可能代表政府）		×
秘鲁		主管委员会		×
菲律宾		货币委员会	咨询委员会（包括政府主管、货币稳定部门和监督检查部门的政府代表、研究部门和财政部的主管）	×
波兰		货币委员会		×
南非		货币政策委员会		×
瑞典		执行委员会		×
泰国		MPC		×
英国		货币政策委员会		×

资料来源：参见 Anita Tuladhar, "Governance Structures and Decision-Making Roles in Inflation Targeting Central Banks," IMF Working Paper, September 2005。

2. 集权制和分权制

集权制是指决策权集中于上级机构，下级机构没有或很少有自主权，只能根据上级指令行事的决策体制；分权制是指下级机构在其管辖范围内有自主权，上级机构无权加以干涉的一种决策体制。

集权制和分权制也各有利弊。集权制的优点是在制定政策时，能够统筹全局、协调各方，政策执行通畅高效；缺点是容易导致上级机关独断专行，不考虑下级机关的实际情况，决策实行"一刀切"，束缚下级机关的积极性，也不利于政策的执行。分权制可以发挥下级机关的积极性，使下级机关因时、因地制宜地制定政策；缺点是各政策机关之间容易产生冲突，各行其是，协调困难。

由于一般性货币政策工具只是影响经济总量，因此货币政策的决策权大都集中于中央银行的总行，其分支机构只能完成总行交给的任务，并不能独立决策，但在地域范围较大的国家，总行也必须注意听取下级机构的意见。此外，一国的政治体制也直接影响中央银行的货币政策决策体制，联邦制国家采取二元式中央银行制度，具有分权特点，地区性的中央银行机构拥有一定的决策权力；而中央集权型国家几乎都采用一元式中央银行体制，由总行负责货币政策的决策。

5.2 货币政策委员会制度的国际比较

当代世界各国中央银行的货币政策决策体制当中，最为突出的当属货币政策委员会制度。较有代表性的是美国联邦储备公开市场委员会、欧洲中央银行管理委员会、英格兰银行货币政策委员会和日本银行政策委员会。在本节中，我们将从地位和作用、组成人员、会议程序、信息披露等方面对上述四家中央银行的货币政策委员会制度及其运作情况进行比较。

5.2.1 地位和作用

货币政策委员会普遍被作为货币政策的决策机构，为了保证中央银行与政府的独立性，在制度安排上各国特别强调其较高的地位。

1. 美国联邦储备公开市场委员会

美国联邦储备体系通过三种方式制定货币政策：公开市场操作、制定贴现率、制定法定准备金率。其中，公开市场操作是美国目前在经济和金融运行中最为常用、作用最大的货币政策工具。美国联邦储备公开市场委员会作为货币政策的决策机构，实际上担负着制定货币政策、指导和监督公开市场操作的重要职责。

众所周知，美国的中央银行制度结构是非常独特的二元模式，即在中央和地方两级均设有中央银行机构，在联邦一级设联邦储备委员会（Board of Governors of Federal Reserve System）、联邦公开市场委员会（Federal Open Market Committee，FOMC）和联邦顾问委员会等管理机构，在地方一级设12家联邦储备银行，它们是地区性的中央银行，在各自辖区内的一些重要城市设立分行。也就是说，美国的中央银行并非一家银行，而是一个由上述机构共同组成的体系。这种模式是联邦储备法案的设计者试图在联邦政府和州政府之间，在私人部门和政府部门之间，在银行家、商人和公众之间进行权力平衡的过程中形成的。在美联储成立的最初20年里，货币政策的制定和实施并非集中在公开市场委员会，12家联邦储备银行有权在本地区进行公开市场操作并确定银行的贴现率。1935年，美国经历大萧条以后，国会通过了《银行法》，将委员会改为联储理事会，财政部长和货币总监不再作为理事会成员；将各联邦储备银行的公开市场操作集中在联邦公开市场委员会，正式确立了联邦公开市场委员会作为货币政策决策机构的地位。1951年，美联储与财政部签订了《联储—财政部协议》，结束了40年代的利率与财政债券挂钩的"盯住制"，从而使联储彻底脱离了财政部的控制，开始实行独立的货币政策。据笔者的统计，美国联邦储备法案自1913年底获得通过至1976年底，至少修订了43次。同时，陆续颁布的其他法律和法规也使联邦储备体系不断充实和完善，独立性不断增强，最终形成了一套完整独立的运作体系（图5.1）。

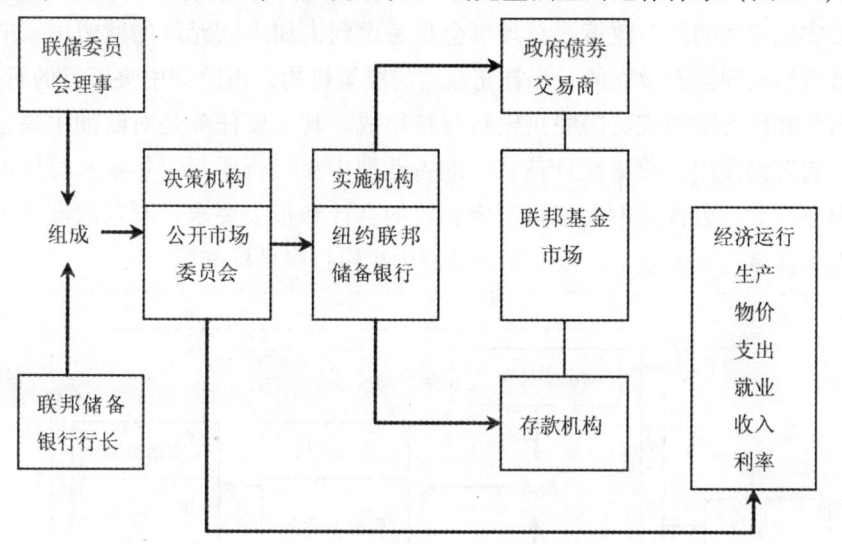

图5.1 美联储货币政策的运作体系[1]

2. 欧洲中央银行管理委员会

随着欧元的启动，欧洲中央银行体系（European System of Central Banks，ESCB）于1998年7月1日开始运作。从制度类型来讲，ESCB属于跨国型中央银行制度，从组织架构来讲，又属于二元式的中央银行体制（图5.2）。它由两个层次组成：第一层是欧洲中央银行（European Central Bank，ECB），第

---

[1] 陈元：《中央银行职能：美国联邦储备体系的经验》，中国金融出版社1995年版，第23页。

二层是欧盟成员国的中央银行（EU National Central Banks，ECBs）。需要指出的一点是，对于未加入欧元区的欧盟国家而言，其中央银行仍是 ESCB 的成员，但它们并不参与欧元区货币政策的制定和实施，而是拥有各自独立的货币政策。ESCB 的主要决策机构有管理委员会（Governing Council）、执行委员会（Executive Board）和总理事会（General Council）。管理委员会是欧洲中央银行的最高决策机构，负责制定欧元区的货币政策，并且就涉及货币政策的中介目标、指导利率以及法定准备金等做出决策，同时确定其实施的行动指南。执行委员会负责筹备管理委员会的会议并负责实施管理委员会做出的相关决策，并且指导各成员国的中央银行，使它们在货币政策操作中完全与管理委员会的政策方向相一致，以确保各成员国能以统一的方式及充分协调的态度实施完整的货币政策。总理事会是考虑到未加入欧元区的欧盟国家的货币政策协商问题而设立的一个补充性质的决策机构，由欧洲中央银行的行长、副行长和所有欧盟成员国中央银行行长组成。其主要任务是对欧洲中央银行体系起咨询作用；收集统计信息；准备欧洲中央银行季报、年报和每周的综合财务报表；为各国中央银行制定必要的会计和报表要求；制定欧洲中央银行股本认缴的有关规定；以及制定欧洲中央银行雇员标准等。

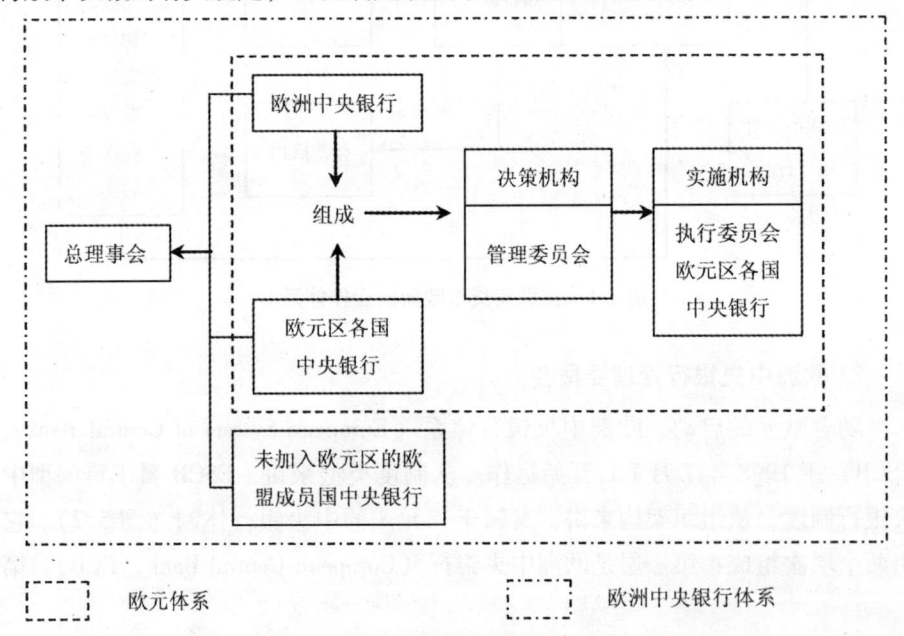

图 5.2　欧洲中央银行体系

一般认为，ESCB沿袭了德意志联邦银行的高度独立性的特点，且有过之而无不及。ESCB的独立性有严格的法律保证，具有欧盟宪法性质的《马约》在第107条及附件第7条明确规定：ECB、ESCB及其决策体系中的任何成员不得接受来自欧盟机构、组织、成员国政府以及其他机构的指令。由于ECB既独立与欧盟，又独立于各国政府，完全控制以物价稳定为目标的货币政策，并且其章程轻易不能由立法改变——《马约》的修改是一个复杂的程序，必须征得所有签约国的同意。因此可以说欧洲中央银行是世界上最独立的中央银行。

3. 英格兰银行货币政策委员会

尽管英国是最早确立中央银行制度的国家，英格兰银行被称为现代中央银行的"鼻祖"，但是其独立性程度却不及美国和德国的中央银行。直到20世纪70年代，英国的货币政策仍然有很强的指导性和控制性，主要通过利率控制来实现，同时也存在汇率控制、资本控制和指导性的信贷控制，完全市场化的金融体系还没有建立。80年代，英国金融自由化的速度加快，随后通货膨胀率再次上升，货币当局失去了对货币状况的控制。在这样的背景下，英国加入了欧盟的汇率体系，决定对德国马克实行固定汇率，从而稳定货币政策。最初该体制运行得很好，但是很快出现了问题，因为1990年后德国的货币政策越来越不适应英国的情况，最终英国于1992年10月退出了欧盟的汇率体系。

受1992年英镑危机的影响，英国工党政府在1997年对英格兰银行进行了重大改革。根据《1998年英格兰银行法》，成立英格兰银行货币政策委员会（MPC），英格兰银行获得了制定实施货币政策的独立权，对制定英国官方利率具有法律上的责任，实行钉住通货膨胀目标的货币政策。货币政策委员会每月召开一次例会，根据国内外经济形势、货币及资产价格、国内价格水平等确定与通货膨胀目标相一致的利率目标。事实上，货币政策目标仍是由政府制定的，而货币政策委员会决定利率水平来实现这些目标。所以英格兰银行只有操作的独立性，并不像美联储那样可以独立地决定货币政策目标。

4. 日本银行政策委员会

日本银行建立于1882年10月。1949年为进一步提高日本银行的自主性，设立日本银行政策委员会，作为日本银行货币政策的决策机构。其任务是根据国民经济的要求，调节日本银行的业务，调节通货，调节信用以及实施金融政策，如制定官定利率、从事公开市场业务，调整存款准备率等。该行行政领导机构为理事会，由总裁、副总裁、理事、参事等组成，按照政策委员会决定的政策执行一般具体业务。同时法律也规定了政府对日本银行有很大的干预权力，如对该行的一般业务命令权、监督命令权、官员解雇任命权等，但政府实际上很少行使这些权力。日本银行被认为是实际独立性高于法定独立性的代表。

1997年6月，日本国会通过了新的《日本银行法》，1998年4月该法正式实施。目前，人们一般把1942年公布的《日本银行法》（包括1997年以前的修改内容）称为"原《日本银行法》"，与此相对应的1997年公布的《日本银行法》则被称为"新《日本银行法》"。在原《日本银行法》的制度框架之下，尽管日本银行政策委员会也是货币政策的决策机构，但很难称得上最高货币政策决策机构。新《日本银行法》则从日本银行内部以及日本银行与政府的关系两个方面，加强了货币政策委员会作为最高货币政策决策机构的地位。新《日本银行法》不仅废止了大藏大臣对日本银行的绝大部分指令权与审批权，而且废止了日本银行内部被称为"圆卓"的官员会议制度，该会议一般在政策委员会会议之前召开，对货币政策走向有着事实上的重大影响力。

5.2.2 人员组成与人事制度

货币政策是一国重要的宏观经济政策，在决策过程中需要考虑到各个部门或地区的意见，但同时又要避免受到政治压力。因此一些采用委员会集体决策的国家在成员构成方面既吸收中央银行内部成员，也吸收其外部成员；而另一些国家的决策机构则不包括外部成员（图5.3）。货币政策委员会人员构成的状况可以部分地反映中央银行的独立性，简单地看，内部人员越多说明中央银行的人事独立性越强。但实际上还有更为重要的方面，那就是这些成员的社会性质和法定权力。一些常见的有利于独立性的安排都会考虑到货币政策委员会成员的专业性、代表性，排除政府官员或者限制其权力（如只有发言权而无表决权），委员会成员的任期长于政府首脑，任命须经议会同意等。

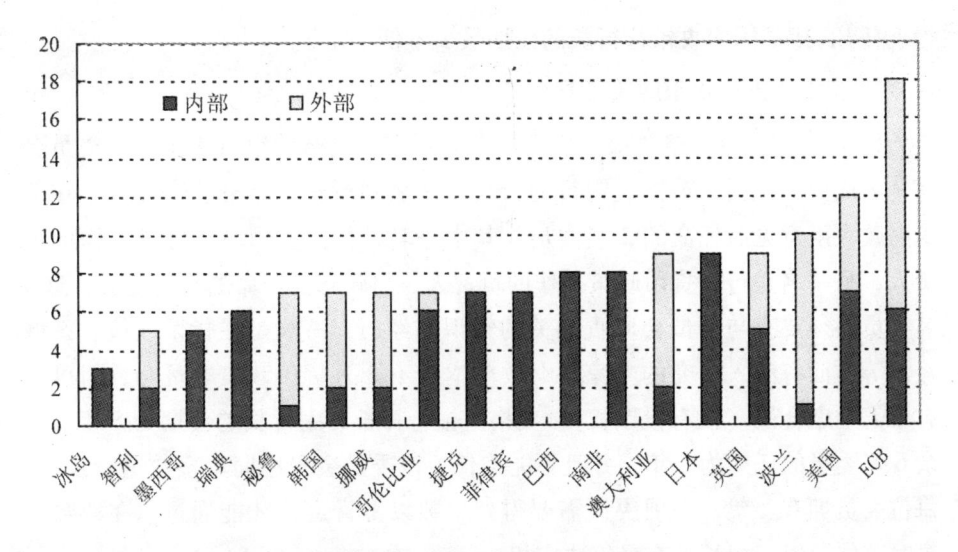

图 5.3　货币政策决策机构的构成（至 2003 年）①

资料来源：Jérôme Vandenbussche, "Elements of Optimal Monetary Policy Committee Design", IMF Working Paper, December 2006.

1. 美国联邦公开市场委员会

美国联邦公开市场委员会由 12 名成员组成，分别是 7 名联邦储备委员会委员、12 位联邦储备银行行长中的 5 位。其中，7 名委员及纽约联邦储备银行行长共 8 人为常任委员，剩下的 4 个席位每年在其余的 11 位行长中轮换。联邦储备委员会主席同时也是联邦公开市场委员会主席，纽约联储银行行长习惯上是委员会的副主席。联邦储备委员会是美联储的最高管理机关，每一名委员都由总统直接任命，任期为 14 年。委员会主席、副主席由总统提名参议院通过，任期 4 年，联邦储备委员会的委员一般由专家、学者和名人组成。

2. 欧洲中央银行管理委员会

欧洲中央银行管理委员会总体负责欧元区的货币政策制定，它的成员由两部分人组成，一是欧洲中央银行执行委员会的 6 名成员（其中包括欧洲中央银行的行长、副行长和已采用欧元的成员国首脑共同委任的 4 名成员），二是已加入欧元区的成员国中央银行行长。执行委员会成员的任期为 8 年，不

---

① 笔者认为，美国联邦储备体系和欧洲中央银行体系是比较特殊的二元式中央银行，其决策机构中所谓的外部成员实际上是该体系中地方性机构的代表，从这个意义上讲，也可以视作内部成员。

得连任①；成员国中央银行行长的任期最少不低于5年。

3. 英格兰银行货币政策委员会

根据《1998年英格兰银行法》的有关规定，英格兰银行货币政策委员会有9名成员，包括：英格兰银行的行长和2名副行长；英格兰银行行长在征求财政大臣意见后任命的2名委员，其中一名是行内货币政策分析方面的负责人，另一名是行内货币政策操作的负责人；财政部长任命的4名委员，这4名委员必须要有与委员会职责相关的知识和经历，一般是在货币政策、区域经济等方面有深入研究的专家；财政部本身不介入货币政策委员会，但可以有1人列席会议（没有投票权）。英格兰银行行长、副行长的任期为5年，其余6名委员的任期为3年，并且不能连任。该委员会采用简单多数进行投票，每位委员拥有一票，一项决议需要得到半数以上肯定票才能通过，在票数相等时英格兰银行行长具有最终决定权。

4. 日本银行政策委员会

日本银行属于政府内阁组成部分，在原《日本银行法》的框架下，日本银行政策委员会由日本银行行长和4位"任命委员"以及2位"政府代表"共7人组成，7名委员要经参、众两院同意后，内阁方能任命。其中，日本银行行长任期为5年；4名"任命委员"是分别来自金融业、工商业和农业的具有实践经验和一定学识的人士，任期为4年；2位"政府代表"（大藏省和企划厅各一人）在该委员会中无表决权，政策决定由其他5位成员以简单多数的形式决定。1997年《日本银行法》修改后，对政策委员会构成做出了新的规定（表5—2），确定日本银行政策委员会成员为9人，包括日本银行行长1人，副行长2人，审议委员6人。审议委员来自工商业、金融或学术领域有深厚造诣的专家或其他常识卓越的人士，一旦成为审议委员，即成为日本银行的专职人员，与其他机构不再有关系。政策委员会成员全部须经国会同意、由内阁任命（在原《日本银行法》中，只有相当于审议委员的委员任命需要经过国会同意），任期均为5年，可以连任。政策委员会成员选举产生委员会主席，迄今为止都是由日本银行行长担任。在政策委员会议事过程中，最终

---

① 为避免今后6名执行委员会委员同时期满离任，1998年5月欧盟布鲁塞尔首脑会议决定，对第一届执行委员会成员的任期做出特殊安排：其中欧洲中央银行的行长任期8年，副行长任期4年，其他4名委员的任期分别为5年、6年、7年和8年。

结果根据9名委员多数意见来决定。新《日本银行法》增加了2名副行长担任政策委员会委员，取消了政府委派政策委员的规定，增加了专业人士的数量并延长了任期，而且还新增了保障日本银行官员免受任意解除职务处理的规定。新《日本银行法》第23条、第25条规定，除非在特定的条件下，不经过国会的认可不能违背日本银行有关官员自己的意愿解除其职务。

表5—2 日本银行政策委员会构成

旧法		新法
日本银行总裁（有表决权）		日本银行总裁（1名）
		日本银行副总裁（2名）
任命委员（有表决权）		审议委员（6名）
都市银行代表	地方银行代表	
工商业代表	农业代表	
政府代表（无表决权）		
财务省代表	经济企划厅代表	

5.2.3 会议制度和程序

主要发达国家在改进中央银行独立性和透明度方面的举措通常还包括：明确规定货币政策委员会在政策制定过程中研究、讨论和投票的制度和程序，并公之于众。这种独立、透明的决策过程有助于形成科学合理的决策。

1. 美国联邦储备公开市场委员会

每年召开8次例会，一般在2月和7月的会议上，重点分析货币信贷总量的增长情况，预测实际国民生产总值、通货膨胀率、就业率等指标的变化区间。在其他6次会议中，要对长期的货币信贷目标进行回顾。每次会议的具体议程如下：(1) 批准上一次例会的会议记录；(2) 外币操作评价，包括上次会议后的操作情况报告、批准上次会议结束后的交易情况；(3) 国内公开市场操作评价，包括上次会议后操作情况的报告、批准上次会议结束后的交易情况；(4) 经济形势评价，包括工作人员对经济形势的报告、委员会讨论；(5) 货币政策长期目标（2月和7月会议）评价，包括工作人员评论、委员会对长期目标及行动方案讨论；(6) 当前货币政策和国内政策指令，包括工作人员评述、委员会讨论和制定指令；(7) 确定下次会议的日期。

2. 欧洲中央银行管理委员会

根据法律，欧洲中央银行管理委员会每年至少必须召开10次会议，自创建以来，它一般每月召开两次，但隔一次才讨论利率。2001年11月，管理委员会决定将有关货币政策的讨论限定在每月的第一次会议上。欧盟财长会议（ECOFIN）以及欧盟委员会可派一名代表参加联席会议，前者还可以向会议提出建议以供讨论，但他们都没有投票权。管理委员会负责重大货币政策的制定，在做出决策时遵循简单多数原则，每名管理委员会的成员各拥有一票投票权，如果支持与反对双方的票数相等，则欧洲中央银行行长一票具有决定意义。管理委员会进行表决时至少应达到2/3的规定人数，如不满足这一最低要求时，可由欧洲中央银行行长召集特别会议做出决定。

3. 英格兰银行货币政策委员会

英格兰银行货币政策委员会一般在每个月第一个整周的周三、周四召开会议。会议日期安排提前一年公布，但也可以根据需要召开临时会议。具体程序：

(1) 准备会议

一般在例会前一个周五召开。由英格兰银行的高层官员向委员汇报上一个月的主要经济金融情况，汇报的内容主要包括：国际环境、货币和金融情况、需求和产出、劳动力市场、英格兰银行分支机构专题汇报、分支机构情况、市场信息、通货膨胀预测。在此之前，委员们已经得到了许多相关书面资料，包括图表。委员会在了解上个月的经济运行情况的同时，还会提出问题。

(2) 委员会例会

周三下午，总经济师阐述准备会议后得到的新数据和研究结果。委员们回顾上月的消息，并讨论这些消息对未来可能产生的影响。主管货币政策的副行长发给委员一张重点讨论问题表，使讨论比较集中。但所有委员都可以自由地提出他们认为与当月决策相关的问题进行讨论。财政部的代表提供政府的有关信息。由英格兰银行的5位高层官员组成的货币政策委员会秘书处在力所能及的情况下可以回答问题，并对有关数据进行说明和分析，但不参与全体讨论。

周四上午：英格兰银行行长总结前一天的讨论，并指出在分析和重点问题上的所有不同意见。委员们对总结进行评论和补充。

行长就货币政策措施依次征求委员意见。主管货币政策的副行长最先发言,行长最后发言。但其他委员的发言次序不确定。委员们可以对特定的政策措施表示明确的赞成态度,也可以另外提出参考意见供其他委员讨论。其他委员可能会对发言者提出问题。所有委员发言完毕、所有提议经讨论确定下来后,行长向委员陈述他认为多数委员均赞同的提议。然后进行正式投票。所有投少数票的委员都会被要求陈述他倾向的利率水平是多少。

决策完成后,委员会讨论是否希望在公布委员会决策的同时发布新闻稿。中午12时,向金融市场和媒体公布决策和新闻稿。

4. 日本银行政策委员会

政策委员会的会议大体分为两类:一类是审议金融政策的金融政策审议例会;另一类是审议其他事项的日常会议。根据新《日本银行法》的规定,金融政策审议例会原则上每个月定期召开两次,同时在会议召开之前将日期公之于众,从而杜绝市场任意猜测政策出台的时机,防止出现混乱。审议金融政策之外其他事项(如有关金融体系及清算系统的事项、业务状况、组织运行情况等)的日常会议原则上每周召开两次。

政策委员会会议只有在2/3成员出席的情况下才能开会和投票。政策委员会决策采取投票表决的形式,一项决定只有在获得参加会议的成员一半以上票数时才算通过;当支持票数和反对票数相同时,主席有最后决定权。1997年修订后的《日本银行法》规定,在必要情况下,政府代表——财务大臣(或其代表)、财政经济担当大臣(或其代表)可以出席审议金融政策的政策委员会会议,并就货币调控的有关问题提交意见,他们没有投票权,但是可以要求政策委员会推迟表决有关货币调控问题的决议。一旦上述政府代表提出推迟表决的意见,政策委员会可以就此意见进行投票决定是否采纳,投票程序和票数要求如上。政策委员会会议程序具体为:

(1)日本银行货币政策部门作《经济与金融发展工作报告》,报告内容包括金融调控的实施情况、金融市场最近的发展、海外经济和金融发展、日本的实体经济和金融形势等;

(2)各政策委员之间就实体经济和金融资本市场的动向等问题进行讨论;

(3)在上述报告和讨论的基础上,各委员围绕近期最佳的货币政策操作选择再次展开讨论;

(4) 政府代表对《报告》和讨论进行评价和提出建议；

(5) 会议主席综合会议的多数意见得出议案，由政策委员会委员投票表决；

(6) 对上次会议的会议记录进行批准、并规定其发布时间。

5.2.4 信息披露

在实行货币政策委员会制度的国家，提高货币政策透明度这一总的原则受到普遍赞成，但在实践中显然没有千篇一律的透明度模式。这不仅与历史、文化、制度等因素有关，也与一个经济体所采取的货币政策策略有关。最大的争议体现在公布中央银行预测的时间早晚与是否公布货币政策委员会委员个人的投票记录这两点上，英格兰银行模式赞同及早发布这两方面的信息，而欧洲中央银行模式却相反。

1. 美国联邦储备公开市场委员会

在每次会议之前，要准备有关文件并发给参加会议的有关人员及为这些参加者服务的行内工作人员。文件按其封皮的颜色分为绿皮书、蓝皮书和棕皮书。(1) 绿皮书主要是向联储理事会成员提供主要经济部门以及金融市场发展趋向的详细评估材料，并概要地展望一下经济增长、物价以及国际部门的情况。附表提供了对当前和下年度一些主要经济金融变量的定量预测。通常情况下，预测要考虑较为长期的货币增长区间，同时还使用一些结构性的计量模型。通常最终结果依赖于一些高级成员的判断。(2) 蓝皮书主要是为董事会成员提供货币、银行储备和利率的最新发展和展望方面的材料。2月份会议的蓝皮书中，向成员们提供一年伊始货币增长的蓝图。在7月份，蓝皮书对当年的货币等方面的情况加以回顾和展望，并初步讨论下年的形势。2月和7月的蓝皮书还确定听证会所需的有关数据，如货币总量的增长范围。此外，也对货币金融的发展进行分析，以利于委员会重新考虑年初所制定的各项目标。(3) 棕皮书在每次会议即将开始之前公之于众，主要提供12个储备区的区域经济状况。棕皮书的内容包括与当地商业巨头的谈话以及该地区的统计报告分析。12个联邦储备银行的综述报告放在开头。

公开市场委员会会议结束后会对外发表会议记录公告，内容包括会议讨论的主要内容和问题以及结论，还包括参加会议的人员名单以及有表决权人员对一些问题的赞成与否。自2000年2月起，FOMC发布的公告中还包括一项风险评估，说明委员会如何评价在可预见的将来通货膨胀压力加剧或经济疲软的风险。至于公告发布的时间，原来是会后2个月，2005年1月以后已经缩短到3个星期。

2. 欧洲中央银行管理委员会

根据《马斯特里赫特条约》的要求，ECB每年一次向欧洲议会、经济和财长会议、欧洲委员会和欧洲理事会报告"当年和上一年的货币政策"。ECB行长必须向欧洲议会以及经济和财长会议提交报告。目前，每季ECB行长向欧洲议会经济和货币事务委员会作证一次，解释管理委员会近期的政策决定。

从目标透明度来看，《马斯特里赫特条约》规定，欧元体系的主要目标是"维持价格稳定"，在不妨害价格稳定目标的前提下"支持总体经济政策"，条约明确指出任何其他目标皆从属于价格稳定目标。ECB对价格稳定目标给出了量化定义，"消费物价年增长率低于2%"。消费物价以欧元区货币联盟消费物价指数衡量。这个目标被认为是一个中期目标。由于某一时点偏离价格稳定未必就表明政策失败，因此管理委员会还制定了一个货币总量目标。

在每两周一次的例会之后，管理委员会发布会议新闻公告，主要包括再融资、补充贷款和存款利率上的变化，行长在新闻发布会上还会对欧元区的经济现状和前景作总体介绍，为政策决策提供一个框架。由于欧元体系的多国性，任何投票信息的泄露都会对各国中央银行的代表造成政治压力而导致偏离欧元区的观点，所以管理委员会不对政策进行正式投票，也不公开投票结果。

ECB还以欧共体11种官方语言发布《欧洲中央银行月报》，讨论政策变化和欧元区的经济状况。最初，ECB拒绝公布预测，但从2000年12月起，它开始将预测情况包括在其月度公报中，但不公布详细的预测。

3. 英格兰银行货币政策委员会

委员会每个月的例会都要对货币政策，比如升息与否进行投票，要对每月的货币政策进行总结并对季度政策进行预期，会议结束后立即向金融市场和媒体公布决策和新闻稿。英国中央银行的每一项货币政策都会第一时间在网站公布，这对提高货币政策的透明度和公信力都很有帮助。

会议纪要在例会两周后的周三上午9:30分公布。该会议纪要必须是得到委员们的同意的。主要内容是：首先总结委员们对自上次会议以来经济发展情况的讨论。回顾各种战术上的考虑及支持政策措施的论据，清楚阐述在那些重点问题、经济分析和决策上存在不同意见。最后是投票情况。会议纪要记录了谁投了什么票，但对于所有的评论和意见则不说明发言人，以鼓励在例会上进行自由和坦诚的讨论。英格兰银行非常强调对政府、国会和公众的责任，从而保证银行决策的民主性。货币政策委员会的每位委员都要在全国各地做演讲，通过不同的方式与公众、政客等接触，发表文章、出席节目，向听众解释他们的工作，提供货币政策走向的信息。

经货币政策委员会同意后，每季度发布《通货膨胀报告》及相关预测。主要内容是：回顾该季度做出的货币政策决策，公布货币政策委员会对通货膨胀和产出的最新预测。该季度召开的例会的会议纪要作为《通货膨胀报告》的附录。

4. 日本银行政策委员会

关于信息公开制度，原《日本银行法》仅在第13、41条规定日本银行要"通过藏大臣向国会做年度报告"，每一事业年度"应发表该年度的事业概况公告"。新《日本银行法》不仅在第3条规定了日本银行"必须努力使国民理解货币政策内容及制定过程"这一基本原则，而且还在第20、52、54、55条对一些具体问题提出了明确规定：每次政策委员会会议后，主席需要就会议讨论的问题准备一份提纲式的纪要，并在下一次政策委员会会议批准后公布。每次政策委员会会议后，主席要就委员会关于货币调控做出的决策整理出会议内容副本，并根据委员会决定，在会议后适当的时候公布该会议副本；日本银行每6个月要将政策委员会关于货币金融调节的决议及业务状况做成报告书，通过大藏大臣提交国会；当议会要求日本银行总裁、政策委员会议长或代理人到会说明日本银行的业务及财产状况时，上述人员必须出席会议并予以说明；日本银行每年度的经费预算须经大藏大臣认可并向社会公开，如果出现大藏大臣与日本银行意见不一致，须将双方理由一并公开；日本银行在每一年度结束后，须将上一年度的业务状况做成报告书并附财务报表向社会公开发布；日本银行负责人及职员的薪水标准和服务准则须向社会公开。

5.3 中国货币政策决策体制的现状与问题

中国改革开放以来在特定的政治、经济和国际环境背景之下,形成了较为独特的货币政策决策体制,目前这一体制在运行中已经出现了一些值得注意的问题。

5.3.1 中国货币政策决策体制的历史与现状

1983年9月17日国务院发布的《关于中国人民银行专门行使中央银行职能的决定》中规定:"中国人民银行成立有权威的理事会,作为决策机构。理事会由下列人员组成:人民银行行长、副行长和少数顾问、专家,财政部一位副部长,国家计委和国家经委各一位副主任,专业银行行长,保险公司总经理。理事长由人民银行行长担任,副理事长从理事中选任;理事会设秘书长,由理事兼任。理事会在意见不能取得一致时,理事长有权裁决,重大问题请示国务院决定……各专业银行和其他金融机构,对人民银行或人民银行理事会作出的决定必须执行,否则人民银行有权给予行政或经济的制裁。"从上述文字表述来看,在我国刚刚建立中央银行体制之时,其决策权力分配是参照西方国家较为规范的制度来设计的。正如刘鸿儒所说:"设这种理事会,在我国还是第一次。西方各国的中央银行都有决定货币金融政策的最高权力机关,美国是联邦储备委员会,西德是中央银行委员会,法国是国家信贷委员会,日本是日本银行政策委员会,我国成立中央银行理事会,是新的尝试,需要在实践中总结经验。"[1] 然而在我国改革开放初期的经济政治格局之中,以直接控制手段为主的货币政策无法由中央银行独立地制定和实施。因此实践的结果是,以1995年《中国人民银行法》的颁布为标志,人民银行不再设理事会,而实行行长负责制。行长实际上是对中央政府负责,与纯粹的政府行政部门长官地位无异。中央银行制度发展的历史经验表明,首长制或者个人决策的体制不利于保证货币政策决策的科学性,在当今世界已经被大多数国家所摒弃。而在中国这样一个地域广袤、经济结构复杂的国家里,把制定

---

[1] 刘鸿儒:《刘鸿儒论中国金融体制改革》,北京:中国金融出版社,2000年版,第241页。

货币政策、进行宏观调控这样重大而艰巨的工作交由行长一人决策显然是不现实的，这只能使人民银行更听命于政府、从属于国务院。与此同时《人行法》又新增了设立货币政策委员会的条款，但没有明确其地位和作用。这曾引起了许多人对于其成为最高决策机构的猜想，然而根据1997年颁布的《货币政策委员会条例》，该委员会仅是一个决策咨询议事机构，不享有实际决策权。2003年修订的《人行法》中又新增一款："中国人民银行货币政策委员会应当在国家宏观调控、货币政策制定和调整中，发挥重要作用。"尽管这并不是一种明确的定位，但似乎意味着未来的发展方向。

按照中国现行的法律规定，中国人民银行只享有一般货币政策事项的决定权，对于年度货币供应量、利率及汇率等重大货币政策事项只有制定和执行权，却无最终决策权，最终决策权属于国务院。货币政策的执行机构没有在法律当中明确体现出来，实际工作中是行长办公会议，由行长、副行长和总行主要部门负责人组成。行长、副行长主持日常工作。

中国的货币政策决策程序对外界来说较为模糊，因为并没有公开的法律法规加以规范。根据现行法律和可以查阅到的公开报道，我们仅能勾勒出货币政策决策程序的大致轮廓（图5.4）。以利率工具为例，中国人民银行要想调整利率，必须首先由中国人民银行的货币政策司提出利率调整的建议，经行长办公会同意后，提交货币政策委员会讨论；如果在货币政策委员会中提议获得多数票，再提交给国务院，由国务院常务会议做出最后决定。

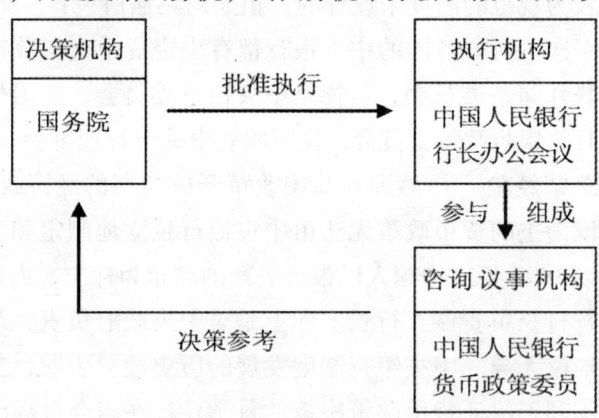

图5.4 中国货币政策决策体制的基本框架

5.3.2 中国货币政策决策体制存在的主要问题

中国现行货币政策决策体制的核心问题是中央银行在决策权力分配制度中的地位较低、法定独立性较弱，与西方发达国家相比，这一问题集中反映在货币政策委员会制度的缺陷方面。

1. 决策权力分配制度的缺陷

从法律层面上看，由于中国人民银行对国务院的行政隶属性和制定货币政策权利的有限性，使得其在与政府的宏观经济目标不一致，甚至存在严重冲突的情况下，无法发挥保持币值稳定以反对政府倾向于扩张性的经济决策行为的制动作用。因为中央银行无法抗拒来自中央政府的干扰。首先，中国人民银行是国务院的一个成员，行政上隶属国务院；其次，国务院其他成员的意见如果说服国务院，则以政府意志传递给中央银行；再次，地方政府的意见如果成为多数意见也可以以国务院的意志向中央银行传递，影响中央银行决策的独立性。因此，中国中央银行的独立性是相对不足的，货币政策的连续性与有效性由此大打折扣，进而影响到中央银行的权威性，使中央银行的职责空壳化[①]。这一状况在金融监管职能分离出去以后更加突出。

这种决策权力的分配制度对于货币政策效果产生的重要影响是，由于存在着国务院研究讨论和授权的过程，延长了货币政策的内部时滞，有可能使货币政策操作失去最佳的时机，从而削弱货币政策效果。因为货币政策只是短期宏观经济政策，一旦将短期政策长期化，将很难保证中央银行货币政策的科学性和最优性。

近年来一个值得注意的问题是，随着货币政策由直接控制转向间接调控，中央银行的专业性、技术性色彩更浓，中央银行通过货币政策委员会讨论形成的政策建议基本上就是最终的决策，而且从对社会公众预期的影响力上来看，货币政策委员会的决议和一些委员的谈话也格外受到媒体的重视。这样就出现了中央银行实际独立性和责任性不对称的问题。因此需要调整现行的决策权力分配制度。

[①] 谢平，刘锡良等：《从通货膨胀到通货紧缩》，成都：西南财经大学出版社，2001年版，第117—118页。

2. 货币政策委员会制度的缺陷

首先,货币政策委员会定位不清。国务院在1997年4月15日发布的《中国人民银行货币政策委员会条例》中将货币政策委员会定义为"咨询议事"机构,但仔细推敲起来,其性质是不明确的,至少在法律语言上是不准确、不规范的。"咨询"起的是参谋、顾问作用,而"议事"本身,又有决议和商议的含义。那么咨询议事机构,究竟是决策机构,还是咨询机构,这就存在疑义。而通过国际比较不难发现,公共政策的决策咨询机构通常是指由多学科专家学者组成的专门从事广泛开发智力,协助决策机构进行正确决策的辅助性机构。咨询机构通常不会包括决策和执行机构的成员,特别是不包括政府官员。例如,美联储设有三家顾问委员会,即联邦顾问委员会、消费者顾问委员会和储蓄机构顾问委员会。联邦顾问委员会共12人,由每家联邦储备银行推选一名资深的银行家组成,与理事会讨论经济金融发展情况并提出政策建议;消费者顾问委员会由30人组成,除了金融业和消费者的代表外,还有在消费领域的学术界和法律界人士参加,向联储提出有关消费行为和消费信贷等方面的看法;储蓄机构顾问委员会由储蓄银行、储蓄与贷款协会以及信用社的代表组成,主要向理事会提出有关储蓄机构的特殊需求和存在问题的看法和主张。欧洲中央银行体系内部也于1998年7月成立了13个专业委员会,分别由来自欧洲中央银行及成员国中央银行的专家组成,委员会的专家通过提供各自所在领域的经验和意见,帮助欧洲中央银行进行决策。反观中国货币政策委员会的组成,不仅有中央银行的正副行长,还有国务院层次的政府代表,因此绝非一个真正意义上的咨询机构,加之前面提到的一些最新的发展趋势,我们可以认为中国的货币政策委员会是一个"准决策机构"。这样,中国人民银行的决策组织体制目前实际上就是一种混合制,即在决策时实行集体负责制,在执行时实行个人负责制。其优点是兼具了委员会制和首长制的长处。在决策时集体负责,听取不同意见,考虑周到;在执行时责任明确,指挥灵活。然而其潜在的缺点也应引起我们的注意,如果负责执行的首长和负责决策的委员会产生不同意见时,容易造成或者是一人独断,或者是无人负责的现象。

其次,货币政策委员会的人员结构与人事制度存在问题。从目前货币政策委员会实际发挥的作用以及未来的发展趋势来看,其人事制度方面存在着以下缺陷:

一是缺乏代表性。从地区来看，中国人民银行货币政策委员会的13名成员均来自首都北京，缺少地方代表；从行业来看，缺少农业、工业、商业方面的代表，可以说是金融机构和各政府部门的联席会议，而且银行界代表仅仅来自四大国有商业银行，这对广大中小金融机构是显失公平的；从所有制来看，缺少民营企业（包括金融企业）的代表。在货币政策委员会中也曾经有被视为企业界代表的国家经贸委，但它毕竟是政府机构，是企业的监管者，无法真正代表企业界对货币政策的需求（表5—3）。这样的人员结构导致近年来中央政府和中央银行都十分关注商业银行存在的金融风险，而忽视了产业界的利益。

表5—3 中国货币政策委员会组成单位的调整情况

成员单位		1997.7	2000.3	2001.4	2003.6
中国人民银行	行长	1	1	1	1
	副行长	2	2	2	2
国务院	副秘书长	—	—	—	1
国家计划委员会*	副主任	1	1	1	1
国家经济贸易委员会**	副主任	1	1	1	—
财政部	副部长	1	1	1	1
国家统计局	局长	—	—	1	1
国家外汇管理局	局长	1	1	1	1
中国证监会	主席	1	1	1	1
中国保监会	主席			1	1
中国银监会	主席	—	—	—	1
国有独资商业银行	行长	2	2	2	1
金融专家		1	1	1	1

*注：国家计划委员会于1998年更名为国家发展计划委员会，又于2003年将原国务院体改办和国家经贸委部分职能并入，改组为国家发展和改革委员会。

**注：根据第2003年十届全国人民代表大会一次会议关于国务院机构改革方案的决定，不再保留国家经济贸易委员会。

二是缺乏专业性，官方色彩太浓。从最近的情况看[1]，在13名委员中，

---

[1] 2003年6月任命的货币政策委员会成员包括：中国人民银行行长、国务院副秘书长、国家发展和改革委员会副主任、财政部副部长、中国人民银行副行长2人、国家统计局局长、国家外汇管理局局长、银监会主席、证监会主席、保监会主席、中国银行业协会会长（中国银行行长）、中国社科院世界经济与政治研究所所长。

中央银行内部成员只有3名（行长、2名副行长），外部成员有10名（其中8名为政府部门代表）。如果考虑到银行部门领导者的行政级别问题，那么可以说12名代表在一定程度上都是政府官员，学术界只有1名代表（而且也是正厅级干部），绝大多数人员都肩负着繁重的行政管理事务，很难拥有充裕的时间来对具有较强技术性的货币政策选择问题进行深入研究，所以，也难以提出前瞻性的货币政策建议。这与美国联邦储备理事会、欧洲中央银行管理委员会成员都是货币理论和银行管理的专家而非政府官员形成鲜明对比，与日本银行政策委员会排除财政部、经济企划厅代表的表决权以及1994年1月法兰西银行改革①时排除现任政府官员参与货币政策理事会形成强烈反差，而这些国家的制度安排正是维护中央银行独立性所必需的。

三是任期不确定或过短。《中国人民银行货币政策委员会条例》第十条规定：货币政策委员会委员中的国有独资商业银行行长以及金融专家，任期2年。在委员会当中相对最具有非官方色彩的代表任期如此之短，而其他政府官员身份的委员任期却没有说明。这不能不使人怀疑其讨论制定货币政策时的客观性、独立性、科学性和公正性。而在政府部门代表过多的情况下，即使规定任期，也难以起到实际的作用，因为目前货币政策委员会都是按照成员单位来确定人选，那么就很容易出现下述情况：某一位代表由于职务变更，会超过规定任期②。而这些代表的行政职务由国务院任命，这样就使国务院在制度上对货币政策委员会的人事安排有了更大的操纵权。

最后，货币政策委员会在信息披露方面的不足。与规范的货币政策委员会制度相比，中国货币政策委员会在会议程序、投票情况以及对政策的解释等方面透明度不高，发布的公告模棱两可。权力与责任是相对的，如果仅仅是一个咨询机构，并没有必要进行全面深入的信息披露。近年来人们之所以

---

① 1994年1月法兰西银行改革，成立了货币政策委员会，该委员会由3位法兰西银行的正副总裁、大学教授、记者、前任经济部长、法国保险总公司前任总裁、证券交易所理事会主席以及大企业的老板9人组成。

② 已经出现的情况实可以帮助我们理解这一制度的可能结果：1997年7月，中国人民银行货币政策委员会召开首次会议时，周小川即以国家外汇管理局局长的身份成为委员，2000年2月又以中国证监会主席的身份成为委员，2003年6月被任命为货币政策委员会主席，实际担任货币政策委员会委员的期限达到6年；尚福林1997年7月以中央银行副行长的身份成为第一届委员，2000年前后曾经一度离开，2002年4月又以中国农业银行行长的身份成为委员，2003年6月再次以中国证监会主席的身份成为委员，实际担任货币政策委员会委员的期限至少6年。

对于货币政策委员会信息披露提出了更高的要求，是与其权力和地位的不断提升密切相关的。既然货币政策委员会在我国发挥着货币政策"准决策机构"的作用，就应该接受公众的监督。

5.4 中国货币政策决策体制的改进

货币政策决策体制是中央银行体制改革的中心环节，必须通盘考虑，既要尊重历史和现实，又要着眼于未来；既要研究整体规划，又要研究实施步骤及其条件。在理顺货币政策决策体制中各机构之间关系的同时，重点完善货币政策委员会制度。

5.4.1 货币政策决策体制的目标框架

尽管世界各国的货币政策决策体制安排因时、因地而各具特色，并没有一个公认的统一标准，但我们也不难发现，经济发展状况较好、货币政策作用积极而有效的国家，其货币政策决策体制大致呈现出如下共同特征：（1）中央银行独立性较强，能够抵制来自政府的政治压力而专注于物价稳定目标的实现；（2）决策的民主与公开。其主要表现为决策中枢系统代表的广泛性，决策咨询系统的完备性，以及与决策过程透明度有关的一系列制度安排。（3）决策的规则与程序设计合理，能够保证决策的效率。根据上述特征，结合中国的政治、经济体制改革情况，我们首先从中枢系统、咨询系统和信息系统几方面对货币政策决策体制进行整体框架的研究。

1. 货币政策决策中枢系统

从决策中枢系统来看，在公共决策体制中，对决策起决定性影响的因素即为最高决策权力的归属。最高决策权意味着权威和服从，而这正构成了决策体制的基本框架。公共决策权力的分配在很大程度上反映了相应的政治体制特征。应该说，由于各国的社会政治制度、经济发展状况、文化传统等方面的不同，各国的决策权力分配制度存在着差异，决策权力在公共决策活动中的运作也有所不同。货币政策的决策权力分配通常有三种情况：（1）中央银行享有独立制定货币政策目标、选择货币政策工具的决策权，如欧洲中央银行和美国联邦储备系统；（2）中央银行只享有货币政策工具的决策权，而货币政策目标则由政府决定，如英国和日本；（3）政府拥有货币政策目标和工具的最终决策权，中央银行只有执行权，如中国。货币政策决策权力的分配制度决定了一国中央银行的独立性程度，显然，前两种情况下中央银行具有较强的独立性，而第三种情况下独立性较弱。

美联储、德意志联邦银行（1998年以前）和目前的欧洲中央银行是公认的最为独立的中央银行。独立的中央银行的含义不仅仅体现在由中央银行制定和执行货币政策，更主要地体现在当中央银行和政府对重大经济决策产生分歧时，中央银行可以拒绝听从政府的指令，按照自己的方案行动。这种权力实际上非常巨大，以至于有人称独立的中央银行是一个国家的国中之国。被欧洲各国奉为典范的德国中央银行，它的威信是建立在一次又一次否决德国政府对其要求的基础之上的。而美联储也是在一次又一次与政府的坚忍不拔的成功对抗中建立起自己的威信，甚至有令政府首脑下台的力量，才被称为真正意义上的独立中央银行。而在这种模式中，中央银行一般直接隶属于议会，因此国内许多学者提出中国人民银行应对人民代表大会负责。

本文认为，鉴于中国目前政治经济体制的发展状况，将中央银行从政府系列独立出来，直接隶属于人民代表大会的主张并不可行。一方面是由于人民代表大会制还不够完善。在中国，共产党与人大是最重要的官方决策机构，但两者的关系尚未理顺。共产党是执政党，领导人大的工作；而人大是最高权力机关，党要在法律范围内办事，就要受到人大监督。人大既要监督党，又要受党的领导，这导致实践中人大权力得不到充分行使。而且，人大代表素质和选举制度也有待改善，"人大常委会的组成人员应是社会各界的代表，代表人民的利益，是人民的精英，而不是政治精英。"① 因此，即使将货币政策委员会隶属于人大，其决策的独立性、科学性和民主性也难以保证。另一方面原因在于中央银行自身的宏观调控能力。受经济市场化程度和金融自由化水平的制约，中国人民银行目前尚无法完全依靠价格型工具来对信贷和货币供应加以控制，还必须通过一些行政手段，以推出行政命令或政策指导的方式，确保达成宏观调控的结果。这种情况下中国人民银行隶属于国务院更有利于其货币政策的执行。此外，银行体系发展的历史因素也不可忽视。从

---

① 《南方周末》2003年2月27日第3版。

"大一统"的银行体系中裂变出来的中国商业银行，发展到今天其主体仍是国有银行，而且历史上这些国有银行的管理者们几乎等同于政府官员的身份，因此不可能由一个类似于美联储那样的半政府性质的机构[①]去管理，目前的中国人民银行只能作为政府的行政部门出现并建立与之相应的层级制。

从国际经验来看，要求中央银行直接对议会负责，并不是唯一保持中央银行独立性的途径。从独立性理论以及中国政治体制的基本特点出发，提高我国中央银行独立性应该强调其工具独立性，而不是建立一个与政府相互制衡的独立的中央银行。国内一些研究希望中国能够建立类似于美国和德国模式的独立的中央银行，但政治体制上的差异是不可逾越的障碍。相比之下英国模式似乎更有借鉴意义，即使是在1998年改革之后，英国货币政策目标仍由政府确定，中央银行只享有工具独立性。因此现阶段中国人民银行独立性改革的总体目标应该是：由国务院负责货币政策目标的决策，中央银行则完全享有货币政策工具的独立性，货币政策委员会成为中央银行货币政策的决策主体。

总体而言，提高中央银行独立性的思路是正确的。但重要的是要搞清楚提高中央银行独立性的目的是什么。中央银行独立性的目的是在制定货币政策时，以长期稳定性为指引。或许制定长期稳定的货币政策这一行为本身并不需要任何特殊的体制结构，但却需要一种健康氛围，而赋予货币政策决策机构一定的自主性有利于这种氛围的形成。较为现实的选择是在不改变隶属关系的前提下，由全国人大、国务院赋予其更大的决策权，至少能够独立选择和制定货币政策取向，决定利率、汇率水平和货币供给数量，并在修改人民银行法时以法律文件形式固定下来。这不仅有利于改变目前中国人民银行实际独立性高于法定独立性的状况，从而增强中央银行的责任性，而且可以使中国人民银行实际独立性提高的成果得到巩固和持续发展。

2. 货币政策决策咨询系统

就目前中国行政决策的实际情况而言，行政机关决策体制中决策系统高度发达，但是咨询系统极度萎缩。要提高货币政策的决策水平，必须充分发挥政策研究机构与社会咨询系统辅助决策的功能，实现"谋"与"断"的合

---

① 美国联邦储备体系中，12家联邦储备银行的资本由作为其成员的私人性质的商业银行所持有，因此只有联邦储备委员会的7名委员是美国政府的职员。

理分工，才能保证决策的科学化、民主化和法制化。

在中国人民银行现行体制中，除了货币政策委员会这一"咨询议事"机构之外，总行还设立了金融研究局，其职责是"围绕货币政策决策，对经济增长及运行进行分析与预测；研究金融法律、法规、制度，跟踪了解其执行情况；跟踪研究我国产业政策和工业、农业、财税、外贸等部门经济动态以及货币信贷、利率、汇率、金融市场等重大政策的执行情况，并提出建议。"①但这两个机构实际上并不能充分发挥决策咨询的作用。原因是：第一，这两个机构在行政上从属于相关政府部门，其独立性和社会化程度不够。这本身就失去了决策研究和决策咨询的意义。第二，货币政策委员会的组织形式带有柔性。其成员分散在各单位，完成任务后仍回原单位，并且大多是政府部门的官员而非专家，实际上具有"准决策机构"的性质，如果作为咨询机构，这种弹性组织会导致研究没有连续性，不利于对长期的、可持续性的决策问题进行分析和研究。第三，这两个机构都缺少公众的代表，以至于在进行决策分析的时候，更偏重于理论层次上的研究，难以真正深入了解公众的真实需求和意愿。

此外，与发达国家相比，中国明显缺乏自主开发型咨询机构，即同交办咨询研究课题的决策部门不是主从关系，其研究工作靠自主开发，实行有偿服务的机构，甚至可以是半官方咨询机构和民间咨询机构。已有的智囊机构在决策咨询过程中的独立性较弱，往往是顺从领导者个人的智慧和经验。中国目前还没有像美国政策决策的咨询系统那样由政府或财团提供赞助的民间政策咨询机构为政府决策提供方案、建议和信息的模式。中国大学的知识分子对政府决策的影响甚微，在具体政策问题的材料收集和研究方面的功能也非常微弱。

基于上述情况，中国在建立货币政策决策咨询系统时应该考虑两个方面：首先是在货币政策委员会未来成为决策机构的发展趋势下，成立若干个专业委员会，如由人民银行各大区行代表组成的咨询委员会，由中小金融机构代表组成的咨询委员会，由消费者以及金融、法律、学术界人士组成的咨询委员会等。之所以采用委员会制，是因为这种制度能够反映多方面的利益与要求，整合分散的信息和意见，集思广益。大多数国家的决策咨询机构都采用

---

① 参见中国人民银行网站。

委员会制。委员会成员的来源较广，包括专家成员和非专家成员，并且应是相关领域中精明强干的优秀人才。其次还可以考虑委托民间咨询机构，独立地对货币政策决策所需解决的问题进行专题调查、提供建议。

同时，要保证决策咨询的科学性和客观性，必须实现决策咨询委员会与决策机关相分离，使决策咨询机构能够独立自主地进行决策研究。一方面我们要颁布法律法规，规范决策者的决策行为，界定决策咨询的范围；另一方面要制定咨询委员会章程，对咨询委员会及其成员的行为作出明确的规定。

3. 货币政策决策信息系统

信息的可靠性和真实性是保证货币政策决策质量的基础。从决策信息系统来看，提高中央银行占有信息的优势不仅仅是技术层面的问题，更不是依靠引入几个专家人才就能够解决的。信息本身的稀缺性以及由此引致的高昂发现成本，决定了必须首先从制度安排着手，赋予货币政策调查工作特有的权限，从法律规范的高度建立覆盖全社会的货币政策调查制度，全面构筑中央银行信息获取的基础网络。特别是当前在中国人民银行金融监管职能分离的情况下，建立货币政策调查制度显得尤为迫切，必须以制度形式规范货币政策传导各环节的微观经济主体，包括金融机构（含银行、券商、保险公司等各类金融机构）、企业和个人，接受中央银行为制定和实施货币政策所进行的调查的权利与义务，从而拓展货币政策调查的深度，保障货币政策决策和执行的顺利进行。货币政策调查制度应该分两个层次，首先是在法律的层次上以《货币政策调查条例》的方式，规定社会经济主体接受货币政策调查的权利与义务；其次是中央银行根据《货币政策调查条例》制定《实施细则》以及总行、分行和中心支行之间的授权体制。而调查的内容则不仅局限于宏观经济状况、资金流动趋向、货币供应量的分布结构和使用效率等宏观问题，还应包括各类金融机构、企业和居民的行为模式及偏好的变化，以改进调控方式，减少货币政策调控与市场行为偏好的冲突，为进一步建立货币政策决策模型和提高货币政策传导效率提供基础资料。

5.4.2 货币政策委员会制度的改革

虽然2003年新修订的《中国人民银行法》在原法第12条"中国人民银行设立货币政策委员会。货币政策委员会的职责、组成和工作程序，由国务院规定"之后，又增加了一款"中国人民银行货币政策委员会应当在国家宏观调控，货币政策的制定和调整中，发挥重要的作用"，算是前进了一小步，但该条款对货币政策委员会的定性仍然不够清晰，与国际通行做法差距还是很大。作为货币政策决策体制的核心内容，货币政策委员会制度的改革日益紧迫。

1. 明确货币政策委员会的决策机构地位

应通过修改法律使货币政策委员会由目前的咨询议事机构提升为决策机构，并通过规范的投票表决方式进行决策。这样做的好处在于不仅可以增强中央银行的独立性以及责任性，还有利于透明度的提高，而且对于银行监管职能分离的改革而言也是必要的配套措施。

2. 调整人员结构和改革人事制度

为保证货币政策决策的客观性、公正性和科学性，未来货币政策委员会人员组成结构应当优化。货币政策委员会成员的选用应考虑到社会阶层、行业、部门、所有制和地区的代表性，以及个人的品质、工作经验和专业素质。首先，委员会中应增加中央银行的内部成员（如货币政策司司长），减少中央银行外部的政府官员。其次，目前银行界的代表来自中国银行业联合会，与此相应，未来货币政策委员会中企业界的代表应来自工商联等相关行业组织，以便准确地反映有关各方的普遍呼声。第三，要大幅度增加学术界的代表，货币政策委员会中应有 2—5 名学术界的代表（在学术界最好不要有行政职务）。中国人民银行行长为货币政策委员会的当然主席。2005 年 8 月成立的人民银行上海总部主要承担部分中央银行业务的具体操作职责，其主任应成为常任委员。至于委员会中是否应该有中央银行大区分行的代表，笔者认为，从国际经验来看，只有实行二元式中央银行体制的国家普遍选择了这种安排（如美国、德国、欧洲中央银行），而在一元式的中央银行体制下较为少见，我国人民银行的大区分行作为总行的分支机构，其所代表的利益主体不清，难以发表独立的见解，如果将货币政策委员会提升为决策机构，那么分行代表作为货币政策委员会的成员并不合适，但可以考虑作为咨询机构成员。

在人事制度方面，还需要对货币政策委员会委员的任职条件、解职条件以及任职期限做出明确的规定，货币政策委员会委员的任期应该长于政府首脑的任期。政府的目标是短暂的，往往局限在其任期之内。因此，政府官员不得担任货币政策委员会成员，以保证决策尽可能少受政府部门的干扰，或者规定政府官员取消投票权，只有建议权。为了保持货币政策决策思路的连贯性，可以考虑实行委员的比例更换制度。

3. 适度增强货币政策透明度，提高信息披露的准确性

在中国当前的经济体制和货币体制下，中央银行透明度应主要致力于与提升独立性和责任性相关的内容。同时也要披露用来决策金融政策的有关经济信息、可能出现的政策方式以及传导中可能出现的问题等，以引导公众预期。尽管中国人民银行已经形成了公开、定期发布政策报告的制度，但还应在以下方面提高透明度：披露政策制定的相关制度性规定，公布政策决策程序；披露决策过程中依据的宏观经济信息，包括使用哪些经济数据、如何建立经济模型、中央银行如何进行预测分析；披露决策结果如何形成，即会议记录和投票记录。这些信息披露可以让公众更好地了解货币政策趋势，通过分析看看哪些是政治因素在起作用，也便于货币政策的决策信息更有效地传达到基层。不仅如此，透明度同时还可以加大决策者的责任，发现哪些决策机构的成员做出了最好的判断。当然，基于国际经验，货币政策委员会季度例会内容当时不必公布，所有参与货币政策制定的货币政策委员会委员所发表的言论和表决情况，都应当记录在案，并在保密期（半年或者一年）结束之后予以公开，供今后专家学者研究参考。只有通过这样的监督机制，才能保证每位委员对自己代表的利益群体和整个社会负责，才能保证中央银行的货币政策与所有委员的集体智慧保持一致。

第六章

改革中国人民银行
的组织管理体制

6.1 中央银行组织管理体制的主要内容

6.2 中央银行分支机构设置的国际比较

6.3 中国的大区中央银行管理体制改革评析

6.4 中国人民银行组织管理体制的模式选择

中央银行是现代金融体制的核心，而如何更好地发挥其功能，则有赖于建立一套科学合理、与社会政治经济制度协调发展的组织管理体制。中央银行的组织管理体制主要是组织结构问题，包括内部职能机构和分支机构的设置以及相应的权力分配等方面。中央银行行使其职能要在既定的组织结构框架下进行，中央银行的组织结构本身也正是其职能的具体体现。由于各国中央银行的基本职能相同，其组织管理体制在主要的方面也就大体类似，但又由于各国的经济制度、经济发展水平和金融业总体状况以及历史传统等方面的差异，中央银行的组织管理体制在具体方面也存在明显的不同。

前面讨论的货币政策决策体制，实际上已经涉及中央银行决策权力的分配结构，这里，我们继续讨论中央银行的内部机构与分支机构问题。

6.1 中央银行组织管理体制的主要内容

从国外中央银行体系发展经验来看，中央银行是市场经济的产物，它代表国家统一提供信用，调控货币总量。从中央银行金融调控的统一性来看，中央银行总行在中央银行体系中具有至关重要的位置和作用，其人力一般在中央银行系统中占据绝对优势，而中央银行的分支机构设置在不同国家特点不同，分支机构与总部的关系也各有不同。总体上看，中央银行组织机构设置的核心是促进经济、金融市场发展，提高金融调控效率。

6.1.1 内部机构设置的依据和特点

中央银行内部机构的设置，是指中央银行总行或总部机关的职能划分和分工。中央银行为了行使其职能，必须设置具体的职能部门进行业务操作。各国中央银行内部机构的设置尽管数量不等、名称各异，但总体来看，有一些共同的依据和特点。

1. 内部机构设置的依据

首先，从中央银行的职能作用出发设置内部机构。在中央银行制度确立以后的大部分时间里，各国中央银行普遍设立货币发行、外汇管理、调查统计、政策研究、银行和金融市场管理部门。近年来随着一些国家将金融监管职能从中央银行分离出去，其内部机构也随之调整。

其次，从各国的政治、经济、金融结构，以及决策程序、执行方式、传统习惯等方面出发设置内部机构。如日本银行设有国库局，英格兰银行设有企业财务局，这在大多数国家的中央银行是不单独设置的。

2. 内部机构设置的特点

一是总行一级的内部机构设置较多，分工较细，掌管中央银行的主要活动，因此，工作人员占全银行人数的比重也大。日本银行总行设有 18 个局（室），拥有职工 3000 多人，占日本银行全行人员的 40% 以上。法兰西银行总行有 9 个总局和 4 个直属局，马来西亚中央银行有 13 个局，意大利银行有 15 个局，英格兰银行有 15 个局或部。

二是普遍重视调查统计、政策研究和经济、金融分析。作为中央银行最重要的工作莫过于对经济、金融形势进行正确的分析，提出适当的金融货币政策。为此，在各国中央银行内部机构设置中调查统计、政策研究和经济金融分析等部门占有较大的比重。例如，日本银行设有金融体系和银行研究部、研究处、金融和经济研究机构；英格兰银行设有金融统计局、经济研究局；法兰西银行设有研究总局；意大利银行设有国内经济金融调查局、外国经济和国际收支调查局。

6.1.2 分支机构设置的基本模式与一般原则

中央银行分支机构是中央银行组织结构中重要的组成部分，是中央银行全面履行职责的组织保证。尽管各国对中央银行分支机构赋予的权力或级别不完全一样，但有一点是相同的，即任何分支机构都要具体贯彻中央银行的货币政策并且监督执行。

1. 中央银行分支机构的基本模式

按照各国中央银行法对分支机构性质和权限的规定，中央银行的机构设置可以归纳为两种类型（图 6.1）：一是总分行制（亦称一元式），即有一个总行，下设若干分支机构。分支机构是总行的隶属、派出机构，不能独立的制定自己的货币政策，其主要职责是执行总行的政策指令，并负责在本地区内推行。世界上大多数国家中央银行的分支机构都采用这种模式。二是联邦银行制（亦称二元式），即除了在联邦一级设立中央银行机构以外，还在联邦行政区或划定的经济大区内设立地区性中央银行，这些地区性中央银行不是隶属于总行的分支机构，它们设有自己的权力机构，除执行统一的货币政策外，在业务管理上具有较大的独立性。例如，美国12家联邦储备银行内设有理事会，在联邦储备系统理事会章程和条例的规定范围内享有完全自主权，不受上级行的干扰。

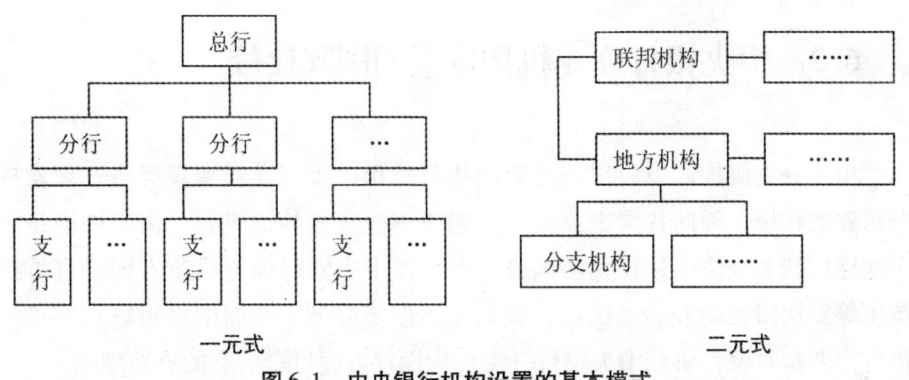

图6.1 中央银行机构设置的基本模式

2. 中央银行分支机构设置的一般原则

从世界各国的情况看，中央银行分支机构一般是按照以下两个原则设置的：一是按行政区划设置。分支机构的设置格局与行政区域的划分相一致，即中央银行按照行政区划逐层设置自己的分行或支行。这种模式下分支机构的规模与其所在行政区域的级别有关，与业务量关系不大。按照这一原则设置中央银行分支机构的主要是一些传统计划经济体制国家。二是按经济区划设置。中央银行根据不同地区的经济金融发展状况将全国划分为若干与行政区划不同的经济区，在每个经济区设中央银行分行，并可设下属分支机构。这种类型就是国内一般所称的"大区行"体制。经济区域的划分主要考虑地域关系、各地区之间经济金融联系的紧密程度、具体业务量的大小以及历史文化传统等因素。目前世界上大多数国家中央银行的分支机构都是按照经济区域来设置的，因为这种模式体现了商品经济规律的要求。如美联储将全美50个州和1个特区划分为12个联邦储备区，设12个联邦储备银行；加拿大有10个省和3个地区，设9个分行；墨西哥有1个联邦区和32个州，设9大区行；日本有47个行政单位，设32个分行、9个事务所和14个地方办事处；印度有22个邦、7个直辖市，设4个大区理事会，14个直属分行。

从发达市场经济国家经验来看，在中央银行越来越依靠市场性交易方式如公开市场操作等来实施货币政策、干预汇率、提供金融服务的背景下，中央银行分支机构设置要越来越多地考虑所在地金融市场环境状况，经济、金融中心一般会成为设置机构和开展业务的首选之地，以更好地促进经济金融的发展，同时有效地实施金融调控。

6.2 中央银行分支机构设置的国际比较

由于分支机构对中央银行有效地推行货币政策，实现宏观经济管理发挥着重要的作用，因此各国中央银行普遍重视分支机构的设置。由于中国是一个地域广阔、经济总量较大的国家，而且在中央银行体制改革方面一直重视英美等发达国家的经验。因此，我们主要以美联储、欧洲中央银行和英格兰银行为考察对象，研究中央银行分支机构设置方面可资借鉴的成功理念。

6.2.1 设立方式

以英国、美国和欧盟成员国为代表的发达国家中央银行的形成都经过了相当长的历史时期，是经济发展逐步演进的必然结果。它们在分支机构设置上大都依据经济区划，更主要的是，中央银行组织体系都经过较为充分的论证。

1. 美国联邦储备体系（FED）

由于美国历来崇尚自由竞争，公众对任何形式的中央集权体制安排一直抱有怀疑和敌对的态度，所以，在英国中央银行制度确立之后的近半个世纪，美国仍没有自己的中央银行。直到1907年美国爆发银行危机才最终促使公众确信，只有建立中央银行才能保证金融的稳定。这就是美国联邦储备体系建立时的历史背景。美国联邦储备体系的结构是精心设计的结果。在决定建立中央银行之前，国会的货币委员会专门赴欧洲考察不同类型的中央银行体制安排，美国国内也对建立中央的各种原则和方案开展了广泛的讨论。最初在议会上要求彻底改革中央银行制度的方案是由奥尔德里奇提出的，该方案的主要内容是成立统一的全国储备协会，实行总分行的组织结构。但是，来自西部和南部的立法者坚持中央银行权利的分散化结构。一些代表平民党人的国会成员建议建立 50 个或更多有自治权利的地区联邦储备银行，因为金融状况的地区差异要求在国家的不同地区使用不同的金融政策[①]。最终在各方利益折衷平衡的基础上形成了建立若干地区联邦储备银行和联邦储备委员会的设想。当时，围绕究竟建立多少地方分行，也是一个争论不休的问题。妥协的方案是戏剧性的。参议院约翰·沙弗罗思提出，任何银行和地区储备银行的距离不应该超过一夜火车的路程，以保证某家银行在被挤对的时候，可以乘火车迅速赶到地区储备银行，获得资金支持，防止第二天可能发生的挤兑恐慌。最后，决定地区储备银行不少于 8 个，不超过 12 个（陈明，2003）。

1913 年的《联邦储备法案》只是确立了联邦储备体系构建的一般原则，为此，国会成立了组织委员会，在全国各地及各行业部门广泛征询意见，对 7 417 家国民银行和 16 000 余家州银行进行问卷调查，并举行大量的听证会。然后，组织委员会下属的预备委员会对这些情况进行了整理和评估，并由其负责人威利斯写成《威利斯报告》（Willis Report），提出了 4 套可供选择的方案，每套方案在设计时还考虑了业务、交通、地区资本及其他因素。组织委员会通过投票最终确定了 12 个区域及其地区储备银行的所在城市，并于 1914 年 4 月公布了地区储备银行的组建方案，经过咨询及细微调整后，联邦储备体系于 1914 年年中正式运转。这 12 家联邦储备银行分别位于波士顿、纽约、费城、克利夫兰、里士满、亚特兰大、芝加哥、圣路易斯、明尼阿波利斯、堪萨斯城、达拉斯、圣弗朗西斯科。此外，还有 25 个分支机构。这种地区划分反映了 1913 年美国的地理和经济特征。根据法律规定，联邦储备委员会不能改变区域的数量（除非经法律程序修订联邦储备法案中授予联储的权力），但可以改变区域的边界，也可以撤销或者重设储备银行分支机构和储备区支票处理中心。自 1913 年以后，储备区边界只发生过几次微小的变化。从联邦储备区的地理分布图（图 6.2）中可以看出，分支机构的设置明显依据联邦

---

① 参见（美）劳埃德 B. 托马斯：《货币、银行与金融市场》，机械工业出版社，1998 年版，第 223 页。

储备区管辖范围的大小，在那些地域面积较大的储备区分支机构较多。

图 6.2　美国联邦储备体系

资料来源：Federal Reserve Bulletin.

2. 欧洲中央银行体系①（ESCB）

虽然同属于二元式中央银行体制，但 ESCB 与 FED 的形成过程截然不同。FED 的各级机构是作为一个整体诞生的，而 ESCB 中相当于"分支机构"的各成员国中央银行历史都比较悠久，相当于"总行"的欧洲中央银行则是一个新生儿。当然，欧洲中央银行的设立也经过了漫长的研究和论证。欧共体建立后不久，即着手通过经济手段推动政治一体化的进程。早在 1971 年，欧共体委员会就通过了《维尔纳计划》（Warner Plan），准备建立超国家的财政、货币决策机构，并预计在 1980 年建立欧洲经济与货币同盟。只是随着布雷顿森林体系的解体和国际金融秩序的混乱，《维尔纳计划》才被迫搁浅。需要指出的是，尽管欧元区是否是最优货币区一直是人们争论的焦点，但在启动欧洲经济与货币联盟（EMU）之前，欧洲各国都进行了大量相关的研究。例如，1988 年 6 月欧共体成立了由有关专家组成的经济与货币联盟委员会（即德洛

---

① 这里主要指欧洲中央银行和欧元区各国中央银行所组成的中央银行体系，也即所谓的"欧元体系"（Eurosystem）。ESCB 和 Eurosystem 的法律定义是有差别的，但为了简化起见，本节中的"欧洲中央银行体系"与"欧元体系"是通用的。

尔委员会），并于次年提交《德洛尔报告》（Delors Report）。该报告提出的分三个步骤来实现欧洲货币联盟的构想，可以说是1991年《马斯特里赫特条约》和后来欧洲经济与货币联盟的蓝本（Hamalainen，1999）。根据《马斯特里赫特条约》，1998年欧洲中央银行正式成立，它是欧洲经济一体化的结果，同时也是50年来欧洲追求政治一体化目标在货币方面的体现。

FED的体制框架是在一个主权国家范围内事先精心设计的结果，起初各联邦储备区的经济规模基本都为全国GDP的1/12，至今各地区的经济发展仍比较均衡。与此相反，在欧盟内，由于民族国家继续存在并且都已长期拥有各自的中央银行，无法人为划分经济区域界线，而只能按照行政区划（国土界线）设立地方分行。欧元区内三个最大的国家（德国、法国和意大利）占欧元区GDP总额的70%以上，而其他多数国家的经济总量较小（参见表6—1）。尽管美国和欧元区的经济地理结构差异较大，但地区中央银行在各自经济规模庞大、幅员辽阔、人口众多的货币区内都发挥了极为重要的作用。

表6—1 美国联邦储备区和欧元区各国GDP在各自地区的分布（至2001年1月1日）

GDP（%）	联邦储备区	欧元区各国
0—5	1	7
5—10	10	2
10—15	—	—
15—20	1	1
20—30	—	1
>30	—	1
	12	12
GDP总额（10亿欧元）	10,015	6,217

资料来源：DNB, "A Comparative Study of the Federal Reserve System and the ESCB as Monetary Policy Institutions", De Nederlandsche Bank (DNB) Quarterly Bulletin, March, 2001, 57.

3. 英格兰银行

早在1826—1828年，英格兰银行为处理各地区发钞银行无法顺利发送钞票的问题，开始设立第一家分行。到1994年为止，在5个中心经济城市，即伯明翰、曼彻斯特、利兹、纽卡斯尔、布里斯托尔设有分行，分行之下设有4个代表处，负责地区性事务。1994年英格兰银行对组织结构进行大幅调整，关闭各地分行，纷纷改设为区域代表处（Regional Agencies），并正式开始按月向货币政策委员会（MPC）简报经济动向与市场资讯。1995—1996年在重新检讨英格兰银行的区域范围后，该行决定关闭5家分行，全部改为区域代表处。此外还在大伦敦地区、威尔士和中东部地区设置区域代表处。到2000年，部分区域代表处虽经合并或新设，但随着北爱尔兰自治区代表处的设立，英格兰银行在全国已有12家区域代表处。

英格兰银行区域代表处的管辖范围划分，主要依据经济地理状况和官方行政区划，并考虑各区域在全国GDP中所占的比率（表6—2）。至于代表处的办公处所则分布在全国主要城市或商业中心。

表6—2 英格兰银行代表处所在区域GDP占全国的比重

区域代表处名称	各区域占全国GDP（%）
1. Agency for the North East	3.4
2. Agency for Yorkshire and the Humber	7.5
3. Agency for the East Midlands	6.6
4. Agency for the South East and East Anglia	13.2
5. Agency for Greater London	17.9
6. Agency for Central Southern England	11.0
7. Agency for South West	6.4
8. Agency for Wales	4.0
9. Agency for the West Midlands and Oxfordshire	9.4
10. Agency for the North West	10.1
11. Agency for Scotland	8.4
12. The agency for Northern Ireland	2.2

资料来源：黄富樱，英格兰银行的眼睛、耳朵与嘴巴——区域代表处，《国际金融参考资料》，2004年第8期，第132—140页。

6.2.2 组织定位

对应于一元式和二元式的中央银行体制，按经济区划设立的分支机构在组织定位上无外乎两种类型：隶属于总行的派出机构和有一定决策权的地方性机构。

1. 隶属于总行的派出机构

一元式中央银行体制下，分支机构是总行的派出机构，只能完成总行交给的任务,因此其组织结构相对简单。英格兰银行区域代表处隶属于英格兰银行货币分析统计局,其机构及人员设置相当精简,通常一家区域代表处配置1位代表,1—2位副代表,以及1—3位职员,其总人数最多不超过6人。日本银行的分行根据业务量多少和辖区经济活动规模的大小,分为大、中、小三种。如,大阪分行有600人,名古屋分行300人,而一般的大型分行为150人左右,中型分行50—100人。虽然不管分行大小一律由总行直接领导,但在业务上大分行负责与周围的小分行联系,在符合政策委员会和总裁决定的政策、有关业务的基本要求和操作规程的条件下,分行行长作为总裁的代理人有权决定分行的业务活动。由于总行承担了大部分中央银行的职能和任务,各分行内部的机构设置并不完全与总行一致,而是相对简单,一般只设营业课——负责对辖区的经济、金融情况进行调查,对辖区内的金融机构进行指导和考察以及对外宣传;发行课——经办银行券和辅币的发行,现金收付清点、保管,以及有价证券的出纳、保管;业务课——发挥"银行的银行"职能,对金融机构提供贷款,发挥"政府的银行"职能,经办政府款项及国债发行与兑付等相关事宜;文书课——负责人事、行政和后勤工作。

2. 有一定决策权的地方性机构

作为二元式中央银行体制的典型代表,美国12家联邦储备银行技术上归会员商业银行"所有"。会员银行按照其资本的一个固定比例认购它们所在地区的联邦储备银行的股票,拥有获取红利和选举地区联储董事会成员的权利。但这种所有权并不像私人所有权那样包括财产所有权,而且这一股份不能转让。会员银行退出联邦储备系统后必须将其股份出售给联邦储备系统。其红利仅限于票面值的6%。会员商业银行无权制定货币政策,它们只是按照联邦储备理事会的决议行事。每一家联邦储备银行都由9名董事组成的董事会来管理。每个董事会由三级董事组成(A级、B级和C级),每级设3名董事,每人任期3年。为了限制大型商业银行对中央银行的控制,会员银行被按资本规模分为大、中、小三组,并由各会员银行从其所属组别中推举一名A级和一名B级董事。A级董事可以是银行家,而B级董事不能是银行家或者与银行有关的人士。剩余3名C级董事是由联邦储备委员会任命的"公众"董事,为了体现出超然于银行及其借款人利益之外的广大社会公众的利益,联邦储备理事会从这三名董事中任命一名担任董事会主席,另一名担任副主席。储备银行董事会有权任命该行的行长和第一副行长(需经联邦储备委员会批准)。每个联邦储备银行分支机构拥有一个5—7人的董事分会。他们大多数由本地储备银行的董事会任命,少数由联邦储备委员会任命。由于12家储备银行是私有的公司实体而非政府机构,它们总体上要接受联储委员会的广泛监督,但其日常进行的中央银行业务活动基本独立,不受联储委员会的干预。

联邦储备法案规定储备银行董事拥有制定本地区贴现率的权力,并有权决定或者界定合格票据的性质,而联邦储备委员会对它认为与国家经济需要不符的任何利率变动都有否决权。事实上,联储委员会与作为其分行的12家储备银行同属一个主权国家,在制定货币政策时,有5名联邦储备银行的行长参加联邦公开市场委员会的投票,其决策结果基本能够适应各地区的经济发展状况。因此,在货币政策的执行过程中,各储备银行与联储之间的矛盾相对较小,货币政策的贯彻实施相对比较容易。近几年,储备银行董事制定贴现率的权力已经变得名存实亡[①]。

与美国不同,欧洲中央银行体系的地区性机构就是成员国原来各自的中央银行。它们在组织结构上原本就存在差异,例如德国中央银行曾是典型的二元式体制,按经济区划设立的9个州中央银行设有理事会和咨询委员会,州中央银行在处理与本州有关的事务时,具有相当大的独立性;而其他成员国的中央银行基本上都是一元式。目前加入欧元区的12国中央银行作为欧洲中央银行的分行,其管辖范围并不是根据经济区域或经济发展状况划定的,而是从属于12个独立的主权国家,欧洲中央银行则是一个超越国家主权的机构。尽管按照《马约》的要求,12个成员国中央银行作为欧洲中央银行的分行要贯彻执行欧洲中央银行统一的货币政策,包括利率和汇率政策,以及按照欧洲中央银行的指令管理外汇储备。但由于各国在经济周期和金融体制方面的差异仍很明显,因此,实施统一的货币政策并非易事。

6.2.3 功能与角色

由于法律赋予的权力和地位的不同,中央银行分支机构的功能和角色也有差异,但那些成功发挥作用的中央银行,在分支机构的功能定位上则体现了一些共同的理念。

[①] (美)大卫·H.弗里德曼:《货币与银行》,中国计划出版社,2001年版,第124页。

1. 分支机构大都在货币政策决策过程中发挥重要的作用

在二元式中央银行体制下，分支机构代表通常直接参与货币政策决策。如美国公开市场委员会成员中，有5名地方性联邦储备银行的代表，而欧元区各国中央银行行长都是欧洲中央银行管理委员会的成员。1957年仿照美国模式设立的德国中央银行——德意志联邦银行[①]，其最高决策机构中央银行理事会（the Central Bank Council）中也包括各州中央银行的行长。由于在美联储或欧洲中央银行总部的官员们往往依靠总体经济数据来分析宏观经济形势，他们更关注于货币区总体的经济情况，而中央银行对经济的特殊责任又要求他们必须与实际经济部门保持一定的距离，这样就容易忽视各地经济实际发展的情况，给人造成故意疏远公众的印象，并难以获得人们的广泛支持。地区性中央银行正好可以弥补这方面的缺陷，使中央银行的货币政策等决策更为科学有效。由于美国各家联邦储备银行的董事会中既包括地方性代表，也包括联邦储备委员会的代表[②]，而欧元区各国的中央银行行长则依据各国法律任命。这样，一方面地区中央银行对各自辖区内的经济情况十分熟悉，作为本地区在中央银行体系中的代表，公众强烈要求其作为本地区的代言人；另一方面，他们也了解华盛顿或法兰克福的中央银行官员，这就有助于向本地区公众更好地解释中央银行的政策，从而有利于货币政策的顺利实施。

以美国为例，地方储备银行通过两条重要途径来影响货币政策的制定。首先，他们例行向美国联邦储备委员会和公开市场委员会提交各自地区的经济发展报告。该报告是以地区储备银行领导的访谈和统计报表分析为主。其次，各位地方储备银行行长参与货币政策的讨论并交替参与投票决定货币政策。联邦公开市场委员会（FOMC）作为美国货币政策的决策机构，其组成人员除联储委员会的7名成员外，还包括12家储备银行中的5名行长。所有的联储银行行长都参加FOMC的讨论，帮助委员会对经济和政策选择做出评估，这样就能够使各地区的情况在所有与会者中间进行广泛的交流。尽管在决定货币政策时，只有作为委员会成员的5名联储行行长才可以就政策决议投票，与联储委员会成员相比占少数，但FOMC在最终决定货币政策时能够很好地

---

① 1999年1月1日以后，德意志联邦银行不再是完全独立的货币政策制定者，而是在欧洲中央银行体系框架内完成职责，它更多的表现为货币政策制定的参与者和执行者。

② 美国各联邦储备银行的董事会由9人组成，其中3人为本区的会员银行代表，3人为本区的企业界代表，3人为联邦储备委员会指派（其中2人为正副行长）。

考虑到各地的实际情况。米德和希特（Meade and Sheets，2002）的一项实证研究证明，美国货币政策确实反映了各地区经济情况的影响。

相比之下，一元式中央银行体制中的分支机构通常并没有直接参与决策的权力，但其依然可以有效地发挥辅助决策的作用。英格兰银行区域代表处在历史上主要扮演经济研究和参考的角色，随着英格兰银行1997年取得独立性，其在制定货币政策过程中的重要性与日俱增。12家区域代表处中的4位代表与3位副代表出席每个月MPC会前会，这4位代表中有3位是固定来自英格兰北部、中部和南部地区的区域代表，另由苏格兰、威尔士及北爱尔兰三家区域代表处推举一位代表。每次参加会议的4位代表中有2位代表全国的区域代表处向MPC作简要报告，其中一位负责特殊议题报告，另一位负责最新商业情况报告。日本银行的各分行当中普遍设立的营业课，目前主要负责产业调查、收集地区金融和经济相关情报，制作统计资料并进行分析，以帮助日本银行正确判断经济形势，制定金融政策。

2. 分支机构的银行监管职能使其能够更好地了解金融业的实际情况，从而有利于中央银行金融政策的制定

尽管目前有许多国家将金融监管职能从中央银行分离出来，并纷纷成立综合性金融监管机构，统一负责对各领域金融活动进行监管。但这在理论上一直是有争议的（参见2.3节）。从本质上说，货币政策与银行监管的关系是一致的，银行监管可以获得大量有关经济运行和银行体系方面的信息，这对货币政策的决策有着十分重要的意义。通过更好地了解金融服务部门的情况和货币政策在金融部门的传导过程，能够大大提高中央银行货币决策的能力。英格兰银行的监管职能分离得比较彻底，并且现已不设分支机构，而是通过强化区域代表处的调查分析功能为货币政策决策提供帮助。另外一些国家则在改革中为中央银行保留了一定的监管权力。

银行监管职能从中央银行分离的问题最早就是在欧洲讨论和实践的。由于各国经济金融发展的实际情况以及各国金融监管的法规和习惯做法差别很大，目前欧盟尚没有统一金融监管的计划，而是强调以各国为主、进一步加强成员国之间的信息交流与合作的监管原则，欧洲中央银行是否将被赋予银行监管职能也不确定（Lannoo，2002），但是，为了更准确地制定货币政策，欧洲中央银行十分重视各国中央银行通过银行监管职能所掌握的微观经济主体的信息。12个成员国中，有10个国家的中央银行在1999年初肩负不同程

度的银行监管职能。尽管分离各成员国中央银行的银行监管职能一度成为主流观点（英国成立FSA后，有8个欧盟国家计划改革金融监管体制），但随着欧元的启动，欧元区各国中央银行已经不具备货币政策的职能，讨论的天平变化了过来（ECB，2001）。古德哈特（Goodhart and Scheonmaker，1998）就曾强烈呼吁，"欧元区负有银行监管职能的各国中央银行应坚决捍卫这项职能，以便在公共政策中（更好地）发挥作用。"在上述8个国家中，只有卢森堡中央银行彻底丧失了银行监管职能，而爱尔兰、荷兰、德国等国甚至还通过改革进一步加强了中央银行的监管职能（OECD，2002）。

日本金融监管体制在经过了一番大的改革和调整之后，目前，金融厅成为日本金融行政监管的最高权力机构，全面负责对所有金融机构的监管工作。根据1997年《新日本银行法》第44条规定，日本银行为行使其职能，有权与有业务往来的金融机构签订检查合同，并在合同的基础上对其进行检查。日本银行的考察局具体负责实施对金融机构的检查。该局内部设总务课、考查课和金融课3个课，分别从事协调联络、现场检查和非现场检查工作。金融课的非现场检查需要日本银行分行的配合，各地分行负责检查工作的营业课定期听取所管辖范围内金融机构的汇报，同时要求提交各种材料，如资金周转和结算报告（每天）、各种财务数据分析报告（每月）、资金决算和业务计划（每半年），以及其他相关的必要资料（随时）。营业课长不定期地单独拜访各金融机构的负责人，通过直接交流取得不便公开的信息以掌握该机构的实际经营状况。日本银行各分行对收集到的资料和信息汇总并上报到总行，再由总行决定是否实施现场检查。

美国联邦储备体系目前仍然保留银行监管职能，而且十分重视银行监管的作用。联邦储备委员会副主席弗格森（Ferguson，2000）曾指出，"中央银行如果要时刻准备处理金融危机，就必须了解具体的金融机构是如何管理和演变的。仅仅了解金融市场和机构的运作是不够的，甚至还需要了解决策人、内部控制和管理信息系统，……联储的货币政策由于其监管职责而取得了更好的效果，而它稳定价格的职能也使其银行监管取得了更好的效果"。12家联邦储备银行负责监管各州立会员银行，银行持股公司和它们的非银行分支机构，以及在美国的外国银行。

3. 中央银行分支机构普遍重视研究工作

美国各联邦储备银行的研究部门平均由15名左右的经济学家组成（纽约

联储银行的研究部门是其他联储行的2倍)。各储备银行雇佣国内一流的经济学家运用最新的分析方法研究宏观经济和金融政策。在FOMC会议前,各联储研究人员将为行长出席会议进行准备,他们对经济问题的分析主要包含在两份文件中,即主要研究国内外当前及未来经济走势的《绿书》和提供相关政策建议的《蓝书》。各联邦储备银行的研究还具有专业化分工的特点。例如,从理论专长来看,克利夫兰、圣路易斯、明尼阿波利斯和里士满联储的研究带有货币主义和理性预期学派的色彩,理论研究程度较深,芝加哥和堪萨斯城联储的研究更多地关注地区性事务,纽约、旧金山和达拉斯联储专长于国际问题的研究,而支付体系和金融市场则是亚特兰大和纽约联储的专门研究领域。从各地区经济发展的特点来看,纽约联储致力于跟踪金融市场的情况,芝加哥联储则跟踪日用品市场及重工业,达拉斯联储银行重点跟踪石油产业及墨西哥的经济发展等(Goodfriend,2000)。

一方面,中央银行体系内各大区行的研究有助于制定审慎全面的货币政策,这对于日益复杂的现代经济意义非常重大。而且,研究各自地区实际经济情况对于金融稳定也有特别的价值,因为一旦发生金融危机,中央银行就能够迅速清楚地知道实际经济部门的问题所在;另一方面,各具特色的研究也促进了各大区行之间的竞争,有利于产生具有创新性的理论和政策,并有助于中央银行体系的完善。

欧元区各国中央银行对本国经济研究的意义也在于此。欧元区各国中央银行的研究力量要比各联邦储备银行强大,因为他们很大一部分人原先就负责各自国内货币政策的研究(表6—3)。另外,为了顺利实施欧元体系的某些政策,欧洲中央银行还成立了13个专门的委员会负责货币政策、金融市场政策和支付体系政策等研究,其成员主要由各国中央银行的研究人员组成。与联邦储备银行一样,各国中央银行的研究人员在理事会讨论货币政策之前,都为本国行长准备相关的材料。尽管欧洲各国中央银行间的研究还没有联储那样的专业分工,其各自的研究领域十分广泛且存在着交叉和重复,但专业化分工的趋势已经开始显现。例如,意大利、芬兰、荷兰和西班牙等国的中央银行专门研究包括宏观经济模型、货币传导机制和分析模型等在内的各种经济模型,荷兰中央银行是第一个运用完整的欧洲经济模型进行经济分析的中央银行(DNB,2001),包括荷兰中央银行在内的少数几家中央银行还定期公布对经济走势的预测分析及相关的经济数据。

表6—3　欧洲中央银行与各成员国中央银行的雇员

	总雇员	其中从事研究的雇员 （研究统计学和经济学）
欧洲中央银行	1 043	200
德意志中央银行	17 632	360
法兰西中央银行	16 917	750
意大利中央银行	9 307	300
西班牙中央银行	3 269	350
荷兰中央银行	1 721	165

资料来源：Gros 和 Tabellini（1998），欧洲中央银行，《欧洲中央银行年报》，2001。成员国中央银行是 1995 年的数据，欧洲中央银行是 2001 年的数据。转引自（比）格劳威：《货币联盟经济学》，中国财政经济出版社，2004 年版，第 146 页。

英格兰银行区域代表处的研究工作也独具特色。这些代表处的主要工作就是通过直接登门拜访（最主要的方式）、电话访查、问卷调查以及研讨会的方式对所在区域的企业进行抽样访查。访查的对象覆盖面广，包括制造业、农林渔牧业、矿业、水电瓦斯、交通运输业、旅游业、金融服务业和大众服务业等，并以前一年各业别占 GDP 的比重决定当年的访查企业样本。全国 12 家区域代表处每年平均查访的企业多达 8000 家左右。而且，为了在 MPC 会前会中报告最新经济动向与商情咨询，代表处大多会在一个月内作最短期的调查。由于区域代表处隶属于英格兰银行货币分析与统计局，其汇集的数据资料可以通过计算机网络直接传入总行的资料库。货币分析与统计局在综合各区域代表处的报告以后，即可提供完整、均衡的总体经济分析报告。这样，总行就能够在官方统计资料发布之前及时获得所需的经济信息，并且也可以用各代表处的访查结果（第一手资料）验证官方的统计资料，这种制度保证了英格兰银行能够占有信息优势，对于正确制定货币政策相当重要。

4. 分支机构在加强中央银行透明度方面也发挥着重要作用

美国 12 家联邦储备银行及其分支机构的职责之一是：向本地区会员银行和广大公众提供有关货币政策、经济状况、金融部门的发展及其他信息的资讯。所有的联邦储备银行都出版定期性刊物、新闻信件以及统计刊物等。每次 FOMC 会议结束后，各联邦储备银行还要向本地区公众传达美联储的决策情况，对公众进行经济教育，甚至还向学校的师生解释当前的货币政策。

英格兰银行区域代表处在访查企业的同时也负责向访查对象解释货币政策措施，让企业充分了解中央银行的货币政策意图，使其与中央银行在低通货膨胀目标上达成共识。有时，区域代表处也会安排 MPC 委员直接与受访企业接触，直接听取他们对货币政策的建议。可见，区域代表处的重要作用在于建立起了一种双向沟通的机制。此外，英格兰银行将区域代表处的访查结果剔除机密资料后刊载于英格兰银行季报以及各季度的通货膨胀报告。这些做法有效地提高了货币政策的透明度。

与美联储和英格兰银行相比，欧洲中央银行目前的透明度状况遭到许多学者的质疑，因为欧洲中央银行法中没有将透明度这一条写进去。欧洲中央银行无须定期向欧洲议会汇报情况，也无须公布讨论的会议记录以及对某一项措施的投票率等。这说明它还缺乏一种有效的管理约束机制。

6.3 中国的大区中央银行管理体制改革评析

1998 年底，我国对中国人民银行体制进行了重大改革，撤销了原 31 个省级分行并按经济区域设置 9 个跨省区分行，即实行了大区中央银行的体制安排，这与美国联邦储备体系（FED）和欧洲中央银行体系（ESCB）有着极大的相似之处。由于长期以来地方政府对经济的干预一直是我国经济大起大落的重要原因，而当时正值东亚金融危机最严重的时期，所以，从摆脱地方政府干扰、加强金融监管、防范和化解金融风险的角度，人们对此次人民银行自履行中央银行职能以来最大的一次体制改革，从一开始就寄予厚望。但是，几年来大区中央银行体制运行的实践表明，由于种种原因，改革并未达到预期效果，至今人民银行的管理体制一直未能彻底理顺。

6.3.1 改革背景与体制框架

中国在建国初期的计划经济时代仿照苏联模式建立了"大一统"的金融体系，当时的中国人民银行体系为：省、自治区、直辖市设分行，地区一级设中心支行，市、县设支行。从 1984 年开始确立了二阶式银行体制，中国人民银行专门行使中央银行职能，其分支机构有过轻微的调整。但直到 1998 年，中央银行体系的显著特征仍是按照行政区划设立分支机构，只要是县以上的行政单位就必有人民银行，而且人民银行的行政级别一般比当地政府低一级，这种分支行设置模式不仅浪费了大量资源，而且在规模控制的信贷资金管理体制下，使人民银行分支机构与地方存在利益一体化的联系，货币政策的执行出现比较严重的"地方化"倾向。主要表现在：（1）作为当地社会组织体系的组成部分，人民银行分支机构受上级行和地方政府的双重领导，在分支机构领导的任免权上，地方政府有一定的发言权和影响力；（2）人民银行分支机构货币政策的实施在客观上需要地方政府的配合和支持，因此在实施货币政策时既要满足地方政府的要求，同时又要贯彻上级行的政策意图，其结果是各级人民银行分支机构的货币政策行为地方化倾向比较严重，形成地方政府通过辖区内的商业银行向中央银行分支机构争贷款，人民银行分支机构向总行要贷款的"倒逼"机制。

随着经济体制改革的不断深入，中国银行体系也酝酿着体制的调整和机制的转换。在这个大背景下，国内宏观经济形势的变化成为中央银行体制改革的催化剂。与其他国家历史上的情形一样，凡是在经济出现严重通货膨胀的时期，要求中央银行增强独立性的呼声就会高涨。中国人民银行大区行体制的最初思想背景可追溯到1992年。当时中国正处于经济过热中，经济高增长和通货膨胀并存，均处于双位数的增长。以房地产为代表的各种投资急剧兴起，金融秩序一度较为混乱，乱集资、乱拆借、乱提高利率现象在各地都不同程度地发生。而这些情况之所以在初期阶段没有得到较好的控制，与一些地方政府干预金融部门贷款的发放不无关系。因此，从那时起，中央银行的分支机构能否不按行政区划设立，而是按照经济和执行货币政策的需要来设立就有了讨论的空间。

到1993年11月，党的十四届三中全会《关于建立社会主义市场经济体制若干问题的决定》中明确提出："按照货币在全国范围流通和需要集中统一调节的要求，中国人民银行的分支机构作为总行的派出机构，应积极创造条件跨行政区设置"。同年12月《国务院关于金融体制改革的决定》中指出："金融体制改革的目标是：建立在国务院领导下，独立执行货币政策的中央银行宏观调控体系；建立政策性金融与商业性金融分离，以国有商业银行为主体、多种金融机构并存的金融组织体系；建立统一开放、有序竞争、严格管理的金融市场体系。……确立强有力的中央银行宏观调控体系深化金融体制改革，首要的任务是把中国人民银行办成真正的中央银行"。1995年颁布的

《中国人民银行法》规定，中国人民银行根据履行职责的需要设立分支机构。这为成立跨行政区域设立分支机构奠定了立法基础。1997年亚洲金融危机爆发，防范和化解金融风险空前重要，进一步突出金融机构法人治理结构，实行垂直管理，保持货币政策的独立性、严肃性和权威性愈显突出。于是，1998年中央银行决定撤销省行、建立大区行体制，以增强中央银行的独立性，减少地方政府对中央银行各分支机构执行货币政策及银行监管方面的干预。

1998年底的中国人民银行机构改革，参照了美联储大区行的模式，撤销31个中央银行省级分行，成立九大区行，作为中国人民银行的派出机构：天津分行（管辖天津、河北、陕西、内蒙古）、沈阳分行（管辖辽宁、吉林、黑龙江）、上海分行（管辖上海、浙江、福建）、南京分行（管辖江苏、安徽）、济南分行（管辖山东、河南）、武汉分行（管辖湖北、湖南、江西）、广州分行（管辖广东、广西、海南）、成都分行（管辖四川、贵州、云南、西藏）、西安分行（管辖陕西、甘肃、青海、宁夏、新疆）和北京、重庆两家营业管理部，分行行长的行政级别是正局级。在不设分行的各省省会，人民银行设立了以该地命名的金融监管办事处，作为分行的派出机构，对该省的金融监管工作进行管理。在分行所在地以外的省会城市以及计划单列市设立中心支行，各中心支行直属分行管理，省中心支行（副局）除了比地级市中心支行（正处）高半个行政级别外，不再具有上下级隶属关系。这样就形成了总行—大区行—中心支行—县支行的行政管理架构。

表6—4 中国人民银行分行所在区域GDP占全国的比重

分行所在城市	各区域占全国 GDP（%）
1. 天津	10.0
2. 沈阳	10.0
3. 上海	14.5
4. 南京	12.1
5. 济南	14.0
6. 武汉	10.5
7. 广州	12.4
8. 成都	7.7
9. 西安	4.6

资料来源：根据《中国统计年鉴》1998年数据计算。

6.3.2 中国大区中央银行体制面临的困境

从大区行体制形成的背景可以看出，中国人民银行跨行政区设置分行的改革，是党中央、国务院经过长期酝酿、反复研究、慎重决策确定的。九大区行成立以来，有效遏制了地方政府通过人民银行的各省分行来左右商业银行信贷投放的行为，对于加强货币政策执行的独立性起到了积极作用。不仅如此，在整个中央银行体系内部，对各层级的主要职责也进行了明确划分，在货币政策上，决策权集中在总行，分行主要负责执行，并在分析研究辖区内的经济金融形势的基础上，为总行提供政策建议，在金融监管上，工作重点在分行，通过成立专门的金融监管办事处，强化了金融监管的独立性，在金融服务上，按照属地原则，主要由中心支行承担，以发挥其贴近基层的优势。但新的中央银行体制在运行过程中也暴露出不少问题，而且在银监会成立前后的两个阶段当中表现出不同的特征。

1. 银行监管职能分离之前（1998—2003）：中央银行的宏观调控和监管效率降低

尽管1998年的改革从制度上切断了地方政府干预中央银行分支机构的途径，但改革初期的实践却似乎表明，独立性提高不仅没有使货币政策的效果增强，反而使货币政策的执行和传导增大了阻力。最为明显的一点是，中央银行分支机构工作的开展离不开地方政府的支持与配合。金融作为现代经济的核心，既促进经济增长，也依附于经济增长的带动。特别是1998年以后，我国宏观经济出现了有效需求不足的形势，通货紧缩趋势的压力时隐时现。尽管货币政策取向由"适度从紧"转向"稳健"，但货币政策的实际操作中，总体是倾向扩张性的，即扩大内需，支持经济增长。在大区行体制下，大区行对非所在地省份的金融工作鞭长莫及，对各省份的经济金融情况的了解也更多地依靠当地省会城市的中心支行。以上海为例，下属20个中心支行的统计报告、考核、金融形势分析等都要到大区行汇总整理，工作不胜其烦。因此，中央银行的宏观调控，常常出现成本高、效果差、事倍功半的情况。于是在大区行成立约半年后，中央银行正式下文将调查统计工作转为属地管理。

从银行监管效率来看，这一阶段大区行的主要问题表现为跨地区监管成本越来越高。一方面由于所辖范围扩大，导致大区行工作量超负荷以及监管信息传递渠道延长；另一方面则主要是摩擦成本增大，人民银行大区分行在行政级别上是正局级，但省级中心支行却只是副局级，低于四大国有商业银行省级分行，影响了中央银行分支机构具体工作的开展。

针对上述问题，2001年9月中央银行再次调整内部组织机构，其主要内容是：（1）引入美国货币监理署"派驻监管组"的经验，在银行监管一司增设四个国有商业银行监管处，各大区分行增加相应的机构，原21个行监管办改属一司，负责对国有商业银行、政策性银行的日常和现场监管；（2）银行监管二司专司对股份制商业银行监管，而各省中心支行改属银行监管二司，主要监管当地的中小金融机构；（3）依据"管监分离"的思路，在原监管一司及二司之外，成立新的银行管理司，负责所有与市场准入、退出、监管政策研究等属于"管制类"的业务。试图让银行管理司独立负责宏观的银行监管政策的研究和制定，而银监一司和二司负责微观的日常和现场监管。管监分离的尝试仍不甚令人满意，除了增加了一些副司和处级干部配备之外，日常和现场监管人员没有明显扩充。

2. 银行监管职能分离之后（2003年至今）：大区行职能"空壳化"

1998年确立的大区行体制中，各大区行的角色和功能主要是依据人民银行的授权，对辖区内金融机构（证券、保险机构除外）的业务活动进行全面的监督管理，以及执行货币政策、改善金融服务、经济金融形势和区域金融风险分析等。不久之后，总行明确规定金融服务工作交由各省中心支行负责。随着银监会的成立，《中国人民银行法》相应进行了修改，大区行的监管职能被剥离，而这恰恰是原来占据大区行主要精力的最重要职能。

监管职能分离的初期对人民银行分支机构履行职能产生了一些负面的影响：一是贯彻执行货币政策和改进金融服务失去了银行监管支撑。监管职能分离后，短期内必然使分支行政策措施的权威性下降，影响金融机构贯彻执行分支行政策措施的积极性。同时，分支行不可能再通过传统的监管检查及时发现和纠正金融机构在贯彻执行中央银行政策措施方面发生的偏差，疏通货币政策传导机制，缩短政策措施落实的时滞。此外分支行在制定和实施各种政策措施时，将失去常规性监管提供的大量基础性信息支撑。二是分支行与监管部门之间出现业务冲突。人民银行与监管部门之间职责范围的清晰界定和实现彼此之间密切的配合与协调都需要有一个过程。在货币政策方面，监管部门在微观领域实施的管制和严格的监管措施，可能导致"货币政策传导机制梗阻",增加分支行疏通货币政策传导机制的难度。在维护金融稳定方面,中央银行与监管部门也有可能出现意见相左和认定救助标准的不一致,从而延缓救助时机,或者是过于随意地救助,这都将影响中央银行最后贷款人职能的正常发挥。三是增加了分支行与监管部门之间的协调成本。监管职能分设改革使货币政策与金融监管之间的协调由部门内部协调转为外部协调,导致政策协调、信息沟通和行为联动等协调成本明显上升。从现实情况来看,分支行与监管部门之间存在货币政策与金融监管"松紧搭配"的协调、监管检查与中央银行相关业务检查的联动协调、信息资料的实时共享、发展地区金融市场、维护金融稳定与化解金融风险的合作等一系列协调问题,如不能尽快建立有效的协调沟通机制,其协调直接成本和机会成本将急剧上升。

此外,在机构分设的过程中,银监会的职员基本上是从中央银行分离出去,但其文化程度和职称结构明显高于人民银行(表6—5),这使得本来就面临研究能力不足的人民银行陷入更加尴尬的境地。

表6—5 中国人民银行与中国银监会职工文化、职称结构的对比(2003年)

		中国人民银行		中国银行业监督管理委员会	
		人数	比重(%)	人数	比重(%)
文化结构	博士	136	0.1	70	0.5
	硕士(研究生班)	2 135	1.3	898	5.7
	本科	42 065	26.3	7 966	50.7
	专科	59 463	37.2	5 098	32.4
	中专	17 984	11.2	762	4.9
	高中	26 387	16.5	666	4.2
	初中及以下	11 850	7.4	255	1.6
	合计	160 020	100	15 715	100
职称结构	高级职称	3 350	2.1	1 052	6.7
	中级职称	59 029	36.9	9 426	60.0

资料来源:《中国金融年鉴》(2004)。

2004年春,人民银行的深圳、郑州、石家庄、杭州、福州五家中心支行级别升格,即从副局级调整为正局级(与九大区行同级),由中央银行直辖。随着这五个正局级中心支行的出现,原有的总行—大区行—中心支行—县支行的行政管理架构已被打破。自2004年5月1日起,货币信贷职能由此前的大区管理，改为由省会中心城市支行负责各省地市支行的货币信贷和金融市场管理，并直接向总行负责。这意味着，中央银行最主要的职能——货币信贷职能——以大区为单位的执行体制发生了根本性的改变。调整后的状态是：除了各中心支行的人事权仍归大区行外，其余大区行职能基本上都回归到下面的省中心支行，和1998年设立大区行前大体一致。可以说，这次机构职能的调整使得大区行的职能趋向"空壳化"，人们对大区行的去留问题充满了关注。

6.3.3 内在缺陷与原因剖析

分支机构的设立和调整一直是中国人民银行体制改革的关键问题。大区行体制从酝酿到确立，经历了较长时间的争论。然而，大区行体制刚刚运行不久，一系列问题伴随着质疑甚至批评之声接踵而来，时至今日，关于大区行设置的合理性的议论仍然没有停止。那么，问题究竟出在哪里？

1. 体制改革未能"平行推进"，大区行体制相对超前

体制改革需要协调进行，平行推进。从中央银行分支机构的作用上看，我国大区中央银行体制之所以无法取得满意的效果，是因为国内相关的体制改革还没有达到支持其顺利运行的水平，或者说，大区行体制并不完全具备其发挥作用的必要条件。

首先，银行组织的阶层结构未能打破，商业银行和金融市场发展不足。

在中国传统的银行制度中，作为公有产权主体的银行组织被纳入既有的行政"阶层结构"，每一家银行的分支机构都可以套到相应政府部门的级别，由此形成一个庞杂的银行"阶层结构"。中央银行和各大国有商业银行（原来的专业银行）的指令也正是通过这种"阶层结构"得以贯彻。这种安排一方面符合政府对各级银行履行社会义务的监督要求，另一方面也因筹资便利而受到地方政府的欢迎。既然银行组织被作为一级政府部门，它就要跟随政府机构的建制（张杰，1994）。1994年以后，国有商业银行虽然明确了金融企业的性质并进行了一系列的改革，但受传统体制影响，仍然存在明显的按行政区划设置分支机构的状况，而且其各级机构管理者仍然拥有行政级别和官员待遇。可以说，1998年中央银行在分行一级的改革对于这种"阶层结构"形成了强烈的冲击。但在金融产权界定这一根本问题没有解决、商业银行的阶层结构没有改变的情况下，中央银行的大区行体制显然是超前的。

从中央银行分支机构与地方政府的关系上也可以说明这一点。由于中央银行分支行行长比所在地的地方官员的行政级别要低，地方长官的意见和建议对分支行还是有很大的影响力。尤其，现在部分副局级中心支行分别负责所在省市的货币信贷投放业务，并直接向总行负责，实际上又给了地方政府直接干预的机会。

与此同时，由于处在"阶层结构"中的银行组织和地方政府利益的一体化，严重阻碍了全国统一的金融大市场的形成，金融市场特别是货币市场发展的不足又反过来制约着中央银行间接性政策工具的作用效果，使得中央银行不得不继续依赖直接性政策工具和原有的"阶层结构"来贯彻和实施货币政策。因此，从这个意义上说，大区行体制的"解体"和"回归"也有其内在的力量。

其次，中央银行体制内的其他改革也没有到位。

只有中央银行具有较强的独立性，大区中央银行在货币政策等重要事项的决策上才可能发挥更有意义的作用。美联储和欧洲中央银行都具有较强的独立性，有着非常明确的货币政策决策机制，它们能够就货币政策等重大事项自主决策，同时也对经济运行负有更大的责任，这就促使其非常重视由大区行收集来的各地区的信息，以使最终的决策更加准确。反观我国，人民银行只是国务院领导下的一个政府部门，在有关货币政策等重要事项上基本没有独立决策权（在大区行体制形成之初人民银行的实际独立性也很低）。而且，我国一直没有形成正式规范的货币政策决策机制。由于中央银行没有独立的货币政策决策权，进而对货币政策不负完全责任，在这种情况下，大区分行只要掌握辖区内的金融情况就足以履行其职责，而没有必要与本地区经济保持过于紧密的联系、充当所在地区与中央的联系纽带，因为那是地方政府和中央政府之间的事情。

总之，体制改革的不协调是大区行体制不顺的根本原因。正是由于超前于商业银行管理体制和中央银行货币政策决策体制等方面的改革，大区行体制运行不到3年就进行了重大内部调整，此后又连续多次调整，其中的效率损失不容漠视。

2. 对机构改革方案和程序缺乏充分的研究论证

大区行体制的一个重要缺陷是内部组织体系混乱，缺乏对机构定位和监管权限的清晰界定。人权、事权、财权人为割裂，大区分行对中心支行、监管办拥有人权，但没有多少事权，更没有财权，省中心支行对其他中心支行有部分事权，有全部财权，却没有人权，监管办对中心支行有一定的事权，却既无人权，也无财权，抵触最强烈的是各省的人民银行中心支行，其行政级别由原来的正局级降为副局级，而各商业银行的省分行却是正局级，二者之间的工作协调存在或多或少的困难。比如，省会中心支行负责国库经理、清算支付、货币发行和金融统计等业务工作，并直接对总行负责，这样，对分行的领导权造成了一定的影响。其他中心支行和基层支行由于其级别更低，而且仍然是按照行政区域来设立的，受地方政府的影响甚至会比受所在大区分行的影响更直接，这导致了基层单位反过来"倒逼"分行和总行要更多的信贷规模和政策优惠的后果。再如，在中央银行—大区行—监管办设立之后，监管权限应是中央银行集中金融监管决策，下级监管部门在授权范围内具体执行，并将执行中的问题和建议及时反馈给总行。只有在地方情况特殊并经总行授权的情况下，才能制订地方性规章。但实际情况却是中央银行失职和下级机构越权兼而有之。机构变动除了增加监管层级和造成监管办对商业银行省分行的监管困难之外似乎实效不大。

如前所述，FED和ESCB大区中央银行体系的形成都经过了相当长的历史时期，是经济发展逐步演进的必然结果。更主要的是，组建大区中央银行体系都经过较为充足的论证，如《威利斯报告》和《德洛尔报告》等等。与此相对照，我国人民银行体制改革的准备并不充分。尽管在1993年党的十四届三中全会的决议和金融体制改革的方案中，都明确提出过人民银行要积极创造条件跨行政区设置分支机构，但实际上机构改革方案的出台相当仓促。1998年3月，人大确定了中央银行在全国设置9—12个大区行的基本思路，直到10月机构变动前夕才拿出具体的征求意见稿，而随后的短短两个月内，新设置的九大区分行就全部挂牌。虽然改革之前也有过长期的争论，借鉴了很多国外经验，但多为理论层面的探讨，集中在"设与不设"的问题上，至于机构定位和职能划分等问题还没有形成清晰的认识，而且对具体的改革程序更是缺乏充分的研讨，在这种情况下就匆忙进行改革，自然容易埋下隐患。

另一方面，在体制改革过程中，公开的讨论和决策是必要的，这样做可以在信息更为充分的条件下进行方案的设计，也可以在各方利益的竞争当中寻找到体制安排的均衡点。美国联邦储备区的设计就是由专门成立的三方委员会来决策的，尽管这个委员会很快就"陷入了各个城市间为争取被选为指定储备城市（还有储备区）这个重要位置而发起的公关战之中"①，但是从最终投票结果和联储的实际运行效果看，委员会的工作是相当成功的。1998年人民银行体制改革总体方案设计缺乏公开讨论和决策的过程，由此导致该方案在一些方面考虑尚欠周全，这也是大区分行体制一直不顺的重要原因。

3. 经济转轨时期中央银行的分支机构难以避免地方政府的干预

在我国的经济转轨过程中，政府主导的改革必然激励政府官员去控制金融资源体系，而大量的改革成本最终则要由中央银行来承担。设立9个分行的最初目的就是改变一省一行的状态，排除地方政府对货币政策的干扰。但是，各级政府对分行的干预仍然存在，当然形式有所改变。由于我国货币政策传导中信贷渠道的作用特别突出，分行信贷控制权力对货币政策执行是很有影响力的。尽管国家部委和地方政府不能直接影响分行的执行能力，但是他们可以"建议"分行对信贷规模和投贷方向进行调整。过去，在地方主导型、投资冲动型的发展模式下，地方分行往往不得不服从于地方政府的投资冲动。当前，随着中国金融体制改革的开放，金融结构的重组和市场退出成为一个新的问题，分行作为地区金融稳定者和区域金融体系的最后贷款人，必须承担流动性支持和救助，因此又面临着来自地方的新的压力。

随着银行监管职能从中央银行系统剥离，对地方分行的权威性和效率带来了负面影响。分行不能再依靠机构监管的力量来执行货币政策，而辖区内的金融机构也会以为分支行的权威下降而影响其贯彻执行货币政策的积极性（周逢民，2004）。另外，分行从监管途径获取信息的渠道被堵塞了，由于对信贷的实际需求规模和真实的信贷用途等信息缺乏深入的了解，分行对当地政府提供的信息的依赖性就更强了，进而受其意向性建议的影响就会变大。

4. 在功能定位方面，忽视分支机构的金融研究与辅助决策功能

从发达国家的经验来看，中央银行分支机构的调查研究功能是非常突出的。它们的基本观念是：尽管国家货币政策只能有一个，但正确的决策却是全国各地区的共同观点的产物。对于中国这样一个地域广阔、地区差异明显的发展中国家而言，要制定科学合理的货币政策，更需要有充分的调查研究

---

① （美）大卫·H. 弗里德曼：《货币与银行》，中国计划出版社，2001年版，第120页。

和畅通灵敏的信息传递渠道。然而，目前人民银行分支机构的主要精力还是放在金融服务以及货币政策执行方面，没有在功能定位上给调查研究工作以足够的重视，科研人员所占比重极低，加之我国经济金融领域的学术环境和学术资源与发达国家相比仍有较大差距，专业人才匮乏，使得我国中央银行大区分行难以在研究方面发挥更大的作用。就中国人民银行的研究能力和水平来说，无论是总行还是各分支行的研究部门都无法与各发达国家相比，而目前我国的某些制度安排也并不鼓励各分支机构开展具有争论性的研究。

6.4 中国人民银行组织管理体制的模式选择

随着银监会的成立，中国人民银行在总行和分支机构两个层次都进行了组织体系上的调整，但这种调整还远没有到位。银行监管职能的分离对人民银行的组织管理体制究竟会产生怎样的影响？特别是在分支机构的模式问题上，如何调整才能使从发达国家借鉴而来的体制适应中国的土壤，这些问题仍需深入研究。

6.4.1 总行内部机构设置的调整思路

从管理学角度看，中国人民银行从总行到县支行有四个管理层次，就管理内容（目标任务）来说，主要是宏观调控和金融稳定。因此，总行内部机构也应该围绕这两个目标设置。

1. 从宏观调控的角度出发，总行内部机构的调整应以完善货币政策决策体制为目标。根据第 5 章的分析，应将货币政策委员会提升为决策机构，加强金融研究局等决策咨询机构的建设。

2. 从金融稳定的角度出发，总行内部机构的调整应突出加强调查研究、信息分析、统计和计划等工作。20 世纪 90 年代以来，世界金融危机频繁爆发，带来经济和政治动荡，特别是 1997 年东南亚金融危机之后，金融稳定的重要性引起了各国政府和中央银行的普遍重视。例如，英格兰银行就将其人力资源的很大一部分用于研究金融稳定问题。即便在英国金融管理局（FSA）从英格兰银行分离出来以后，英格兰银行仍旧有大约 300 名工作人员从事有关金融稳定问题的工作，远远多于从事货币和利率政策工作的人数。类似地，德国的中央银行也有相当多的人员（数千计）从事与金融监管和稳定问题相关的工作。与此相比，中国在金融稳定问题方面的研究能力令人相当忧虑。中国包括学术机构和政策机构在内的对金融政策的综合研究能力相当薄弱，特别是对金融稳定与发展问题还缺乏深入的、系统的和联系本国实际的研究。

现阶段应采取两条途径来整合和加强国内对金融问题的研究能力。第一条途径是中国人民银行需要通过扩大其现有的研究局和研究所并提高它们的质量来大力加强自身的研究能力。他们的研究不仅应当像过去那样注重货币、利率和汇率政策，而且还应包括金融稳定与发展问题。这是因为除了负责执行货币和汇率政策外，中央银行还通过一般性的货币操作和紧急流动性支持（最后贷款人功能）在金融危机处理中充当关键的参与者和协调人。第二条途径是应当在中央银行之外建立其他的非官方研究机构，或者联合一流的学术机构以及一流的大学开展研究工作。因为非政府研究机构从事的研究工作不仅可以同政府部门的研究工作互补，而且它们在那些对政府研究机构来说过于敏感的课题上更具有灵活性。不仅如此，学术机构还可以作为国内和国外学术界及政策界之间进行研究思想交流的一个有效渠道。国际经验已经证明了学术研究机构的重要作用。例如，伦敦经济学院的金融市场小组的研究与英格兰银行的研究紧密地联系在一起。美国的主要研究型大学为美联储和国际货币基金组织的研究提供了重要的学术贡献。如果没有这些主要研究型大学的贡献，很难想像会有这些政府部门和国际组织的高质量研究成果。因此，为了大幅度提高学术水平和政策制定的质量，中国有必要花费更大的精力和资源充实提高政府内和学术界的研究力量。

6.4.2 分支机构的改革方向

1. 大区行体制不应半途而废，应该继续调整和完善

大区行是我国经济区域化发展和中央银行职能转化的必然要求。改革开放二十年来，我国从传统计划经济发展到当今社会主义市场经济体制，综合国力也大大增强，邓小平同志所倡导的沿海沿江地区先富起来，以沿海带动内地，达到共同富裕的战略目标正在逐步实现。国民经济发展继续坚持梯度发展和可持续发展两大战略，以中心城市为依托，并通过中心城市辐射周边小城镇的经济区域化实践，使社会主义市场经济得到长足发展。现实中跨地

区经济协作和联系早已打破了行政区划的分隔,跨省市的大型企业集团不断涌现,形成了鲜明的地区特色,如珠三角、长三角、环渤海、东三省、西北地区等,作为国民经济核心的金融业,在市场化改革的过程中,必然会逐渐打破条条块块观念,以适应经济区域化发展的需要。在这种发展趋势下,中央银行的货币政策必然需要关于地区工商业和市场状况的信息。

应当肯定,中央银行大区分行体制的方向是正确的,它既符合市场经济国家通行的做法,又对减少我国地方政府对货币政策的干预、维护中央银行货币政策独立性具有非常重要的意义。因此,大区行体制是适应我国经济金融发展需要的,符合长远发展趋势,是中央银行机构设置的必然选择,决不应该半途而废。随着银行监管职能的分离,不仅九大区行的职能需要重新定位,而且目前仍按行政区划设置的中心支行和县支行也应当考虑结合当地情况跨行政区布局。

另外,任何的体制变革都有可能引起人心浮动,导致制度和程序的破坏,造成文化、信息、资产和人才的流失,因此,机构改革必须慎之又慎,不能过于频繁和随意(王君,2001)。这也正是成熟市场经济国家公众往往反对政府进行体制改革的原因。西方社会流行着这样一种观念,即"如果体制尚能运行,就不要急于改动"(if it can't broke, don't fix it)(Hawkesby, 2000)。靠试错法来寻求体制安排的均衡解,无论是直接成本还是间接成本,都是相当大的。体制调整不同于政策调整,一定要慎之又慎。从某种意义上讲,体制改革从根本上直接影响货币政策的执行效果,它的作用机理不同于简单看货币供应量和利率等指标是否到位,而在于其整个决策、信息调查反馈的渠道是否真实畅通,对实体经济的影响是否到位等。政策调整可以时紧时松,也可以随时纠正和补充,根据形势变化灵活机动调控,但体制的过于动荡只能带来更多的不稳定因素。

2. 中国人民银行分支机构的功能和组织定位

综观世界各国中央银行的分支机构,除联邦制国家的二元式中央银行体制外,可以说都是总行的派出机构,都要具体贯彻中央银行的货币政策且监督执行。即便是在联邦制的中央银行体制下,地方一级的中央银行机构也不能擅自在所辖区域内制定和推行与联邦级中央银行不同的政策、制度。但仔细考察这两种体制下代表性国家中央银行分支机构的功能定位,可以看出其主要的差别在于是否直接参与货币政策决策:联邦制中央银行的分支机构直接参与货币政策的制定、在货币政策执行中有一定的自主权；而总分行制中央银行的分支机构虽然为货币政策提供必要的信息与建议，但一般并不直接参与决策，而且在执行过程中的自主权相对较小。那么，中国人民银行分支机构的功能应如何定位呢？如果从上述分类来看，作为总分行体制下的分支机构，自然应该坚持作为总行派出机构的定位。在这个大前提下，如何更好地发挥分支机构在货币政策决策和执行中的作用，应该是问题的关键。

首先，在货币政策决策方面，人民银行大区分行不应直接参与决策，但应加强对本辖区经济金融情况的调查，为货币政策决策提供建议。在国内支持大区行体制存续和发展的观点中，普遍提到借鉴美联储模式，适度扩大分行在货币政策制定中的作用，比如在货币政策委员会中增加大区行的代表；根据地方经济的特性，在统一的政策下，实行因地制宜、分类指导的地区差异性政策，等等。如果我们将美联储和欧洲中央银行体系与中国人民银行相对照，除了它们管辖的通货区都幅员辽阔、人口众多这个共同点之外，似乎很难再找到相似之处，而决定中央银行体制的更为关键的因素恐怕是政治体制、经济发展水平和金融市场的发达程度。在中国人民银行现行的总分行体制下，即使大区行有了部分货币政策的投票权，也很难真正代表地区的利益，因为人事任命权完全在于总行。从另一个角度来讲，在联邦制的二元中央银行体系中，决策权在联邦和地方之间的分散化有助于使外界的压力相应分散，从而不容易集中在总行身上，从而提高了公众对中央银行的信任（Goodfriend，2001），但这种效果对于中国人民银行来说无从获得。此外，"地区差异性的货币政策"是一个值得仔细推敲的问题。众所周知，货币政策是总量调控政策，结构调整并非货币政策的强项，即使确有需要，也主要是运用选择性工具进行金融市场的结构调整，而不是地区间的结构调整。市场越完善，这一特点越清晰。美联储成立初期，各联邦储备银行根据本地区的银行和信贷情况各自确定再贴现率，随着全国性信贷市场的形成，各地的贴现率逐渐统一，这部分决策权也就消失了。当然，中国目前的区域经济发展差异明显，在货币工具的实际操作中，有些工具的确可以通过区域差别化起到协调区域经济发展的作用，如再贷款、再贴现、窗口指导等[①]。但这种区域性货币政策

[①] 关于这方面的讨论可以参见孙天琦："货币政策：统一前提下部分内容的区域差别化研究"，《金融研究》，2004年第5期。

的决策权还应该归于总行，由总行作通盘考虑，如果赋予各大区行一定的自主决策权，必然会加大地方政府干预中央银行分支机构的动力。因此，笔者认为，中国人民银行大区行对于货币政策决策的支持功能应当体现在收集各地区经济详尽而专门的信息，并通过鼓励多样化和创新性的研究，帮助总行制定出审慎周全的政策。

其次，在货币政策执行方面，人民银行分支机构必须调整工作重心，改进工作方法，提高货币政策执行能力。银监会成立之后，人民银行分支行的货币政策执行功能受到了一定影响。这主要是因为存在对传统体制的路径依赖，各分支行已经习惯于依靠行政性的监管权来督促辖区内金融机构执行货币政策，并通过传统的监管手段发现和纠正金融机构在执行货币政策过程中的偏差。银行监管职能分离后，分支行不能再靠机构监管的力量执行货币政策，而辖区一些金融机构也会以为人民银行分支机构权威下降而影响其贯彻货币政策的积极性。从体制上看，大区行的存在打破了原有银行组织的"阶层结构"，因而出现货币政策贯彻渠道的不顺，现在，要加强人民银行分支行的货币政策执行能力，有两种思路可供选择：

一是将大区行纳入银行组织的"阶层结构"中重新理顺，具体说就是提高大区行的行政级别（升至副部级），然后将省会城市中心支行的行政级别回升到改革前的状态（正局级）。这是一种相对保守和现实的思路，其优点是有利于货币政策的贯彻执行，维护人民银行分支机构的独立性。但缺点也很明显：增加了整个银行"阶层结构"的层级，管理成本必然提高；这种实际上是"走回头路"的做法，容易使整个改革进程放慢，而体制的不稳定性更加会影响公众预期，削弱改革的效果。

二是大区行体制尽量维持现状，同时加快商业银行体制改革和金融自由化进程，提高中央银行的独立性。随着国有商业银行股份制改造以及上市进程的加快，应该淡化直至取消国有商业银行行政级别，推进非国有金融产权的发展。只有金融机构的产权得到明确界定，才会真正从成本与风险出发按照地区经济发展状况设立分支机构[①]，而这时银行组织的"阶层结构"才会

---

① 实践证明，我国其他商业银行，如交通银行、华夏银行等，尽管它们的全部或大部分股份也都是由地方政府或国有金融机构、国有大型企业持有，但由于采取股份制形式，实现了产权多元化，产权关系清晰，有明确的独立完整的法人财产权，它们可以打破行政区划设置分支机构，其经营活动也较少受到分支机构所在地政府的行政干预。

完全打破，中央银行的大区行体制发挥作用的空间才会出现，在市、县一级全面按照经济区划设立中央银行分支机构的改革将是水到渠成，从而使大区行体制真正完善。当然，这种思路的结果较为理想，但过程相对较长，而且短期内中央银行分支机构的货币政策执行能力会有所削弱。

本文认为，从维持制度稳定性的收益出发，第二种途径可能更加可取。因为任何一项制度从建立到真正发挥作用都需要经历较长的时间过程。英格兰银行设立区域代表处最早可以追溯到1826—1828年，1994年机构大调整中关闭各地分行而改设区域代表处，但其重要性真正有所提高是在1997年英格兰银行获得独立性以后。由于我国目前货币信贷职能已经回归省会城市中心支行，并直接向总行负责，货币政策的执行实际上通过中心支行和支行仍然可以得到贯彻。而尽管一些地方政府对金融"暗干预"有所抬头，但由于我国信贷规模的限额管理取消多年，地方政府对中央银行分支机构干预的动机已经大大减弱。

最后，在维护金融稳定方面，人民银行大区分行应该发挥更大的作用。银行监管职能分离后，货币政策与银行监管的协调问题也引起了人们的注意，大区行目前在功能定位和组织定位调整过程中，应该通盘考虑这一问题。一方面是由于人民银行大区分行作为地区金融稳定的维护者和区域金融体系的最后贷款人，面临着被动投放基础货币的压力；另一方面大区分行为货币政策提供建议也需要金融监管信息。

3. 简化中国人民银行分支行的内部机构设置，提高经济金融研究能力和水平

世界各国实行总分行体制的中央银行的一个共同特点是，由于总行承担了大部分中央银行的职能和任务，各分行内部的机构设置并不完全与总行一致，而是相对简单。如日本银行的总行设有政策委员会秘书处、内部审计办公室、金融市场部、货币发行部、金融体系和银行研究部等15个部门，而各家分行内部一般只设4个部门，即营业课、发行课、国库课、文书课。从人员数量上看，日本银行员工总数为5057人，其中总行2849人，32家分行共有员工2136人[①]。中国拥有十分庞大的中央银行体系，即使在银监会分立之后的2003年底，中国人民银行仍有分支机构2144个，从业人员116 114人，

---

① 2005年3月末数据。资料来源：日本银行2005年业务概况书，日本银行网站。

但其中总行的行政人员编制只有602人①。根据管理层次和管理幅度成反比的原理，总行为完成调控任务，必须设置多且细的内部职能部门，以能够迅速准确地从各种渠道收集信息。总行内部的宽幅管理是世界发达国家中央银行的普遍经验。同理，如果按对口设置内部机构就必须减少管理层次，否则就缺乏管理效率。因此，我国现行中央银行总分行之间上下对口设置内部机构的做法，偏离了中央银行的主要目标任务，不仅机构臃肿，而且事无重心，是中央银行运作效率不高的组织根源。未来分支机构的改革应当通过逐步撤并和人员的转岗分流，减少现有分支机构的内设部门，提高办事效率。

随着金融业不断发展和金融改革开放的深化，中央银行在宏观调控和促进经济发展中的地位和作用更加突出，人民银行分支行作为总行的派出机构，在政策研究和区域经济金融分析中应当发挥更加独特的作用。为了适应人民银行分支机构转变职能的需要，首先要对人民银行现行工作人员合理定编定岗，加大调研的力量，明确分支行的基本职责和工作重点，准确及时地了解和掌握国民经济发展的动态行情；其次还必须提高机构内部人员的综合素质，加大对现有岗位人员的岗位培训力度，提高他们的专业理论修养，对于定岗以后的工作人员，要根据工作需要开展必要的培训，并且要制订定期补充新知识的机制，以提高其工作的能力；最后，中国人民银行各级分支机构应有职业的经济学家从事金融调查、统计工作，职业的经济学家应具备深厚的经济学理论基础，从而完整和准确地为货币政策委员会的决策提供第一手资料。他们可以来自学术界、商界，或者是经济学家或者是以前有政府背景的人，关键的一点在于他们都应该是专家，而不是某个集团的代表。

4. 提高透明度应是人民银行分支机构改革的重要原则

与发达国家中央银行相比，中国人民银行的分支机构在透明度方面存在着明显的差距。无论是美联储的12家联邦储备银行，还是英格兰银行的12个区域代表处，都在中央银行与公众之间充当着双向沟通的管道，除了参与或帮助货币政策决策之外，向公众传播总行的货币政策信息也是一项重要工作，这是货币政策透明度的具体体现。因为在公众的眼中，中央银行是遥远而模糊的，而中央银行分支机构与辖区内形形色色的公众的关系非常接近，在这种紧密和直接的关系中，透明度才是真正有意义的——公众在面对面的

---

① 资料来源：《中国金融年鉴》（2004）及中国人民银行网站。

接触中才更容易增加对中央银行行为的理解。监管职能分离以后，人民银行分支机构更应当加强与企业和社会公众的联系，承担起上传下达的重要作用。不仅要为总行制定货币政策提供市场微观主体的真实信息，而且要成为总行传达政策意图与实施公众经济教育的喉舌，这样才能趋向货币政策透明度所要求的公开、清晰、诚实和共同理解。

第七章

构建中国人民银行与金融监管机构的协调合作机制

7.1 货币政策与金融监管职能的分配模式及中国的选择

7.2 中央银行与金融监管机构协调合作机制的国际比较

7.3 中国人民银行与金融监管机构协调合作机制的架构及内容

以往人们对于中央银行的外部协调问题关注的重点在于货币政策与财政政策的协调配合，但这很少涉及体制问题，因为毕竟财政部和中央银行的机构性质有很大区别，而且在中央银行独立性的发展趋势下，还特别强调对财政部的独立性；更为根本的原因是，财政政策和货币政策作用的对象和特点有明显差别，对经济周期不同阶段的适用性也不相同。但是，自从一些国家将金融监管职能从中央银行分离并赋予专门机构以后，货币政策与金融监管的协调问题突出出来，而由于二者的关系更为密切，这种协调触及了中央银行体制层面的变化。2003年中国银监会成立以后，一些怀疑甚至反对的观点仍然存在，其中最为集中的论据之一就是此举将加大中央银行的外部协调成本，本章在同意这一判断的基础上，通过对比分析一些国家的做法和模式，尝试对中国人民银行外部协调体制的建立进行探讨，以期尽可能降低中央银行的外部协调成本。

7.1 货币政策与金融监管职能的分配模式及中国的选择

7.1.1 货币政策与金融监管职能的分配模式

货币政策的权力主体在各国几乎都局限于中央银行。中央银行在各国职能与地位颇有差异，但作为货币的发行者和货币供应量的最终调节者，通过对货币及其运行的调节，进而成为宏观调控的主要机构的特征却是一样的。相比之下，金融监管的组织机构则纷繁复杂，并无定式。因此，许多研究认为，世界上并没有唯一最佳的金融监管组织模式，金融监管机构的安排本质上是个实践问题，与一国的政治、文化、法律和历史传统有密切关系（王君，2001）。世界各国货币政策与金融监管职能的分配模式也多种多样，从中央银行体制研究的角度出发，我们可以将货币政策与金融监管职能的分配模式归结为两大类：(1) 中央银行有金融监管权，即货币政策与（全部或部分）金融监管职能集中于中央银行；（2）中央银行没有金融监管权，即货币政策与金融监管职能分属于中央银行和另外一个（或几个）专门的政府监管机构。这两类模式中具体又包括多种情况（见表7—1）。

表7—1 货币政策与金融监管职能的分配模式

中央银行有金融监管权	货币政策+（银行+证券+保险）监管		新加坡
		银行监管；证券监管；保险监管	美国
	货币政策+（银行+证券）监管	保险监管	百慕大
	货币政策+（银行+保险）监管	证券监管	马来西亚
	货币政策+银行监管	（证券+保管）监管	西班牙、斯洛伐克
		证券监管；保险监管	意大利、希腊
中央银行无金融监管权	货币政策	（银行+证券+保险）监管	英国、日本
	货币政策	（银行+证券）监管；保险监管	芬兰、黑西哥
		（银行+保险）监管；证券监管	澳大利亚
	货币政策	银行监管；证券监管；保险监管	中国（2003以后）

注："（银行+证券+保险）监管"称为综合监管；"（银行+证券）监管"或"（银行+保险）监管"称为不完全综合监管。

1. 中央银行有金融监管权

这种模式具体又分为三种情况：

（1）中央银行负责货币政策与综合监管

这种模式下中央银行的金融监管职能覆盖了银行、证券与保险业。其典型代表是新加坡。新加坡实行准中央银行制度，1967年成立的货币管理局专门负责货币发行，而成立于1970年的金融管理局（MAS）则拥有除货币发行以外的所有中央银行职能，金融管理局下设金融监督组（包括银行部、证券期货部、保险部和证券监管部）负责全面的金融监管工作。2003年，新加坡货币局划归金融管理局，货币发行权一并移交到金融管理局。至此，新加坡金融管理局成为全球最为独特的中央银行，其职能包括货币发行、货币政策、金融稳定、风险控制、金融机构审慎监管、投资者保护、金融业反垄断与反不正当竞争等，是一个超级全能的中央银行。

需要注意的是，欧洲中央银行体系成立之后，它的一些成员国发生了监管权力向中央银行集中的情况。爱尔兰于2003年根据《中央银行和金融服务当局法案》确立了新中央银行（CBIFSA），同时组建了综合监管机构——爱尔兰金融服务监管局（IFSRA），作为新 CBIFSA 的一个组成部分。这次改革是在爱尔兰加入欧洲中央银行体系的背景下出台的，因此我们应注意到新 CB-IFSA 已不具备货币政策决策权，实际上只相当于欧洲中央银行的一个分支机构。荷兰目前正着手将对银行业和保险业的监管职能并入中央银行[1]，从而使中央银行成为一个集货币政策执行与综合监管职能于一身的机构。

（2）中央银行负责货币政策与不完全综合监管

另一些国家的中央银行也具有较大的监管权限，但其监管只涉及两类行业（其中包括银行业），而不是完全的综合监管。例如，百慕大、塞浦路斯、多米尼加和乌拉圭等国的中央银行除了货币政策职能以外，还负责对银行业和证券业的监管。马来西亚国家银行（马来西亚中央银行）1959 年 1 月成立时确定的主要职责是发行货币林吉特、保存国际储备并捍卫币值、代理政府执行财政货币政策和监管国内金融业。1993 年证券委员会成立，负责统一管理并促进国内资本市场的发展，而此后马来西亚国家银行的监管职能只限于银行和保险业。哥伦比亚、厄瓜多尔、巴拉圭等国的中央银行也属此类。

（3）中央银行负责货币政策与银行监管

这种模式是指中央银行除承担货币政策职能外，还负责银行监管，但并不监管证券和保险业。截至 1995 年的一项研究[2]显示，77 个样本国家（地区）中，共有 44 个国家（地区）的中央银行专门负责对银行业进行监管，而不直接介入其他金融领域，占样本总数的 57%；截至 1999 年的一项研究（表 7—2）则表明，在 100 个国家中，有 51% 的国家中央银行只负责银行监管；而在截至 2001 年 9 月的对 159 个样本国家的研究中（表 7—3），这一比例降到 43%（69/159）。这种变化趋势虽然可能部分由于所选样本范围的不同，但是从一些国家在此期间进行的改革可以看出，将银行监管职能从中央银行分离出来确实是变化的共同特征。尽管如此，从最近的研究数据来看，43% 这个比重也远远高于其他的制度模式，这说明目前由中央银行负责货币政策和银行监管的制度安排仍然被大多数国家所采用。

---

[1] 中国银监会上海监管局政策法规处编译："欧洲对混合金融集团的监管"，《国际金融报》，2005 年 1 月 21 日。

[2] Goodhart, et al. (1997) "Financial Regulation: Why, How and Where Now?" London, Bank of England, p. 47.

表7—2 银行、证券和保险监管职能在中央银行内外的比例%（截至1999年）

	中央银行内	中央银行外	总数
银行	51	6	57
银行和证券	6	5	11
银行和保险	13	11	24
银行、证券和保险	2	6	8
总数	72	28	100

注：样本国家为123个。
资料来源：Llewellyn（1999）。

表7—3 OECD和非OECD国家金融监管机构的设置（截至2001年9月）

	OECD国家	非OECD国家	总计
中央银行监管银行业、证券业和保险业	2	23	25
中央银行监管银行业和证券业	2	6	8
中央银行监管银行业和保险业	0	15	15
中央银行只监管银行业（可能包括商业银行、储蓄银行和各类型信贷机构）	9	60	69
中央银行以外的单独机构统一监管银行业、证券业和保险业	8	11	19
其他监管模式	8	15	23
总计	29	130	159

资料来源：OECD（2002），孙涛（2002）。

例如，意大利中央银行根据内阁信贷储蓄委员会授权，负责对所有信贷机构进行监管。意大利银行法中对信贷机构的定义为"所有接受公共存款并发放贷款的企业"，主要包括商业银行、储蓄银行和合作银行及一些专业信贷机构。而其他的金融监管机构（包括股市资产监管委员会、国家反垄断局、国家退休基金监管局、全国私人保险监管机构等）则独立于意大利中央银行之外。菲律宾中央银行也负责对国内的银行与准银行包括其子公司与分公司进行定期或特别检查，其监督责任不仅包括发布规则章程还包括密切监察银行和准银行的制度执行情况及其财政情况。

2. 中央银行无金融监管权

从20世纪80年代以后的情况来看，中央银行无金融监管权，即货币政策与银行监管职能分属不同机构大致有两种情况：一是银行监管职能原来就不在中央银行，如德国、法国、日本、加拿大、丹麦、挪威、瑞士、奥地利、比利时等，这些国家或是直接由政府在中央银行以外设立专门的监管机构，或是中央银行隶属于财政部，而财政部将银行监管职能交给下属别的部门负责。二是应对金融市场的变化实施金融监管体制改革，同时涉及中央银行职能的调整，即把银行监管职能从中央银行分离出来，交给专门的政府监管机构行使。不论哪种情况，两大职能分离的制度安排又因各国的国情差异而不同，可以归纳为以下三种模式：

(1) 分属于中央银行和综合性金融监管机构

这种模式是指货币政策职能由中央银行负责、银行监管职能则纳入一体化的综合性监管机构。西方主要发达国家包括英国、加拿大、澳大利亚、德国、日本等都在中央银行以外设立单一的综合性监管机构，负责银行、证券和保险三大金融领域的监管——目前这种架构似乎颇受欢迎，得到越来越多国家（甚至包括一些发展中国家）的效仿，形成了一种新潮的监管趋势（张俊喜，2001）。

(2) 分属于中央银行和不完全综合监管机构

这种模式是指货币政策由中央银行负责、银行监管则由一个中央银行以外的不完全综合监管机构负责。例如，瑞士拥有世界上最稠密的银行网络，其中央银行瑞士国家银行只承担货币政策职能。瑞士联邦银行委员会是银行监管的最高权力机构。它成立于1935年，行政上隶属于瑞士联邦财政部。在瑞士，银行可以经营的业务包括除保险业外的所有综合性银行业务，即存贷款业务、融资性租赁业务、支付往来业务、股票及相关交易、证券发行、担保及代理、结算和清算业务、资产管理业务，甚至连金融数据、金融信息、软件服务、金融咨询服务以及金融研究工作都被列入瑞士银行业的范围之内。因此，这里所指的"银行监管"实际上包括除保险业外的所有金融服务业的监管。

(3) 分属于中央银行和专门的分业监管机构

这种模式是指中央银行只负责货币政策，而在中央银行以外设立专门的银行、证券、保险监管机构。2003年4月28日，中国人民银行的银行监管职能正式交给了新成立的银行业监督管理委员会，成为这种模式的典型代表。2003年3月，第十届全国人民代表大会第一次会议通过了《关于国务院机构改革方案的决定》，国务院决定设立中国银行业监督管理委员会（简称中国银监会）。第十届全国人大常委会第二次会议又通过《关于中国银行业监督管理委员会履行原由中国人民银行履行的监督管理职责的决定》，据此，中国银监会的职责定位为统一监督管理银行、金融资产管理公司、信托投资公司及其他存款类金融机构，维护银行业的合法、稳健运行。而此前早在1998年中国人民银行的证券监管和保险监管职能已经分别移交给了中国证监会和中国保监会。

附表2给出了最近136个国家（地区）金融监管的制度安排情况。从中可以看出，中央银行有监管职能的占67%（91/136），中央银行无监管职能的占33%（45/136），而其中设立单一综合监管机构的占58%（26/45），设立不完全综合监管机构的占33%（15/45），设立单独的分业监管机构的只占9%（4/45）——我国在2003年4月28日以后形成的新模式即属于此类。

实际上，中央银行有无金融监管职能关键是看有无银行监管职能。换句话说，中央银行只要有监管权，必有银行监管权，这是由中央银行的性质、职能和历史地位所决定的。而银行监管职能从中央银行分离，通常伴随着综合监管机构的出现——即使不是完全一体化的综合监管，也是处于过渡形态的不完全综合监管，这大致取决于该国金融业的混业经营程度。从表7—3的数据可以看出，159个国家和地区中，中央银行参与银行监管的国家共117个，占总数的74%；在OECD国家中，中央银行参与银行监管的共13个，占总数的45%；在非OECD国家中，中央银行参与银行监管的共104个，占总数的80%。因此可以说，中央银行体制的这种变化趋势主要是由于金融市场结构变化导致金融监管体制变化的结果，即为适应金融混业经营的重新兴起而出现的金融监管一体化倾向。

7.1.2 对中国人民银行分离监管职能改革的再认识

在货币政策与金融监管职能分配的制度模式的跨国比较当中，不难发现，中央银行监管职能分离与综合金融监管机构的建立可以说是同一改革的两个方面。因为已经建立的综合监管机构几乎都独立于中央银行，而银行监管职能从中央银行分离以后大多归入单一的综合监管机构或不完全综合监管机构，却很少在中央银行以外有单独的银行监管机构存在——而中国恰恰选择了这种模式。在银监会成立之前，国内关于中国人民银行的银行监管职能是否应当分离出去的问题存在激烈的争论，其立论观点大多集中于货币政策与银行监管冲突与否以及发达国家形成的示范效应方面。然而，在全面考察世界范围内的体制变革情况之后，笔者认为，有必要重新分析和探究 2003 年改革的深层次原因，从而认清未来的改革方向。

1. 中国现行模式不是金融体系结构变化的要求

从近二十几年一些国家的变革情况来看，金融监管职能从中央银行分离并日趋形成综合性监管机构主要是为了适应金融体系的结构变化，即金融混业经营的重新兴起和商业银行对于货币政策的重要性降低（参阅 3.2 节）。

20 世纪 90 年代英国、美国、日本等发达国家纷纷开始了从分业经营向混业经营的转变，相比之下，中国金融体制的变迁明显游离于世界金融发展的主潮流之外。经过改革开放初期金融机构业务综合化的短暂尝试，以 1995 年《中国人民银行法》、《商业银行法》和《保险法》的颁布为标志，中国金融分业经营的体制得以确立，而 1998 年又进一步明确了分业监管的体制。近年来，出于对利润的追求，各金融机构混业经营的意图和倾向日益强烈，金融控股公司形式的混业经营机构相继出现。尽管银行、证券和保险业之间的业务合作逐渐增多，但是受现行分业经营法律框架的约束，这种合作还只是停留在较浅的层次上，还远没有达到由于业务的相互渗透而导致传统金融业务边界模糊的状态。

按照"监管结构必须映射市场结构"的观点，综合监管不过是对市场结构的一种自然适应而已[①]，目前国际发展的实践也证实了这一观点。而我国 2003 年银监会的成立，只是将金融监管职能更加彻底地从中央银行分离出来，却依然延续了分业监管的体制，因此，可以说中国目前货币政策与金融监管的制度安排模式并非反映了金融混业经营发展的必然要求。

另外，国际改革实践中表现出来的银行监管职能从中央银行分离的另一个重要理由——传统商业银行对于货币政策的重要性降低——在我国也不明显。从表 7—4 和表 7—5 可以看出，作为货币政策影响的对象，中国的非金融企业部门和居民部门与商业银行的联系最为密切，商业银行毫无疑问地成为中央银行控制的核心。中央银行的货币政策操作主要是控制和影响决定商业银行行为的因素，如利率限制、法定存款准备金、信贷指导政策等，即使是公开市场业务，商业银行也是最重要的一级交易商。因此可以说，货币政

---

① 参见 Abrams, R. K., Michael Taylor: Issues in the Unification of Financial Sector Supervision. IMF Working Paper No. 00/123 (2000)。

策主要是通过银行信贷渠道对产出和物价起作用。在这种情况下，银行监管信息对于货币政策的重要性相对较高，分离中央银行监管职能的必要条件并不充分。

表7—4 非金融企业部门外源融资结构（%）

年份	贷款	债券	股票	国际资本	合计
1992	73.2	7.6	3.4	15.8	100.0
1995	67.1	-0.2	0.2	32.9	100.0
1998	74.9	0.3	6.2	26.7	100.0
2001	65.0	1.0	8.6	25.3	100.0
2002	73.0	1.6	4.8	20.6	100.0

数据来源：根据《中国金融年鉴》中相关年份资金流量表计算。

表7—5 居民部门金融资产选择结构（%）

年份	通货	存款	债券	股票	保险	合计
1992	19.3	60.5	15.1	3.9	1.2	100.0
1995	5.0	87.1	6.6	0.3	1.0	100.0
1998	6.8	73.6	11.2	6.1	2.4	100.0
2001	6.3	71.7	5.5	8.2	8.3	100.0
2002	6.7	72.6	4.5	3.2	13.0	100.0

数据来源：根据《中国金融年鉴》中相关年份资金流量表计算。

2. 货币政策与银行监管的利益冲突确实存在

银行监管职能从中央银行分离既是金融监管体制的变革，也是中央银行体制的变革。如果说2003年中国银监会的分立并不能以金融体系结构变化对金融监管体制的冲击做出解释，那么，只能从中央银行体制内部寻找答案。从相关的理论研究成果来看，支持中央银行剥离监管职能的最有力论据就是货币政策与银行监管职能的利益冲突。在中国独特的政治经济体制条件下，这种冲突不仅存在，而且更为严重。究其原因，一方面，商业银行资本金充足程度较低，治理结构与经营机制不完善，盈利能力及运作效率不高，但由于产权的同质性，中央银行对国有商业银行的保护倾向较为明显，有可能以货币政策掩饰监管缺陷；另一方面，中国在经济转轨过程中的制度变迁更多带有人为设计的色彩和强制性变迁的特征，而且渐进式改革模式本身就具有改革频率较高的特点，加之法律体系不健全，监管过程中存在人为因素造成的规则不一致和受政府短期政策影响的波动性，从而使其与货币政策发生共振。实际上，银行监管手段在很多情况下被当作了货币政策工具。

尽管主张货币政策和银行监管相分离的观点在理论上似乎颇有道理，但是其反对的观点也很有说服力，而已有的实证分析结果也没能得出一致的结论（参阅2.3节），相对于中央银行独立性和透明度的发展趋势而言，银行监管职能的分离是一个争议更大的问题（因此绝大多数国家在将银行监管职能从中央银行分离时都强调建立综合监管机构的必要性，而非中央银行体制出现了问题）。在中国"新兴+转轨"的经济体制背景下，货币政策与银行监管的冲突是否一定要通过分离中央银行监管职能的改革来解决呢？虽然中央银行同时承担货币政策与银行监管职能有可能导致货币政策的偏颇和金融监管效率的降低，但是在间接性货币政策工具作用的微观基础并不完备的情况下，中央银行又不得不依靠直接性银行信用控制工具（实际上也是监管手段）实现预期的调控目标。如果将前者视为2003年以前旧体制的成本，后者视为旧体制的收益，那么，当成本不断上升甚至大于收益时，就有必要进行体制改革以提高社会的总体福利水平。显然，要想通过准确的计算来进行上述成本和收益的比较是不现实的，但是有一个基本的判断可以成立：与市场机制较为完善的国家相比，中国货币政策与银行监管集于中央银行一身的体制成本可能更高，但收益更大。如前所述，中央银行通过货币政策"粉饰太平"或者通过监管手段的配合增强货币政策效果，固然会影响到货币政策的最优决策和银行监管的权威与效率，但是宏观调控和经济发展的效果有目共睹，与大多数发展中国家和经济转型的前社会主义国家相比，中国金融体系的稳定性也是可圈可点。况且只要产权的同质性依然存在，即使监管职能从中央银行分离，中央银行还是有动机去制定有利于银行部门的宏观政策，在目前金融体系普遍"贫血"的情况下这样的动机会更为强烈。因此，笔者认为，尽管旧体制下货币政策与银行监管的利益冲突确实存在，但仍不足以单独构成体制变革的充分条件。

3. 银监会分立是对中央银行分支机构超前改革的适当调整

通过上述分析可以看出，在银行监管与货币政策职能相分离的国家中普遍存在的理由对中国现实的解释比较乏力，那么，我们只能沿着中国经济改革的既有路径来思考这一体制变革的深层原因。

人民银行单独行使中央银行职能始于1984年，但是到1996年一批金融法规出台之前，现代意义的金融监管职能并没有提出，传统的金融监管只是为货币政策服务。到1997年亚洲金融危机爆发之后，中央开始意识到金融安全的重要性，中央银行的金融监管职能得到了加强，金融安全也成为评价人民银行的重要指标。

自1998年人民银行大区分行成立以来，金融监管职能的工作重点被定位在分行一级，分行要保证各项金融监管政策的贯彻执行，强化金融监管的独立性，全面监管辖区内的金融机构，依法查处金融违法、违纪案件，分析研究、防范和化解金融风险，实行金融监管责任制。由于中国存在着大量的地方性金融机构，如信托公司、城乡信用社等，监管这些金融机构，防范化解这些金融机构的金融风险也必须依靠地方政府甚至要在地方政府的统一领导下开展工作，这就使得中央银行分支机构与地方政府的关系变得扑朔迷离。事实上，中央银行体制改革设立跨省区的分行，其初衷也是为了绕开省政府这一"干预"障碍，但事情并非如此简单，不与政府打交道将难上加难。大区行成立至今的最大问题是，仅在表面上打破了银行组织的"阶层结构"，却因脱离于地方政府，得不到行政支持，导致金融监管不力，从而使中央银行的声誉成本大大增加，同时也影响了货币政策的实施效果。正如本文第4章和第6章所分析的那样，造成这种状况的根本原因在于中央银行跨行政区设置分行的改革具有超前性，加大了体制改革的不协调成本，作为一种调整和修正，按行政区划设立银监会恰好解决了这一问题。因为从形式上看，这种改革既没有走回头路，也似乎符合世界潮流，从而使中国金融体制变迁的政府效用函数中的收益变量增大；与此同时，又因为机构分立的改革增加了金融官员的升迁机会，也使"政治银行家"个人效用函数中的收益变量增大①，于是体制变迁得以顺利实现。

4. 中国模式的尴尬

在总结世界各国货币政策与金融监管职能分配的体制模式及发展趋势，

---

① 按照罗金生（2002）、段银弟（2003）的观点，中国金融制度变革的主体是政府，而代表政府实施金融制度均衡职能的是中国各类型的金融高级官员，他们是上级任命和考核的，由于他们工作和生活在一个多层次的行政科层结构中，行政级别和工作待遇等方面与政府官员级别挂钩，主要履行着满足政府在金融领域的政治需求的职能，因此被称为"政治银行家"。中国金融体制变迁的轨迹是政府效用函数和政治银行家个人效用函数的统一。

并对中国的实际情况加以分析之后，我们不难看出，中国中央银行与金融监管体制的改革有着独特的背景和原因，因此与世界潮流——分离中央银行的监管职能从而构建综合（或不完全综合）监管机构——相比显得过于保守和谨慎，以至于难免让人产生这样的疑问：既然中国目前的金融结构还没有发展到迫使监管结构变革的地步，也就是说，单独设立银监会的改革在金融监管体制方面的收益不够大，但在中央银行体制方面的成本却很高。因为尽管从表面上看，中国中央银行的双重角色冲突较为严重，但"角色冲突可以视为一个悖论，即将货币政策和金融监管分离，并不意味着克服了角色冲突的难题，而仅是内部冲突的外部化而已"（钟伟，2003）。特别是在中国目前金融体系产权制度结构没有根本转变、银行组织的阶层结构尚未打破的情况下，冲突的外部化只能提高外部协调的成本。这样的改革是必需的吗？

然而，当我们全面考察中国中央银行体制的变迁过程之后，就不难理解，此次改革包含了对前期改革修正的成分，实际上也是为了减小体制不协调的成本。这正是中国渐进式改革的特质所在，前一阶段改革的成果很快就成为下一阶段改革的对象，即理论上更优的制度安排往往会被理论上次优但更实用的制度安排所取代，无数次次优选择的连续过程形成了一种风险最小化的稳妥的变迁方式。尽管从长期来看，中国金融业正是通过次优选择的战略集合不断向标准的市场机制趋近，从而提高改革的效率，但是短期当中，我们不得不面临以一种成本替换另一种成本的尴尬境地。在中国银监会分立之后，中国人民银行与金融监管机构的协调合作问题成为人们关注的话题，如何建立外部协调合作机制，将直接关系到此次改革的收益。低成本、高效率的协调机制可以使改革呈现中央银行与金融监管体制"双赢"的局面，相反，高成本、低效率的协调机制则有可能导致"双输"的结果。

7.1.3 中国模式下的机构协调问题

探讨银监会成立后中国人民银行与金融监管机构的协调合作机制，其核心意义在于尽可能使改革的成本最小化。基于此，我们首先应了解中国现行体制下建立协调合作机制的特殊性和面临的现实困难。

1. 协调成本高

从货币政策与金融监管权力分配的模式可以看出，货币政策与金融监管的协调关系存在两种制度结构：一是内部协调，即货币政策职能和银行监管职能统一由中央银行行使，从而货币政策与金融监管的关系在中央银行内部进行协调。二是外部协调，即金融监管职能全部或部分地由中央银行之外的专门机构负责，从而货币政策与金融监管的关系在两个（或更多）机构之间进行协调。

一般而言，协调的成本包括：（1）为建立协调机制各方进行协商进而立法的成本，该成本的大小与协商的困难程度成正比，与立法程序的效率成反比；（2）建立协调机制的各方进行配合行动时产生的摩擦成本，包括各项费用开支以及由于协调环节增多而导致的效率损失，该成本与纳入协调范围的监管主体数目成正比，与各监管主体的分工明确程度成反比；（3）被监管者在协调机制下可能耗费的资源成本。

在内部协调关系中，由同一主体协调自身承担的两种职能，一般无须通过立法来规定，摩擦成本比较低，被监管者由于接受监督检查所耗费的资源成本相对较小，更加有利于实现货币政策与银行监管在信息沟通、执行手段、利益冲突等方面的协调。在外部协调关系中，货币政策与金融监管在几个机构之间协调，其立法成本、摩擦成本以及社会资源成本相对于内部协调而言都要更高。这可以由部门和利益集团的私心来解释，根据公共选择理论，政府部门不总是社会正义的代表者，在利益集团的影响下，他们也会有私心，因此在机构配合的过程中难免会采取一些有利于本部门而有损于其他部门的行动，这会使整个金融体系的效率降低。而被监管者在这一协调机制下可能耗费更多的资源，因为需要应对来自两个（或更多）机构的约束，而不是一个。

任何一个国家在设计本国中央银行与金融监管机构的协调机制时，都充分考虑了本国的政治、经济体制以及人文环境。分析目前中国的实际，建立中央银行与监管机构协调机制的难点恐怕在于机构之间权责的分配以及协调机构的设立。中央银行和三家监管机构均为正部级单位，在本位利益等因素的作用下，各个部门之间很难协调。早在2000年9月，为了解决分业监管中的政策协调问题，中国人民银行、中国证券监督管理委员会、中国保险监督管理委员会就建立了三方监管联席会议制度。但从实际运作的效果来看，仍然存在沟通不足，信息共享程度低等问题（谢平、蔡浩仪，2002）。诚然，部门之间的协调在任何国家恐怕都是一个不大不小的难题，问题的关键是，与大多数国家的改革不同，中国在将中央银行的银行监管职能分离以后，没有实行监管机构的整合，而是增加了一个机构——银监会。这样，原来的三方协调就变成了四方协调，相应地，各机构之间需要协调的关系呈级数增加（由增加到）。而其他国家通常的做法是在中央银行分离监管职能的同时，整合已有的监管机构使之成为单一的综合监管机构或者不完全综合监管机构，其结果是减少了监管机构的数量（例如英国的 FSA 成立之后，监管机构的数量由 9 个减少到 1 个），因此实际上是大大简化了中央银行的外部协调关系。显然，我国的做法使协调活动更为复杂，协调成本必然增大。因为在缺少法律控制的条件下，要想长期保持合作的一致性只能依赖于参与机构的持续的默契。当前体制下最重要的问题是，如果出现银行危机，能不能保证各家机构会采取迅速、一致的措施。责任和权力在机构间分配得越多，对公众利益来说十分重要的措施就会越耽搁、决定就会越不确定。

2. 中央银行与银行监管部门的协调问题比较突出

中国银监会成立之后，分别覆盖银行、证券、保险的专门性的监管机构都基本完备，从而使中国金融分业监管体系更加清晰，更加专业。实际上，银行体系与证券、保险体系存在很大的差别，银行的资产和负债在流动性方面具有不对称性，通常具有错配的缺口，银行部门十分容易遭受挤兑的冲击而传染到整个金融体系乃至经济体系。因此，银行体系的风险主要是宏观性、系统性的风险，而证券和保险的风险主要是微观性的、与投资者相关程度高的风险。由于中国金融结构中银行业占有绝对的优势，而银行监管和银行体系的稳健程度与宏观经济金融又密切相关，所以，中央银行与银行监管部门的协调的重要性，将远远超过中央银行与证券和保险领域的监管机构进行协调的重要性。中国人民银行与金融监管机构协调合作机制的重点内容应该是与银监会的协调与合作。

有效协调的前提是分工与制衡。但由于中国目前金融业的市场化与自由化程度所限，货币政策工具与银行监管手段的界限不甚清晰，尽管法律上已经做了原则性的界定，但实践当中的不协调情况仍难以避免。例如，中国人民银行于 2003 年 6 月 5 日，下发了《关于进一步加强房产信贷业务管理的通知》（即 121 号文件），提出了加强房地产开发贷款管理、引导规范贷款投向等 7 个方面的明确要求。2004 年 2 月 26 日，银监会公布了将在一个月内对即将出台的《商业银行房地产贷款风险管理指引》（意见稿）（即"房贷指引"）

征求公众意见。"121号文件"中规定："商业银行房地产贷款余额与总贷款余额比不得超过30%"。而银监会认为对商业银行的监管原则是流动性、安全性和效益性，无权限制商业银行在某一行业中的投资比例。"121号文件"这个条款实际上违背了银监会的监管原则。"121号文件"规定：银行对土地储备机构发放抵押贷款的额度，不得超过土地评估价值的70%，期限最长不得超过2年。而银监会的"房贷指引"里没有提及，只是笼统地要求"商业银行对资本金没有到位或资本金严重不足、经营管理不规范的借款人应审慎发放土地储备贷款"。又如，中国人民银行从2004年4月25日起实行差别存款准备金率制度。金融机构适用的存款准备金率与其资本充足率、资产质量状况等指标挂钩。这种对不同金融机构的"区别对待"的标准是中央银行自己独立做出的，还是参考银监会的动态风险监管做出的，并没有明确的说明，从而使金融机构面临的不确定性增加。再如，2004年中央和国务院先后出台了一系列宏观调控政策，为此，银监会采取了许多措施，围绕国家宏观调控，突出对银行机构的风险监管，体现了银行监管部门的职能。但是，在银监会召开的有关贯彻落实国家宏观调控政策的会议和负责人谈话中，多次提到银监会系统要"搞好宏观调控"和"窗口指导"。国务院协调人民银行与银监会的监管职责分工的原则是：人民银行主要负责金融宏观调控；银监会负责日常的金融监管。这样，人们就会质疑，中央银行与银监会是否都有金融宏观调控职能？作为货币政策工具的窗口指导，应该由谁使用？

在货币政策与银行监管活动的具体实施环节，中央银行分支机构与地方银监局之间也面临协调难题，主要包括：中央银行不再监管商业银行，其对信贷政策的窗口指导作用将会削弱，这必然影响货币政策的传导效果；中小金融机构的风险化解工作也面临一个新挑战，尤其是信用社出现临时性支付困难后，谁来救助需要进一步明确，中央银行作为最后贷款人是有条件的，而银监会与中央银行协商救助，可能会出现中央银行需要重新认定救助条件，由此延误时间；商业银行可能面临"多头"监管的问题，从理论上说，银监会成立后，银行的监管权已从中央银行分离，但目前中央银行仍保留了对商业银行账户管理的监管权，这一权力的实施也存在与银监会的协调问题。

7.2 中央银行与金融监管机构协调合作机制的国际比较

货币政策与金融监管是相互联系、相互影响的，不论采取何种制度安排模式，都必须在二者之间建立良好的协调、合作机制。当这两方面的职能分属于不同机构的情况下，其协调机制便涉及机构之间的关系，涉及到体制上的安排。特别是那些历史上不承担银行监管职能或者是近年来将银行监管职能分离出去的中央银行，更加重视与金融监管机构的协调合作。虽因各国政治、经济、金融、法律和文化等方面的差异，所采取的合作框架有多种模式，但也表现出一些共同的特征。

7.2.1 协调合作机制的层次和内容

对于货币政策与金融监管职能分离的模式而言，中央银行与监管机构之间的协调合作机制通常包括三个层面的安排。

1. 法律层面

这是指在法律当中对协调与合作的制度框架直接作出规定和安排，如德国和韩国，或者由法律提出原则性要求，如英国。

美国是典型的"双轨多元"的监管模式，即中央和地方两级都拥有监管权，每级又有若干机构共同进行监管。其中联邦级监管机构有5家——美联储（FRS）主要负责监管州注册的联储会员银行，1999年11月《金融服务现代化法》经国会和总统批准后，美联储又增加了作为金融持股公司监管者的职能。联邦存款保险公司（FDIC）对所有参加保险的银行都具有监管的权力。货币监理署（OCC）负责监管所有在联邦注册的国民银行和外国银行分支机构。储贷监理署（OTS）负责监管所有属于储蓄机构保险基金的联邦和州注册的储贷机构。国家信用社管理局（NCUA）负责监管所有参加联邦保险的信用社。除货币监理署和储贷监理署在行政上隶属于财政部外，其余3家则为独立的联邦政府机构。此外，由于美国实行双轨银行制，每个州又都设有自己的银行监管部门，主要负责对本州注册的银行、尤其是本州注册的非联储会员银行的监管。由于几乎所有的州注册银行都参加了联邦存款保险，因此这些银行也同时接受联邦存款保险公司的监督，即同时处于联邦和州两级金融监管机构的双重监管之下。

虽然1999年美国破除了金融混业经营的法律障碍，但目前美国实行的仍是分业监管体制。这种情况下各机构之间自然就更需要加强协调配合。美国的法律首先对各监管机构的职责划分进行了明确的界定。并且早在1978年就依据《金融机构监管和利率调控法》成立了协调各金融监管机构活动的协议性组织——联邦金融检查委员会（FFICE）。该委员会成员由货币监理署、联邦存款保险公司、储贷监理署、国家信用社管理局的第一把手和美联储的一位理事组成。其主要职责是：统一全国金融管理原则、监督方法和检查标准，对监管过程中出现的问题提出解决办法，培训检查人员，开展理论研究等。另外，联邦法律还规定，各金融管理机构之间有权相互索取金融检查、调查资料和各自拥有的有关统计资料等。

英国的综合监管机构（FSA）建立之后，为了明确金融监管体系改革后英格兰银行的职能及其与其他部门特别是FSA之间的分工与协作，英国不仅对《英格兰银行法》进行了修订，重新规定了在新体制下英格兰银行的职能以及为完成其职能所需的相关制度安排；2000年《金融服务与市场法》还要求FSA与国内外有关机构进行适当的合作。

德国金融监管局成立之后，修改了《银行法》的相应章节，界定中央银行与监管机构在银行监管方面的职责，并且明确指出：德国银行监管的组织体系是监管当局与中央银行之间的分工与协作体系。中央银行在银行监管方面仍然保留一部分职能，主要是常规的现场和非现场监管，监管局则负责制定法规，实施市场准入、退出监管和处罚，必要时进行某些特别的现场检查。

韩国1998年设立的金融监管委员会（FSC）负责综合性监管，其下的金融监督院（FSS）负责监管的具体实施。2001年《建立金融监管机构法》明确规定了各自的职责及协调、合作机制。

2. 制度层面

一般是指对在法律中难以细化的协调合作事宜（如具体的职责分工、信息的收集与交流及工作机制等）通过签署谅解备忘录、联席会议制度等形式做出明确的规定。

英国在FSA成立后不久就发布了《财政部、英格兰银行和金融服务局之间的谅解备忘录》，建立三方在维护金融稳定方面的合作框架。其中一个重要内容就是由三方代表建立协调机构——常务委员会，每月开会讨论与金融稳定有关的重大问题，任何一方都应作为牵头机构，与另两方协调解决发生在其职责范围内的问题。

澳大利亚 1998 年成立了不完全综合监管机构澳大利亚审慎监管局（APRA），负责对银行等存款类机构、保险公司和养老基金进行审慎监管。澳大利亚证券投资委员会（ASIC）负责金融体系的市场诚信和消费者保护，澳大利亚联邦储备银行（PBA）专司货币政策。为了增进上述机构之间的协调与合作，成立了由三方参加的金融监管协调委员会，每季度召开一次会议，就金融业的发展和监管的改革、协调与合作等问题交流信息和看法，以提高金融监管的效率。委员会主席由中央银行行长担任，秘书处设在中央银行。与此同时，监管局与中央银行、监管局与证券投资委员会还分别建立协调委员会，协调双边合作的具体事宜。监管局与中央银行的协调委员会由中央银行副行长任主席，正常情况下每月召开一次会议。此外，三家机构相互之间分别签署了双边的谅解备忘录，建立双边的协调合作和信息交流框架。

德国在成立综合性金融监管机构的同时，依据《综合性金融服务监管法》的要求，建立由监管局和中央银行参加的金融市场监管论坛，旨在二者之间就监管的有关问题进行协调，对影响金融系统稳定的综合性监管问题提供建议。该论坛由监管局派人担任主席，其他联邦政府部门可以参加。

3. 操作层面

协调合作机制的实际运作主要在操作层面，即通过一系列具体安排，如安排管理层交叉参加对方董事会、相互提供服务以加强信息交流和政策协调、联合进行检查、合作处理有问题金融机构以及通过工作人员的借调安排等形式来建立多方位的合作关系。

美国的联邦金融机构检查委员会（FFIEC）由各参加机构轮流担任委员会的主席，任期 2 年，下设专职办公室和几个工作组，从事统一报表格式和要求、编制和发布统一的银行业绩报告、协调监管政策和方法、促进信息交流与共享、解决信息系统技术问题等各项具体工作。在美国这样一个高度复杂的监管体系中，多家监管机构能够以较高的效率协调运作，基本避免了重复监管和监管真空，也未给被监管机构带来过多的负担，联邦金融机构检查委员会在其中发挥了至关重要的作用。

英国 FSA 可以通过行使其法定职责，大范围地收集其批准和监管的公司的信息和数据。英格兰银行也可以为履行其职责收集所需要的数据和信息。FSA 和英格兰银行要共同避免单独收集相同的数据以使公司的负担最小化。当两者都需要相同的信息时，双方应就如何收集和向另一方传递信息达成一致。英格兰银行负责金融稳定的副行长兼任 FSA 理事会的理事，FSA 主席兼任英格兰银行理事会的理事，工作人员之间还有互相借调的安排，以保证在所有级别上 FSA 和英格兰银行之间都将有紧密和固定的联系。双方还必须建立信息共享方面的安排，以保证所有与履行各方职责有关或可能有关的信息能得到全面和自由的共享。

德国修改后的《银行法》规定，监管局的主席或副主席应参加中央银行理事会与监管局工作有关的会议。监管局和中央银行之间应建立自由的信息交流机制，共享数据库和信息系统。为此，双方可以自动进入对方与其职能有关的数据库。根据分工，德意志联邦银行依靠其在全国的分支机构，负责对银行的常规现场和非现场检查，监管局根据需要进行某些特别的现场检查，但任何一方都可以参加对方的检查。

澳大利亚审慎监管局负责收集被监管金融机构的数据和信息，中央银行通过其在金融市场和支付系统的活动收集所需的数据和信息，证券投资委员会在维护金融体系的市场诚信和保护消费者活动中收集金融体系的数据和信息。相关的制度规定，为减轻金融机构的负担，三家机构应避免向同一机构收集同样的数据和信息；在成本分摊的安排下，中央银行可以委托监管局，监管局和证券投资委员会可以相互委托对方收集与其职能有关的信息。三方分别建立双边的信息共享安排，一方应及时向另一方提供所要求的与其职责有关的信息，监管局、中央银行和澳大利亚统计局于 2001 年共同开发了一个服务于三家机构的统计报告系统，由监管局具体运作，另两家机构根据需要使用该系统的数据和信息。

7.2.2 协调机制的设计原则

从上述国家中央银行与金融监管机构协调合作机制的内容来看，其共同的特征是强调责任明确、避免重复和矛盾、节约监管成本、减轻被监管机构负担、提高工作效率等。可见，中央银行与金融监管机构协调合作机制的设计都在遵循低成本、高效率的原则。这一基本原则在以下各项具体安排中得到突出的体现。

1. **信息的收集、交流与共享**

各国都明确规定，为减轻金融机构的负担，中央银行和监管机构应该避免向同一机构收集同样的数据和信息。为此，各方应达成协议，明确何种信息由谁收集及如何交流与共享。从多数国家的安排来看，金融机构的数据和信息通常都是由监管机构收集，中央银行则通过在金融市场和支付系统的活动中收集相应的数据和信息。在确定了信息由谁收集之后，中央银行和监管当局重点考虑的就应该是如何建立高效的信息交流和共享机制，以使各方的数据需求都能以低成本的方式实现。其中，采用统一的信息系统能大大提高信息共享的效率，如德国的监管局与中央银行之间不仅共享数据，而且共享信息系统。美国的联邦金融机构检查委员会建立了统一的报表格式和要求，协调各监管机构对数据、信息的收集，以避免因重复收集而增加被监管机构的负担；同时，监管机构之间不仅共享数据和信息，而且共享检查、调查报告及其与金融机构的往来文件。澳大利亚开发了服务于中央银行的货币政策与金融稳定职能、监管局审慎监管职能和国家统计局编制经济数据三方需要的统计报告体系，由监管局具体运作，另两家机构根据需要使用相应的数据和信息。这一系统在满足三方数据需求的同时，也大大减轻了金融机构报送数据的负担。

2. **检查的实施**

遵循同样的原则，各国中央银行与监管机构在检查的实施方面也进行了必要的协调，以避免对同一监管对象实施同样内容的检查。一般来说，中央银行不再承担监管职能以后，因其具有最后贷款人职能，还是可以保留一定的检查权力。但中央银行由于专司货币政策，往往不具备检查的专业力量，而监管当局因履行现场检查职能的需要，拥有一大批高素质、经验丰富的检查人员。因此，中央银行的检查职能以委托监管当局或联合实施更为经济有效。如韩国法律规定，韩国银行根据履行职责的需要，可以要求金融监督院对金融机构进行检查，或联合进行检查，或要求监督院提供检查报告，并根据报告提出采取纠正措施的建议。澳大利亚规定，中央银行工作人员可以参加监管局的现场检查，以了解金融业和监管体系的最新发展情况。美国则是通过明确划分各监管机构的监管对象来避免出现重复检查，联邦金融机构检查委员会还负责协调、统一各监管机构的检查方法和程序。

德国的做法虽然不太一样，但也是在节约成本、提高效率的原则之下，根据本国具体情况所做的安排。德国于2002年5月1日成立了综合性的监管机构，但考虑到中央银行具有遍布全国的分支机构，更贴近金融市场和金融机构，长期从事银行监管也培养了一批熟悉业务、经验丰富的监管人员，因此决定不再让监管局设立分支机构，而是继续依靠中央银行的分支机构负责日常的银行监管工作，向银行收集数据和信息，从事日常的现场检查。监管局与中央银行共享数据库和信息系统，自由交流信息。监管局可以进行特别的现场检查，中央银行与监管局均可参加对方的检查。值得注意的是，虽然中央银行仍具有日常的银行监管职能，但不再有处罚的权力，对银行的处罚由监管局来统一实施。

3. 政策变化的协调

不少国家机构之间的谅解备忘录都规定，当某一机构的政策变化涉及另一机构的职能时，应事先向对方通报，并征求意见，以保持中央银行和各监管机构所出台的政策的协调一致。如英国的谅解备忘录规定，英格兰银行、FSA和财政部应在政策变化方面进行协商。每个机构都要把任何主要政策的变化通知给其他方面，而且应对任何可能与其他方职责有关的政策变化事先征询对方的意见。

德国《银行法》规定，德国金融监管局是独立的监管机构，负责向金融机构发布行政法规，但事先应与中央银行协商。协商的程度主要取决于这些监管的行政法规与中央银行货币政策职能的关联度。在某些领域，如有关金融机构的资本与流动性规定，则必须与中央银行达成一致。在其他领域，则仅仅需要事先向中央银行咨询。

4. 相互提供服务

英国的谅解备忘录规定，在某些情况下，英格兰银行和FSA如果认为委托对方从事某项工作比自己去做更有效率的话，可以签订服务协议，说明要提供的服务性质、已同意的标准、具体提供时间、费用（如果有）、通知期限等等。这些服务安排首先要包括：过渡时期提供设施（房屋、IT等）、提供国内和海外金融市场的分析、提供研究和统计信息的处理。《备忘录》还规定，FSA负责保存所有监管记录，并保证在相关法律框架内，英格兰银行可以任意和公开地使用这些记录。

尽管从总体上看，上述国家建立中央银行与金融监管机构协调机制的时间并不长，也可能会出现新的问题，但对中国现阶段的改革而言仍有许多有益的启示：（1）建立各机构之间协调机制的前提是明确责任、充分透明；（2）有效的协调机制应该通过信息共享、避免重复等方面的制度安排，尽量降低成本、提高效率，减轻被监管机构负担；（3）不仅要从立法上，而且要从组织上保证各方行动的协调，建立常设协调机构是较为普遍的做法。

7.3 中国人民银行与金融监管机构协调合作机制的架构及内容

中央银行与金融监管机构之间的协调机制，应该是通过一系列的制度安排，使各机构在完成自身职责的同时，解决各方面的矛盾，共同实现货币稳定和金融稳定的目标。协调机制突出表现为合作机制。无论是货币政策决策，还是金融监管决策，都是基于对金融机构体系等的大量信息分析的基础之上。因此，中央银行与金融监管机构之间首先应该解决的是合作问题，通过磋商实现沟通与互补，通过共享信息以避免重复劳动，降低成本。

7.3.1 协调机制的总体架构

1. 协调机制的目标定位

从协调机制的目标定位上看，中央银行与金融监管机构的协调合作机制应该包括两个层面：

一是中央银行与其他金融监管机构之间的协调，在中国主要表现为与银监会的协调。这一层面上的协调主要是解决货币政策的有效性与宏观金融稳定问题。中国以间接融资方式为主，是典型的"银行主导型"金融体系，而且金融资产高度集中于四大国有商业银行。这种金融结构特征导致中国银行监管与货币政策的关系更为密切。如果中央银行放弃银行监管职能，而又未能与银监会形成有效的协调，将会极大地削弱其对银行的影响力。银监会设立引起了广泛而激烈的争论，远远超过当年证券和保险监管职能从中央银行分离出去时的情形，这也是一个很好的证明。但同时我们也应注意到，近年来股票市场对中国货币政策的影响越来越重要,保险行业也在迅速发展,中央银行2003年第二季度货币政策执行报告首次特别提及保险市场发展情况和资金运用问题,说明保险业发展对货币政策的影响开始得到重视。随着金融体制改革的深化,中国金融结构还将不断调整,因此,在设计中央银行与金融监管机构的协调机制时,应当对金融结构的未来发展趋势有所预见,充分考虑到货币政策与银行、证券及保险行业发展的关系。

二是银监会、证监会与保监会之间的协调。这个层面上的协调主要是针对中国混业经营趋势下的金融监管问题。随着金融全球一体化的深入发展,混业经营成为世界潮流,中国加入WTO后,金融业对外开放正稳步推进,但中国金融业要承受国外挑战和参与国际竞争,尚需艰苦努力。当前突出的问题是解决银行业效率低下所带来的潜在金融风险,这恐怕也是银监会成立的一个重要理由。另外,银行信贷资金和保险资金进入证券市场的问题也亟待解决。银行信贷资金与股票市场之间必须建立一种有效的联系。这种资金的沟通与流通不仅是必然的,也是正常的,问题的关键是在建立信贷资金与股市有机联系的同时,如何防止并控制过量的信贷资金违规流入股市,以防止金融风险(焦瑾璞,2002)。近年来国内出现的一些金融控股公司,也表明了中国金融业混业经营的趋势,如何对金融控股公司进行有效监管,已成为业内关注的话题。因此,中央银行与金融监管机构建立有效的协调机制的一个目标应当是有利于控制金融控股公司的风险,并推进金融混业经营的实践。

2003年6月,银监会、证监会、保监会成立专门工作小组,起草了三方《在金融监管方面分工合作的备忘录》(以下简称"备忘录")。该《备忘录》的签署与公开发布和依此建立的定期和不定期联席会议制度,是我国金融监管机构探索监管的有效性、避免重复监管和监管真空的有益尝试,是金融监管应对金融创新和金融控股公司不断出现的新问题的重要举措,也是我国金融监管协调制度不断完善过程中必要的过渡,其历史性意义值得肯定。但是,三家行政级别相同、相互没有隶属关系的政府监管机构各自为自己和对方约定义务或权利,其法律效力有待探讨,而其实施效果则已被各自的实践大打折扣。更为重要的是,这个联席会议中没有包括负有宏观金融稳定职责的中国人民银行,缺少了一个重要的协调层面。

2. 立法及制度保障

银监会的设立必然要求修改相关法律,2003年底,全国人民代表大会常务委员会第六次会议对《中国人民银行法》和《商业银行法》分别进行了修订，同时颁布了《银行业监督管理法》。新的法律规定比较明确地界定了中国人民银行与银监会各自的权利与义务，有利于建立有效的制衡机制，同时也强调了机构之间的协调。如《银行业监督管理法》第六条规定："国务院银行业监督管理机构应当和中国人民银行、国务院其他金融监督管理机构建立监督管理信息共享机制。"但法律只能对协调机制的总体原则做出规定，而对法律中难以细化的具体协调事宜，还应该通过专门的法规加以规定。特别是由于金融创新日趋活跃、金融混业经营趋势不断增强，系统性风险也在增大，而现有的法律在银行、证券与保险三大监管部门的权利义务关系、涉入混业监管的各自权限、交叉领域监管如何协调等问题上还有待明确。

从国际经验来看，在大多数国家，监管机构之间的合作已经从许多临时性、随机性、个案性、程序性的安排，转化为制度化、常规化、有实际决策内容的安排，特别是在涉及金融稳定的机构，例如财政部、中央银行和各监管机构，这种协作更为紧密，合作的形式一般包括成立金融稳定委员会（如奥地利、比利时、德国、爱尔兰和英国）或相互之间签订谅解备忘录（如法国、瑞典和英国）。

尽管谅解备忘录在促进机构间跨行业和跨国境的合作中具有相当的价值，但其非正式性也造成了最终执行中的问题，此类安排的有效性和效力通常有赖于相关监管部门的足够善意和充分信守承诺。由于谅解备忘录不会规定任何正式的执行机制，在行政法并不发达的国家，其执行效果往往不尽如人意。对于中国现阶段而言，由于市场价格机制不能在整个金融业中对资源配置发挥正常作用，相关利益主体的行为不可避免地被扭曲。虽然各监管机构都有防范化解金融风险的职责，但是缺乏一个统一的工作机制，很难发挥合力作用。其中任何一方出面都难以调动其他各方的积极性，获取对己方有利的想法会加大各方的分歧。因此，制定一部措辞适当的行政法律或法规，可能比签订非正式的谅解备忘录更加恰当。它可以比较清楚、比较正式地确定监管部门间的关系，并在设定针对法定机构的辅助性诉讼权的同时，把这些机构的潜在责任局限在可以预见和合理的范围之内，从而具有透明度、可预见性、权威性和可执行性的优势。而如果这样一部行政管理法律或法规无法获得通过，那就应当在中国人民银行与相关的行业监管部门之间订立一个适当的谅解备忘录。

在制度保障方面,首先应当建立各部门之间的紧急磋商制度,以应付今后银行、证券或保险监管部门监管的金融机构可能出现的、涉及需要人民银行贷款"紧急救助"的支付危机。其次还应建立金融监管部门向人民银行的监管信息定期送达制度。由于人民银行仍承担维护金融体系稳定和"最后贷款人"的责任,因此,银行、证券、保险三大监管部门仅仅向人民银行送达为政府信息公开所需的金融机构一般性的资产负债表等统计资料是远远不够的。因为这些资料不能持续的、动态的反映金融机构的实际经营和运行状况,不能满足中央银行为履行职责需要对各金融机构进行实质性分析的要求。三大监管部门都应该及时、定期将监管对象的现场、非现场监管信息资料以及其他相关的实质性分析报告,及时送达人民银行。

3. 组织架构

按照组织行为学的观点,为了保证协调机制的约束力和权威性,必须在同级组织之间建立正式的沟通系统。在我国现行的法律和行政体制下,这些同级的监管部门之间协调较为困难,最终的决定权势必向国务院集中。鉴于我国中央银行的独立性和目前货币政策作用的特点,以及中国金融业未来混业经营的发展趋势,应当由国务院牵头设立金融稳定委员会,由中国人民银行、财政部以及银监会、证监会、保监会的高层官员参加,由国务委员或副总理担任主席。

金融稳定委员会应以宏观金融稳定为目标,金融稳定不仅包括金融机构的安全与稳健,更重要的还包括货币稳定。因此从这一目标上看,中央银行应该发挥主导作用。这不仅是由于中央银行具有货币政策、集中清算、"最后贷款人"等重要职能,而且由于我国中央银行已经开发、建立了多套较为先进的管理信息系统,可以向其他监管部门提供大量信息,中央银行从事多年的银行、证券和保险监管,也可以从政策协调的角度为其他监管部门提供建议。金融稳定委员会的"协调"职能应该主要体现在两方面:一是侧重解决以前存在的由于各家监管机构自成系统、条块分割所造成的监管真空现象。包括监控大型金融集团、处理问题机构以及金融稳定事务的协调等,比如银监会可以通过这个委员会与证监会、保监会根据需要采取联合监管行动,为混业经营趋势下的金融监管积累经验。二是避免由于重复监管而增加监管对象的负担。如各家机构分别负责各自职责范围内的信息收集整理工作,但应避免向同一机构收集同样的数据和信息,在成本分担的原则下,各机构之间可以相互委托对方收集相关的信息。

　　金融稳定委员会的行政管理人员最好放在中国人民银行之中。可以考虑由目前的金融稳定局来行使这些职能，包括为金融稳定委员会准备工作文件和报告。基于中央银行的特殊作用，可以考虑让中国人民银行的行长出任金融稳定委员会的副主席。图7.1显示了这个委员会可能的架构。四个金融监管机构各自设立金融集团处并都将在委员会中有自己的代表，中国人民银行还应设立金融重组处和金融支持处并分别派代表参加该委员会。金融重组处负责金融集团的重组和重建，而金融支持处则负责管理金融机构的紧急救助贷款，发挥最后贷款人功能。这种组织架构可以对金融企业的活动和金融集团的结构保持全面监管，能够适应新机构、新工具以及新业务的发展，特别是涉及跨行业业务的发展，也可以在它认为适当的时间放宽对跨行业的限制。

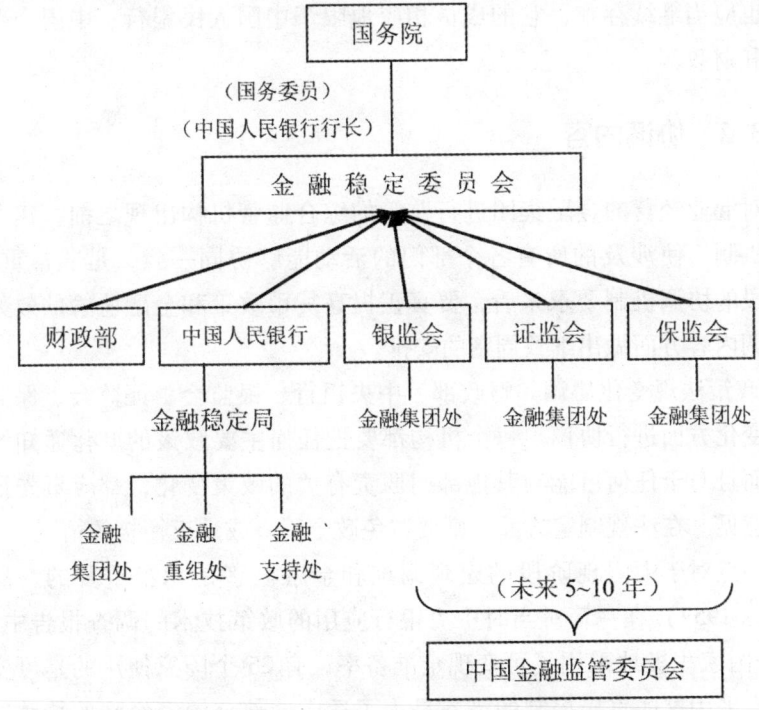

图7.1　中央银行与金融监管机构协调机制的组织架构设计

　　从各国金融监管体制的变革趋势来看，综合监管在全球的兴起反映了更多的国家认同在金融业务综合化、集团化的发展过程中，统一监管比分业监管更有效率。尽管在分业监管体制下，金融监管协调机制可以加强不同金融行业监管之间联系，但不能从根本上解决不同金融监管规则和执行的协调问题。从长远看（未来五年至十年），随着市场结构、监督和管理经验的发展，中国建立一个单一的综合监管机构应是必然的选择。这个机构可以最简便地被称为"中国金融监管委员会"。金融监管委员会将承担现有的不同行业监管委员会的职能和责任，并接收人员和其他资源。这种做法将有利于集中人力和财力资源尽快提高监管部门的能力、声誉和权威，而且能够在主要的金融行业之间建立相当紧密的联系，对政策与实施决定的协调也比较容易和有效。只有建立一个统一完整的监管体系，并不断加以调整，才能实现比较一致、比较灵活的监管。随着各主要金融行业之间的传统差别继续消融、市场的产品和市场服务变得越来越可以相互代替和互换，综合监管会显得更有价值、更加重要。当然，即使是成立了一个综合的监管机构，建议成立的金融稳定委员会也应当继续存在，它的成员相应地限于中国人民银行、中国金融监管委员会和财政部。

7.3.2 协调内容

在对混业经营的金融集团进行监管的综合监管机构出现之前，建立有效的协调机制，使涉及的所有各个部门的活动能够协同一致，是非常重要的。从现阶段的协调机制要求来看，要真正提高货币政策和金融监管的效率，还需在协调内容方面做出细致周密的安排。

1. 政策法规变化协调。财政部、中央银行、银监会、证监会、保监会应在政策变化方面进行协商。每个机构都要把任何主要政策的变化通知给其他机构，而且对于任何可能与其他部门职责有关的政策变化，都应事先征询该部门的意见。在法规制定方面，则要避免政令不一或缺乏衔接的情况。

这一点对于中国现阶段的宏观调控和金融监管是相当重要的。福塞克（Fousek, 1957）在一篇对当时中央银行应用的政策技术的调查报告中发现，有33个国家积极地采用了可变现金准备率，有25个国家使用的是可变流动性比率。采用这些直接控制的措施是为了适应这部分国家经济的特殊性：一是由于固定汇率制下国际收支变动而引起的银行储备的季节性和周期性波动；二是证券市场不发达以及公开市场操作的有限性。随着各国向更加灵活可变的汇率制度转变，随着公开市场能力的增强，出现了以市场为基础的技术对直接控制的替代。与此同时，多数国家的管理者开始以审慎的监管替代已然分崩离析了的货币控制。但两方面都非常容易变得玩世不恭,因为制定规章控制的方法经常要同时发挥多重功能。流动性比率,主要是出于货币政策的目的而规定的,但也可以用于对存款人的再保证,从而支撑起其对银行的信心。利率上限经常被用来便利货币政策的运作,但也能够防止银行业吸收存款的过度竞争。资本充足性比率显然是要加强银行家的慎重心理,但同时它也表现为对银行资产负债表扩张的一种杠杆约束。因此世界各国都非常重视中央银行与银行监管机构的协调。现阶段中国的经济市场化程度与金融自由化程度仍然不高,无法放弃直接的货币控制工具,货币政策与银行监管活动相互影响的情况会更多,这就使机构之间在政策变化方面的协调和沟通显得格外重要。对于中国人民银行与银监会职能的交叉之处,能够明确由一方承担的就由其负责,需要共同承担的也要明确主次,防止出现对银行机构权力的重复运用,产生货币政策传导和监管的效率低下,避免可能出现的争权争位,使银行机构无所适从。

2. 信息的收集与共享。澳大利亚开发了服务于中央银行、审慎监管局、国家统计局三方需要的统计报告体系,由审慎监管局具体运作,其他两家机构根据需要是用相应的数据信息,这种方法可资借鉴。可以考虑在人民银行现有信息系统的基础上,建立四家机构共用的金融信息中心。这样不仅可以满足各方的需要,也有利于降低成本,减轻监管对象报送数据的负担。此外,银监会、证监会和保监会应该负责保存所有监管记录,并保证在相关法律框架内,中央银行可以任意和公开地使用这些记录。当然,信息共享并不仅仅是共享数据,因为至少还有两种至关重要的信息是共享数据解决不了的:政策计划所依据的理论信息和偏好信息。因此,信息共享的理论本质应该是一个相互学习、说服以共同的角度观察问题和运用更广泛的智慧去更好地理解经济现实的过程。同时,信息共享还必须包括相关部门对所掌握的政策偏好和强度的交流,这可以通过政策合作的谈判过程部分地实现。需要指出的是缺少合作的政策努力将会减少社会的整体福利水平。

3. 联合检查的实施。一般来说,人民银行应尽可能运用银监会的监管成果,非到必需,不要组织直接的监管检查。在执行货币政策中,人民银行需要对银行机构的资本充足率、不良资产占比、经营风险程度等进行评价,应以银监会监管指标为依据,无须另搞一套评价体系。人民银行虽然不再实施监管,但因其具有最后贷款人职能,还应保留一定的检查权利。修正后的

《中国人民银行法》规定，中国人民银行"可以建议国务院银行业监督管理机构对银行业金融机构进行检查监督。"这使得中央银行在监管方面过于间接，几乎没有现场检查的权利。这会使中央银行对货币政策的传导缺乏及时、准确的把握，因此，除了委托银监会检查以外，至少应该允许实施联合检查。同时，由于中央银行仍负责管理支付清算体系，并通过实施货币政策工具直接参与金融市场活动，能够及时获得金融机构和市场变化的有用信息。因此，人民银行在必要的时候还应与其他金融监管机构开展不同形式的联合检查，继续在审慎监管中发挥积极的作用。

4. 合作处理有问题的金融机构。随着金融混业经营趋势的加强，各种金融交易之间的传统界限会变得日益模糊，因此，当金融机构出现问题时，往往牵涉到多个监管部门的职责范围，各个部门应在协调的基础上对有问题的金融机构做出处理决定，并且明确在实施处罚过程中各方的权利和行动分工。

5. 对外交往合作。中央银行和银监会根据需要分别在国际性金融组织中设代表。并保证未能参加的另一方能在会前提供信息和观点，在会后一方应向另一方全面报告。每一方都应尽最大努力加强另一方为履行其职责所需的与海外中央银行或监管者的联系。

6. 相互提供服务。从降低成本的角度来看，在某些情况下，由机构之间相互提供服务比每个机构单独满足各自的需要更为有效。因此，应该在多个机构之间建立一种相互服务安排，商定要提供的服务性质、服务标准、具体提供时间、费用、期限等等。这些安排主要包括：相互提供设施（房屋、设备等）、相互借调人员、相互提供研究和统计信息的处理等。

附表1　中国人民银行法修正稿与原法的主要差异对照表（注：差异处用横线表示）

1995年中国人民银行法	2003年中国人民银行法
第一条　为了确立中国人民银行的地位和职责，保证国家货币政策的正确制定和执行，建立和完善中央银行宏观调控体系，加强对金融业的监督管理，制定本法。	第一条　为了确立中国人民银行的地位，明确其职责，保证国家货币政策的正确制定和执行，建立和完善中央银行宏观调控体系，维护金融稳定，制定本法。
第二条　中国人民银行在国务院领导下，制定和实施货币政策，对金融业实施监督管理。	第二条　中国人民银行在国务院领导下，制定和执行货币政策，防范和化解金融风险，维护金融稳定。
第四条　中国人民银行履行下列职责： （一）依法制定和执行货币政策； （二）发行人民币，管理人民币流通； （三）按照规定审批、监督管理金融机构； （四）按照规定监督管理金融市场； （五）发布有关金融监督管理和业务的命令和规章； （六）持有、管理、经营国家外汇储备、黄金储备； （七）经理国库； （八）维护支付、清算系统的正常运行； （九）负责金融业的统计、调查、分析和预测； （十）作为国家的中央银行，从事有关的国际金融活动； （十一）国务院规定的其他职责。	第四条　中国人民银行履行下列职责： （一）发布与履行其职责有关的命令和规章； （二）依法制定和执行货币政策； （三）发行人民币，管理人民币流通； （四）监督管理银行间同业拆借市场和银行间债券市场； （五）实施外汇管理，监督管理银行间外汇市场； （六）监督管理黄金市场； （七）持有、管理、经营国家外汇储备、黄金储备； （八）经理国库； （九）维护支付、清算系统的正常运行； （十）指导、部署金融业反洗钱工作，负责反洗钱的资金监测； （十一）负责金融业的统计、调查、分析和预测； （十二）作为国家的中央银行，从事有关的国际金融活动； （十三）国务院规定的其他职责。
第六条　中国人民银行应当向全国人民代表大会常务委员会提出有关货币政策情况和金融监督管理情况的工作报告。	第六条　中国人民银行应当向全国人民代表大会常务委员会提出有关货币政策情况和金融业运行情况的工作报告。
	第九条　国务院建立金融监督管理协调机制，具体办法由国务院规定。
第十二条　中国人民银行的分支机构根据中国人民银行的授权，负责本辖区的金融监督管理，承办有关业务。	第十三条　中国人民银行的分支机构根据中国人民银行的授权，维护本辖区的金融稳定，承办有关业务。

（续表）

第二十二条　中国人民银行为执行货币政策，可以运用下列货币政策工具： 　　（五）在公开市场上买卖国债、其他政府债券及外汇；	第二十三条　中国人民银行为执行货币政策，可以运用下列货币政策工具： 　　（五）在公开市场上买卖国债、其他政府债券和金融债券及外汇；
第二十六条　中国人民银行应当组织或者协助组织银行业金融机构相互之间的清算系统，协调银行业金融机构相互之间的清算事项，提供清算服务。具体办法由中国人民银行制定。	第二十七条　中国人民银行应当组织或者协助组织银行业金融机构相互之间的清算系统，协调银行业金融机构相互之间的清算事项，提供清算服务。具体办法由中国人民银行制定。 　　中国人民银行会同国务院银行业监督管理机构制定支付结算规则。
第三十条　中国人民银行依法对金融机构及其业务实施监督管理，维护金融业的合法、稳健运行。	第三十一条　中国人民银行依法监测金融市场的运行情况，对金融市场实施宏观调控，促进其协调发展。
第三十一条　中国人民银行按照规定审批金融机构的设立、变更、终止及其业务范围。	
第三十二条　中国人民银行有权对金融机构的存款、贷款、结算、呆账等情况随时进行稽核、检查监督。中国人民银行有权对金融机构违反规定提高或者降低存款利率、贷款利率的行为进行检查监督。	第三十二条　中国人民银行有权对金融机构以及其他单位和个人的下列行为进行检查监督： 　　（一）执行有关存款准备金管理规定的行为； 　　（二）与中国人民银行特种贷款有关的行为； 　　（三）执行有关人民币管理规定的行为； 　　（四）执行有关银行间同业拆借市场、银行间债券市场管理规定的行为； 　　（五）执行有关外汇管理规定的行为； 　　（六）执行有关黄金管理规定的行为； 　　（七）代理中国人民银行经理国库的行为； 　　（八）执行有关清算管理规定的行为； 　　（九）执行有关反洗钱规定的行为。 　　前款所称中国人民银行特种贷款，是指国务院决定的由中国人民银行向金融机构发放的用于特定目的的贷款。

（续表）

	第三十三条　中国人民银行根据执行货币政策和维护金融稳定的需要，可以建议国务院银行业监督管理机构对银行业金融机构进行检查监督。国务院银行业监督管理机构应当自收到建议之日起三十日内予以回复。
	第三十四条　当银行业金融机构出现支付困难，可能引发金融风险时，为了维护金融稳定，中国人民银行经国务院批准，有权对银行业金融机构进行检查监督。
第三十三条　中国人民银行有权要求金融机构按照规定报送资产负债表、损益表以及其他财务会计报表和资料。	第三十五条　中国人民银行根据履行职责的需要，有权要求银行业金融机构报送必要的资产负债表、利润表以及其他财务会计、统计报表和资料。 中国人民银行应当和国务院银行业监督管理机构、国务院其他金融监督管理机构建立监督管理信息共享机制。
第三十五条　中国人民银行对国家政策性银行的金融业务，进行指导和监督。	
第四十一条　伪造人民币、出售伪造的人民币或者明知是伪造的人民币而运输的，依法追究刑事责任。变造人民币、出售变造的人民币或者明知是变造的人民币而运输，构成犯罪的，依法追究刑事责任；情节轻微的，由公安机关处十五日以下拘留、五千元以下罚款。	第四十二条　伪造、变造人民币，出售伪造、变造的人民币，或者明知是伪造、变造的人民币而运输，构成犯罪的，依法追究刑事责任；尚不构成犯罪的，由公安机关处十五日以下拘留、一万元以下罚款。
第四十二条　购买伪造、变造的人民币或者明知是伪造、变造的人民币而持有、使用，构成犯罪的，依法追究刑事责任；情节轻微的，由公安机关处十五日以下拘留、五千元以下罚款。	第四十三条　购买伪造、变造的人民币或者明知是伪造、变造的人民币而持有、使用，构成犯罪的，依法追究刑事责任；尚不构成犯罪的，由公安机关处十五日以下拘留、一万元以下罚款。

(续表)

第四十五条 违反法律、行政法规有关金融监督管理规定的,中国人民银行应当责令停止违法行为,并依法给予行政处罚;构成犯罪的,依法追究刑事责任。	第四十六条 本法第三十二条所列行为违反有关规定,有关法律、行政法规有处罚规定的,依照其规定给予处罚;有关法律、行政法规未作处罚规定的,由中国人民银行区别不同情形给予警告,没收违法所得,违法所得五十万元以上的,并处违法所得一倍以上五倍以下罚款;没有违法所得或者违法所得不足五十万元的,处五十万元以上二百万元以下罚款;对负有直接责任的董事、高级管理人员和其他直接责任人员给予警告,处五万元以上五十万元以下罚款;构成犯罪的,依法追究刑事责任。
第四十九条 中国人民银行的工作人员泄露国家秘密,构成犯罪的,依法追究刑事责任;情节轻微的,依法给予行政处分。	第五十条 中国人民银行的工作人员泄露国家秘密或者所知悉的商业秘密,构成犯罪的,依法追究刑事责任;尚不构成犯罪的,依法给予行政处分。
第五十条 中国人民银行的工作人员贪污受贿、徇私舞弊、滥用职权、玩忽职守,构成犯罪的,依法追究刑事责任;情节轻微的,依法给予行政处分。	第五十一条 中国人民银行的工作人员贪污受贿、徇私舞弊、滥用职权、玩忽职守,构成犯罪的,依法追究刑事责任;尚不构成犯罪的,依法给予行政处分。
	第五十二条 本法所称银行业金融机构,是指在中华人民共和国境内设立的商业银行、城市信用合作社、农村信用合作社等吸收公众存款的金融机构以及政策性银行。 在中华人民共和国境内设立的金融资产管理公司、信托投资公司、财务公司、金融租赁公司以及经国务院银行业监督管理机构批准设立的其他金融机构,适用本法对银行业金融机构的规定。

附表2　136个国家（地区）金融监管的制度安排（至2006年1月）

国家或地区	证券业	保险业	银行业	国家或地区	证券业	保险业	银行业
阿尔及利亚	S	G	CB/B	肯尼亚	S	G	CB/G
阿根廷	S	I	CB	韩国	U	U	U
澳大利亚	S	BI	BI	立陶宛	S	I	CB
奥地利	U	U	U	卢森堡	BS	I	BS
孟加拉国	S	G	CB	中国澳门	U	U	U
巴巴多斯	S	G	CB	马来西亚	S	CB	CB
比利时	U	U	U	马耳他	U	U	U
百慕大	U	U	U	毛里求斯	SI	SI	CB
玻利维亚	SI	SI	B	墨西哥	BS	I	BS
博茨瓦纳	G	G	CB	荷兰	U	U	U/CB
巴西	S	I	CB	新西兰	S	I	CB
保加利亚	SI	SI	CB	尼日利亚	S	G	CB
加拿大	S	BI	BI	挪威	U	U	U
智利	SI	SI	B	阿曼	SI	SI	CB
中国大陆	S	I	B	巴基斯坦	SI	SI	CB
哥伦比亚	S	BI	BI	巴拿马	S	I	B
哥斯达黎加	S	I	B	巴拉圭	S	BI	BI
塞浦路斯	S	G	CB	菲律宾	S	G	CB
捷克	SI	SI	CB	波兰	S	I	CB
丹麦	U	U	U	葡萄牙	S	I	CB
多米尼克	S	BI	BI/CB	俄罗斯	S	G	CB
厄瓜多尔	S	BI	BI	新加坡	CB	CB	CB
埃及	S	I	CB	斯洛文尼亚	S	I	CB
芬兰	BS	G	BS	南非	SI	SI	CB
法国	S	I	CB/B	西班牙	S	I	CB
德国	U	U	U	斯里兰卡	S	I	CB
希腊	S	G	CB	瑞典	U	U	U
危地马拉	S	BI	BI	瑞士	BS	I	BS
中国香港	S	I	CB	中国台湾	U	U	U/CB
匈牙利	U	U	U	泰国	S	G	CB
印度	S	I	CB/B	特立尼达和多巴哥	S	G	CB
印度尼西亚	S	G	CB	突尼斯	S	G	CB
爱尔兰	U	U	U	土耳其	S	G	B
以色列	S	I	CB	英国	U	U	U
意大利	S	I	CB	美国	S	I	CB/B
科特迪瓦	S	I	CB	乌拉圭	S	CB	CB
牙买加	SI	SI	CB	委内瑞拉	S	I	B
日本	U/S	U	U	赞比亚	S	I	CB

(续表)

约旦	S	I	CB	阿塞拜疆	S	G	CB
越南	S	G	CB	文莱	U/G	U/G	U/G
不丹	U	U	U	哈萨克斯坦	U	U	U
柬埔寨	S	G	CB	马尔代夫	S	I	CB
吉尔吉斯斯坦	S	I	CB	莱索托	CB	CB	CB
蒙古	S	G	CB	喀麦隆	S	I	CB
塔吉克斯坦	G	G	CB	加纳	S	I	CB
乌兹别克斯坦	S	G	CB	马拉维	CB	CB	CB
利比里亚	CB	CB	CB	纳米比亚	SI	SI	CB
莫桑比克	CB	G	CB	斯威士兰	CB	G	CB
塞内加尔	S	I	CB	乌干达	S	I	CB
坦桑尼亚	S	I	CB	安道尔	U	U	U
津巴布韦	S	I	CB	白俄罗斯	S	G	CB
阿尔巴尼亚	S	I	CB	爱沙尼亚	U	U	U/CB
亚美尼亚	S	G	CB	冰岛	U	U	U
克罗地亚	S	I	CB	拉脱维亚	U	U	U
格鲁吉亚	S	I	CB	马其顿	S	G	CB
列支敦士登	U	U	U	罗马尼亚	S	I	CB
摩尔多瓦	S	G	CB	乌克兰	S	BI	BI/CB
斯洛伐克	SI	SI	CB	巴哈马	S	I	CB
安圭拉	U	U	U/CB	圣卢西亚	U	U	U
开曼群岛	U	U	U	洪都拉斯	CB	CB	CB
波多黎各	BS	I	BS	斐济	S	CB	CB
萨尔瓦多	S	BI	BI	巴布亚新几内亚		CB	CB
尼加拉瓜	U	U	U	圭亚那	S	I	CB
关岛	U	U	U	苏里南	CB	CB	CB
秘鲁	S	BI	BI	迪拜	CB	CB	CB
巴林	CB	CB	CB	卡塔尔	U	U	U
伊朗	S	I	CB	阿拉伯联合酋长国	S	G	CB
黎巴嫩	S	G	B	沙特阿拉伯	S	CB	CB

注：表中字母含义如下：CB：中央银行；U：单一的综合监管机构；B：专门的银行业监管机构；I：专门的保险监管机构；S：专门的证券业监管机构；BI：银行业与保险业的监管机构；BS：银行业和证券业的监管机构；SI：保险业和证券业的监管机构；G：政府部门。

资料来源：根据 http://law.utoledo.edu/students/financialregulators/asia.htm 资料以及各国中央银行网站资料整理。

参考文献

一、英文部分

[1] Abrams, R., and M. Taylor, "Issues in the Unification of Financial Sector Supervision," IMF Working Paper, WP/00/213. 2000.

[2] Abrams, R., and M. Taylor, "Assessing the Case for Unified Sector Supervision," paper presented at the 2001 Risk Management and Insurance International Conference. 2001.

[3] Alesina, A., "Macroeconomic Policy in a Two-Party System as a Repeated Game", *Quarterly Journal of Economics*, 102 (3), Aug. 1987, 651—678.

[4] Alesina, A., "Macroeconomic and Politics", *NBER Macroeconomic Annual*, 1988, Cambridge, MA: MIT Press, 11—55.

[5] Alesina, A., and L. Summers, "Central Bank Independence and Macroeconomic Performance: Some Comparative", *Journal of Money, Credit, and Banking*, 25 (2), May1993, 151—162.

[6] Bade, R., and M. Parkin, "Central Bank Laws and Monetary Policy", University of Western Ontario, Department of Economics, Discussion Paper, 1987.

[7] Bagehot, W., *Lombard Street: A Description of the Money Market*, London: Henry S. King, 1873, 57—71.

[8] Ball, L. and N. Sheridan, "Does inflation targeting matter?", *NBER Working Paper* No. 9577. 2003.

[9] Barro, R., and D. Gordon, "A Positive Theory of Monetary policy in a Natural-Rate Model", *Journal of Political Economy*, 91 (4), 1983a, 589—610.

[10] Barro, R., and D. Gordon, "Rules, Discretion, and Reputation in a Mod-

el of Monetary Policy", *Journal of Monetary Economics*, 12 (1), 1983b, 101—121.

[11] Barro, R., "Determinants of Economic Growth: A Cross-country Empirical Study", MIT press, 1997, 86—87.

[12] Berger, H., J. de Haan, and S. Eijffinger, "Central Bank Independence: An Update of Theory and Evidence", *Journal of Economics Surveys*, 15 (1), 2001, 3—40.

[13] Blinder, A. S., *Central Banking in theory and practice*, Cambridge, MA: MIT Press, 1998.

[14] Blinder A. and S. Charles Wyplosz: "Central Bank Talk: Committee Structure and Communication Policy", paper prepared for the session "Central Bank Communication" at the ASSA meetings, Philadelphia, 2005, January.

[15] Briault, C., "The Rationale for a Single National Financial Services Regulator", Financial Services Authority Occasional Paper, (5), 1999, 27—34.

[16] Briault, C., A. Haldane, and M. King, "Independence and Accountability", Bank of England working paper no. 49, April.

[17] Buiter, W., "Alice in Euro land", *Journal of Common Market Studies*, 73 (2), 1999, 181—209.

[18] Canzoneri, M. B., "Monetary policy games and the role of private information", *American Economic Review*, 75 (5), 1985, 1056—1070.

[19] Capie F. and G. Goodhart, "Central Banks, Macro Policy, and the Financial System: The Nineteenth and Twentieth Centuries", *Financial History Review*, No. 2, 1995, 145—161.

[20] Cargill, T., "The Bank of Japan and the Federal Reserve: An Essay on Central Bank Independence", in K. Hoover and S. Sheffrin (eds.), *Monetarism and the Methodology of Economics*, Aldershot, UK: Edward Elgar, 1995a, 198—214.

[21] Cargill, T., "The Statistical Association Between Central Bank Independence and Inflation", *Banca Nazionale del Lavoro Quarterly Review*, 48 (193), June, 1995b, 159—172.

[22] Cukierman, A., M. Geoffrey, and N. Bilin, "Central bank reform, liberalization and inflation in transition economies-an international perspective", *Journal of Monetary Economics*, vol. 49 (2), 2002, 237—264.

[23] Cukierman, A., and A. Meltzer, "A Theory of Ambiguity, Credibility and

Inflation under Discretion and Asymmetric Information", *Econometrica*, 54, 1986, 1099—1128.

[24] DNB, "A Comparative Study of the Federal Reserve System and the ESCB as Monetary Policy Institutions", De Nederlandsche Bank (DNB) Quarterly Bulletin, March, 2001, 55—65.

[25] Eijffinger, S., and P. Geraats, "How transparent are central banks?", Centre for Economic Policy Research, Discussion Paper No. 3188, February 2002, 2—20.

[26] Eijffinger, S., M. Hoeberichts, and E. Schaling, "Why Money Talks and Wealth Whispers: Monetary Uncertainty and Mystique", *Journal of Monet, Credit, and Banking*, 32 (2), 2000, 218—235.

[27] Faust, J., and L. E. O. Svensson, "Transparency and Credibility: Monetary Policy with Unobservable Goals", *International Economic Review* 42, 2001, 369—397.

[28] Ferguson, R., "Alternative Approaches to Financial Supervision and Regulation", *Journal of Financial Services Research* 17: 1. 2000.

[29] Fousek, P. G., "Foreign Central Banking: The Instruments of Monetary Policy", Federal Reserve Bank of New York, 1957.

[30] Friedman, M., "Monetary Policy: Theory and Practice", *Journal of Money, Credit, and Banking*, 14 (February), 1982, 98—118.

[31] Fry, M., D. Julius, L. Mahadeva, S. Roger, and G. Sterne, "Key Issues in the Choice of Monetary Policy Framework", in L. Mahadeva and G. Sterne (eds.), *Monetary Policy Frameworks in a Global Context*, Routledge, London, 2000, 1—216.

[32] Garfinkel, M. R., and O. Seonghwan, "When and How much to Talk: Credibility and Flexibility in Monetary Policy with Private Information", *Journal of Monetary Economics* 16, 1985, 341—357.

[33] Geraats, P. M., "Central Bank Transparency", *Economic Journal* 112, 2002a, 532—565.

[34] Geraats, P. M., "Transparency of Monetary Policy: Does the Institutional Framework Matter?", Mimeo, 2002b.

[35] Goodfriend, M., "Monetary Mystique: Secrecy and Central Banking", *Journal of Monetary Economics*, January 1986, 63—92.

[36] Goodfriend, M., "The Role of a Regional Bank in a System of Central Banks", Federal Reserve Bank of Richmond *Economic Quarterly* Volume 86/1 Winter, 2000.

[37] Goodhart, C., *Central Banking and Financial System*, London: MacMillan, 1995.

[38] Goodhart, C., and D. Schoenmaker, "Should the Functions of Monetary Policy and Banking Supervision Be Separated?", *Oxford Economic Papers*, New Series, Vol. 47, NO. 4, 1995, 539—560.

[39] Goodhart, C., and D. Schoenmaker, "Institutional Separation Between Supervisory and Monetary Agencies", The Emerging Framework of Financial Regulation, Goodhart ed. Central Banking Publications Ltd, London, 1998.

[40] Greenspan, A., "Transparency in monetary policy", Available, www.federalreserve.gov, October 11, 2001.

[41] Grill, V., and D. Masciandaro & Tabellini, "Political and Monetary Institutions and Public Financial Policies in the Industrial Countries", Economic Policy, 6, 1991, 341—392.

[42] Gros, D. and Tabellini, G., "The Institutional Framework for Monetary Policy", CEPS Working Document, No. 126, Brussels, 1998.

[43] Hamalainen, "European Economic and Monetary Union", Göteborg University, Gothenburg, February 25, 1999.

[44] Haubrich J., "Combining Bank Supervision and Monetary Policy", *Economic Commentary*, Federal Reserve Bank of Cleveland, November, 1996.

[45] Hawkesby, C., "The Institutional Structure of Financial Supervision", Center for Central Banking Studies, Bank of England, 2000.

[46] Heller, H. R., "Prudential Supervision and Monetary Policy", in International Financial Policy: Essays in Honour of Jacques J. Polak, eds., J. A. Frankel and M. Goldstein, (International Monetary Fund: Washington, D. C.), 1991, 269—281.

[47] Hibbs, D., "Political Parties and Macroeconomic Policy", *American Political Science Review*, 1977, 71.

[48] Ioannidou, V. P., "Does Monetary Policy Affect the Central Bank's Role in Bank Supervision?", paper presented in the 28th Annual Meeting of the European Financial Association, 2001.

[49] IMF. Code of good practices on transparency and financial policies: declara-

tion of principles, www. imf. org/external/np/mae/mft/code/index. htm, 1999—9—26.

[50] Lannoo, K., "Supervising the European Financial System", Center for European Policy Studies (CEPS) Policy Brief No. 21. 2002.

[51] Lewis, K. K., "Why Doesn't Society Minimize Central Bank Secrecy?", *Econnomic Inquiry* 29, 1991, 403—425.

[52] Llewellyn, D. T., "Introduction: The Institutional Structure of Regulatory Agencies", *How Countries Supervise Their Banks, Insurers and Securities Markets*, Central Banking Publications, London, 1999.

[53] Lohmann, S., "Optimal Commitmentin Monetary Policy: Credibility versus Flexibility", *American Economic Review*, 82 (1), 1992, 273—286.

[54] Lombardelli, C., J. Proudman and J. Talbot, "Committees versus Individuals: An Experimental Analysis of Monetary Policy Decision Making", *International Journal of Central Banking*, 1, 2005, 181—205.

[55] Loungani, P., and N. Sheets, "Central Bank Independence, Inflation and Growth in Transition Economics", *Journal of Money, Credit, and Banking*, Vol. 29, No. 3, August, 1997, 381—399.

[56] McCallum, B. T., "Robustness Properties of a Rule for Monetary Policy", *Carnegie-Rochester Conference Series on Public Policy* 29, 1988, 173—204.

[57] Meade, E. and D. N. Sheets, "Regional Influences on U. S. Monetary Policy: Some Implications for Europe", International Finance Discussion Papers No. 721, Board of Governors of the Federal Reserve System, 2002.

[58] Mehrez G. and D. Kaufmann, "Transparency, Liberalization and Financial Crises", World Bank Policy Research Working Paper 2286, 1999.

[59] Neuman, M. and J. von Hagen, "Does inflation targeting matter?", *FRB of St. Louis Review* 84 (4), 2002, 127—148.

[60] Noia, Carmine Di, and Giorgio Di Giorgio, "Should Banking Supervision and Monetary Policy Tasks Be Given to Different Agencies?", EUI Workshop on "Macroeconomic Policy After EMU", 19, October 1999.

[61] Nordhaus, W. D., "The Political Business Cycle", *Reviews of Economic Studies*, 42, April 1975, 169—190.

[62] OECD, "Supervision of Financial Services in the OECD Area", OECD, 2002.

[63] Pauli, R., "Payments Remain Fundamental for Banks and Central Banks", Bank of Finland, Discussion Papers 6, 2000.

[64] Posen, A., "Why Central Bank Independence Does Not Cause Low Inflation: There Is No Institutional Fix for Politics", *Finance and the International Economy*, Vol. 7, NewYork: Oxford University Press 1993, 41—65.

[65] Posen, A., "Declarations Are Not Enough: Financial Sector Sources of Central Bank Independence", *NBER Macroeconomics Annual*, Cambridge MA: MIT Press, 1995, 253—274.

[66] Peek, J., E. Rosengren, and G. Tootell, "Is Bank Supervision Central to Central Banking", *Quarterly Journal of Economics*, 114, 1999, 629—653.

[67] Persson, T., and G. Tabellini, "Designing Institutions for Monetary Stability", *Carnegie-Rochester Conference Series on Public Policy*, 39, Dec. 1993, 58—84.

[68] Petra M. Geraatsy, "Transparency of Monetary Policy: Does the Institutional Framework Matter?", University of Cambridge. July 2002.

[69] Repullo, R., "Who Should Act as Lender of Last Resort?", *Journal of Money Credit and Banking* 32 (3), 2000.

[70] Rogoff, K., "The Optimal Degree of Commitment to an Intermediate Monetary Target", *Quarterly Journal of Economics*, 100 (4), Nov. 1985, 1169—1189.

[71] Rogoff and Sibert, "Election and Macroeconomic Policy Cycles", *Review of Economic Studies*, 1988, 55.

[72] Selgin, G. and L. H. White, "How Would the Invisible Hand Handle Money?", *Journal of Economics Literature*, 32 (December), 1994, 1718—1794.

[73] Sibert A., "Monetary Policy committees: individual and collective reputation", *Review of Economic Studies*, vol. 70, 2003, 649—665.

[74] Siklos, P. L., *The Changing Face of Central Banking: Evolutionary Trends Since World War II*, Cambridge: Cambridge University Press, 2002.

[75] Siklos, P., "Frameworks for the Resolution of Government-Central Bank Conflicts: Issues and Assessments", in *Current Developments in Monetary and Financial Law* Washington, D. C.: 2002, forthcoming 2003.

[76] Simon, T. G., "Central Banking in Low Income Countries", *Handbooks in Central Banking Lecture Series*, No. 5, May 2006.

[77] Smith, V. C., *The Rationale of Central Banking*, Indianapolis: Liberty

Press 1990, First published in 1936.

[78] Svensson, L. E. O., "Optimal Inflation Contracts, 'Conservative' Central Banks, and Linear Inflation Contracts," *American Economic Review*, 87 (1), Mar. 1997, 98—114.

[79] Taylor, J. B., "Discretion Versus Policy Rules in Practice", *Carnegie-Rochester Conference Series on Public Policy* 39, 1993, 195—214.

[80] Taylor, M. & A. Fleming, "Integrated Financial Supervision: Lessons of Northern European Experience", IBRD Working Paper, September, 1999a.

[81] Taylor, M. & A. Fleming, "Integrated Financial Supervision: Lessons of Scandinavian Experience", *Finance and Development*, Washington, 12, 1999b.

[82] Toma, M., "Inflationary bias of the Federal Reserve system: a Bureaucratic perspective", *Journal of Monetary Economics*, 10, 1982, 163—190.

[83] Von Hagen, J., Süppel, R., "Central bank constitutions for federal monetary unions", *European Economic Review* 48, 1994, 774—782.

[84] Waller, Christopher J, "Monetary Policy Games and Central Bank Politics", *Journal of Money, Credit and Banking*, Ohio State University Press, vol. 21 (4), 1989, 422—431.

[85] Walsh, C. "Optimal Contract for Central Bankers", *American Economic Review*, 85 (1), Mar. 1995, 150—167.

二、译著（文）部分

[86] [美] 埃冈纽伯格, 威廉·达菲等:《比较经济体制》[M], 北京: 商务印书馆, 1985.

[87] [美] 富兰克林·艾伦, 道格拉斯·盖尔:《比较金融系统》[M], 北京: 中国人民大学出版社, 2002.

[88] [德] 格哈德·伊宁:《货币政策理论: 博弈论方法导论》[M], 杨伟国译:《北京: 社会科学文献出版社, 2002.

[89] [比] 格劳威:《货币联盟经济学》[M], 北京: 中国财政经济出版社, 2004.

[90] [美] 劳伦斯·H·怀特:《货币制度理论》[M], 北京: 中国人民大学出版社, 2004.

[91] [日] 鹿野嘉昭:《日本的金融制度》[M], 北京: 中国金融出版

社，2003．

[92] 罗纳德·麦金农：《经济市场化的次序》[M]，上海：上海三联书店，上海人民出版社，1997．

[93] [英] 马尔科姆·卢瑟福：《经济学中的制度》[M]，北京：中国社会科学出版社，1999．

[94] [美] 米尔顿·弗里德曼：《弗里德曼文萃（下册）》[M]，北京：首都经济贸易大学出版社，2000，510—532．

[95] [美] 米尔顿·弗里德曼：《资本主义与自由》[M]，北京：商务印书馆，1986．

[96] [美] 米什金：《货币金融学》[M]，北京：中国人民大学出版社，2005．

[97] [美] 卡尔·E：《沃什：《货币理论与政策》[M]，上海：上海财经大学出版社，2004．

[98] Davis K：T：，Lewis M：K：，放松管制与货币政策》[A]，多德（Dowd，K：），刘易斯（Lewis，M：K：）：《金融与货币经济学前沿问题》[C] 北京：中国税务出版社，北京腾图电子出版社，2000．154—183．

[99] Duquesne，P：，中央银行的监管作用》[A]，国际货币基金组织：《银行业的稳健与货币政策》[C]，北京：中国金融出版社，1999．

[100] George，E：《，银行现在还特殊吗？》[A]，国际货币基金组织．银行业的稳健与货币政策》[C]，北京：中国金融出版社，1999．

[101] Guitian，M：《，银行业的稳健：货币政策的另一方面》[A]，国际货币基金组织：《银行业的稳健与货币政策》[C]，北京：中国金融出版社，1999．

[102] Marvin Goodfriend：《美国大区中央银行体系有何好处》[N]，经济学消息报，2001—3—9．

三、中文部分

[103] 艾洪德、蔡志刚：《监管职能分离后中央银行独立性问题》[J]，金融研究，2003（7）．

[104] 卞志村、毛泽盛：《货币政策规则理论的发展回顾》[J]，世界经济，2005（12）．

[105] 蔡志刚：《中央银行独立性与货币政策》[M]，北京：中国金融出版社，2004．

[106] 北京奥尔多投资研究中心：《金融系统演变考》[C]，北京：中国财政经济出版社，2001.

[107] 曹龙骐：《中央银行概论（修订本）》[M]，成都：西南财经大学出版社，1997.

[108] 苏国强、范方志：《日本中央银行独立性问题研究》[J]，哈尔滨学院学报，2006（1）.

[109] 陈建华：《中国金融监管模式选择》[M]，北京：中国金融出版社，2001.

[110] 陈利平：《中央银行货币政策的透明与模糊》[J]，世界经济，2005（2）.

[111] 陈明：《美国联邦储备体系的历史渊源》[M]，北京：中国社会科学出版社，2003.

[112] 陈学彬：《金融学》[M]，北京：高等教育出版社，2003.

[113] 陈学彬：《非对称信息与政策信息披露对我国货币政策效应的影响分析》[J]，经济研究，1997（12）.

[114] 陈元：《中央银行职能：美国联邦储备体系的经验》[M]，北京：中国金融出版社，1995.

[115] 程均丽：《中央银行独立性责任与透明度》[J]，上海金融，2004（11）.

[116] 程均丽、刘枭：《货币政策的时间不一致性、可信性与透明度》[J]，财经科学，2005（6）.

[117] 杜两省、刘勇、王悦：《西方政治性经济周期理论及其进展》[J]，东北财经大学学报，2003（7）.

[118] 段银弟：《论中国金融制度变迁的效用函数》[J]，金融研究，2003（11）.

[119] 樊纲、胡永泰：《"循序渐进"还是"平行推进"？》[J]，经济研究，2005（1）.

[120] 伏润民：《关于中国人民银行独立性的研究——来自独立性指数和政策反应函数的证据》[J]，经济研究，2004（6）.

[121] 郭金龙：《利率下调对我国宏观经济走势的影响：实证分析》[J]，管理世界，2000（3）.

[122] 何帆、郑联盛：《中央银行需要地方分行吗？——美联储的经验以及

对中国的启示》［EB/OL］, http：//casshefan. blogchina. com/2367067. html / 2005—07—24/2006—01—06.

［123］金中夏：《国际金融监管体制比较与启示》［J］, 经济社会体制比较, 2001（4）.

［124］孔祥毅：《中央银行通论》［M］, 北京：中国金融出版社, 2000.

［125］匡国建、林平、何伟刚：《新形势下中国人民银行分支行执行货币政策问题研究》［J］, 金融研究, 2004（10）.

［126］李宏瑾、项卫星：《论统一的金融监管体制及我国金融监管体制的选择》［J］, 金融研究, 2003a（5）.

［127］李宏瑾、项卫星：《论中央银行的大区体制安排》［EB/OL］, http：// web. cenet. org. cn/web/leehongjin /2003—07—20/2005—06—12.

［128］李薇：《日本中央银行体制的重大变革——评日本银行法的最新修改》［J］, 国际经济评论, 1997（5—6）.

［129］李扬、何德旭：《经济转型中的中国金融市场》［M］, 北京：经济科学出版社, 1999.

［130］林毅夫、章奇、刘明兴：《金融结构与经济增长——以制造业为例》［J］, 世界经济, 2003（1）.

［131］刘光第、戴根有：《中国经济体制转轨时期的货币政策研究》［M］, 北京：中国金融出版社, 1997.

［132］刘鸿儒：《刘鸿儒论中国金融体制改革》［M］, 北京：中国金融出版社, 2000.

［133］刘克谦：《中国人民银行管理体制改革始末》［J］, 海内与海外, 1999（5）.

［134］刘明志：《银行管制的收益和成本》［M］, 北京：中国金融出版社, 2003.

［135］刘锡良、罗得志：《金融制度变迁与金融稳定》［J］, 财贸经济, 2000（3）.

［136］刘宇飞：《国际金融监管的新发展》［M］, 北京：经济科学出版社, 1999.

［137］凌华薇：《中央银行拆分悬念》［J］, 财经, 2002（53/54）.

［138］罗金生：《金融制度变迁中的政治银行家》［J］, 经济社会体制比较, 2002（4）.

[139] 欧洲中央银行：《欧洲中央银行货币政策》[M]，张敖、胡秋慧译：北京：中国金融出版社，2003.

[140] 逄锦聚、洪银兴、林岗、刘伟：《政治经济学》[M]，北京：高等教育出版社，2002.

[141] 钱小安：《中国货币政策的形成与发展》[M]，上海：上海三联出版社，2000.

[142] 钱小安：《货币政策规则》[M]，北京：商务印书馆，2002.

[143] 钱小安：《金融开放条件下货币政策与金融监管的分工与协作》[J]，金融研究，2002（1）．

[144] 钱颖一、黄海洲：《加入世贸组织后中国金融的稳定与发展》[J]，经济社会体制比较，2001（5）．

[145] 秦池江等：《金融体制变迁与松紧转换》[M]，北京：中国财政经济出版社，1993.

[146] 申皓：《欧洲中央银行研究》[M]，武汉：武汉大学出版社，2001.

[147] 孙凯、秦宛顺：《关于我国中央银行独立性问题的探讨》[J]，金融研究，2005（1）．

[148] 孙杰：《货币与金融：金融制度的国际比较》[M]，北京：社会科学文献出版社，1998.

[149] 孙涛：《国际金融监管的新进展》[J]，世界经济，2002（4）．

[150] 孙天琦：《货币政策：统一前提下部分内容的区域差别化研究》[J]，金融研究，2004（5）．

[151] 魏永芬：《关于货币政策透明的问题的研究》[J]，金融研究，2004（10）．

[152] 吴昊：《中央银行独立性研究：发达国家的经验与中国的改革设想》[M]，北京：中国社会科学出版社，2003.

[153] 王广谦：《中央银行学》[M]，北京：高等教育出版社，1999.

[154] 王君：《金融监管机构设置问题的研究》[J]，经济社会体制比较，2001（1）．

[155] 汪小亚、卜永祥、徐燕：《七次降息对储蓄、贷款及货币供应量影响的实证分析》[J]，经济研究，2000（6）．

[156] 王召：《货币政策独立性仍有待提高》[N]，经济参考报，2003—7—23.

[157] 王自力：《我国金融监管体系与监管模式的重新探讨》[J]，金融研究，2000（12）．

[158] 王自力：《中央银行大区行体制何去何从》[J]，财经，2004（6）．

[159] 文建东：《政治经济周期理论的研究进展》[J]，经济学动态，1998（10）．

[160] 吴卫华：《中国货币政策透明度博弈分析》[J]，经济科学，2002（6）．

[161] 夏斌：《银监会成立后的监管协调制度安排》[J]，上海金融，2003（4）．

[162] 项卫星、李宏瑾、马秋华：《银行监管职能从中央银行分离：一个值得注意的趋势》[J]，世界经济，2001（11）．

[163] 谢平等：《中国的金融深化与金融改革》[M]，天津：天津人民出版社，1992．

[164] 谢平、程均丽：《货币政策透明度的基础理论》[J]，金融研究，2005（1）．

[165] 谢平：《中国金融制度的选择》[M]，上海：远东出版社，1996．

[166] 谢平、蔡浩仪：《金融经营模式及监管体制研究》[M]，北京：中国金融出版社，2002．

[167] 谢平：《新世纪中国货币政策的挑战》[J]，金融研究，2000（1）．

[168] 徐滇庆、李瑞：《政府在经济发展中的作用》[M]，上海：上海人民出版社，1999．

[169] 姚玲珍、王叔豪：《"市场机制"缺位下的利率政策与投资》[J]，数量经济技术经济研究，2003（11）．

[170] 曾令华、王朝军：《我国货币需求的收入弹性、利率弹性及投资的利率弹性》[J]，财经理论与实践，2003（7）．

[171] 曾宪久：《利率与产出关系的理论和实证研究》[J]，国际金融研究，2001（3）．

[172] 张贵乐、吴军：《中央银行学》[M]，北京：中国金融出版社，1999．

[173] 张后奇、刘云：《欧洲中央银行与美联储运作模式的比较研究》[J]，金融研究，1998（10）．

[174] 张杰：《制度、渐进转轨与中国金融改革》[M]，北京：中国金融出版社，2000．

[175] 张杰:《中国的货币化进程、金融控制及改革困境》[J]，经济研究，1997（8）.

[176] 张俊喜:《银行监管的组织架构》[J]，金融研究，2001（12）.

[177] 钟伟:《论货币政策和金融监管分立的有效性前提》[J]，管理世界，2003（3）.

[178] 中国人民银行政策研究室:《公开市场业务理论与实务》[M]，北京：中国金融出版社，1995.

[179] 中国人民银行货币政策司:《货币信贷政策汇编（1995—1999年）》[Z]，北京：中国金融出版社，1999.

[180] 中国人民银行研究局:《中国现代中央银行体系》[M]，北京：中国金融出版社，1998.

[181] 周逢民:《论货币政策的结构调整职能》[J]，金融研究，2004（7）.

[182] 周立:《中国金融业第二财政与金融分割》[J]，世界经济，2003（6）.

[183] 周慕冰:《西方货币政策理论与中国货币政策实践》[M]，北京：中国金融出版社，1993.

[184] 周喜安:《透视政府经济职能》[M]，北京：经济科学出版社，1999.

后　记

在举世瞩目的中国经济转轨的过程中，金融体制改革是其中尤为令人关注的部分。中国人民银行作为中国金融体系的核心，在最近二十多年时间里，其体制变革的方式及影响不容忽视。我在本书中以金融理论和实践部门的研究成果为基础，对中国中央银行体制的未来发展进行了一些初步的探索。而为转轨时期的中央银行体制改革构建一个完整的理论体系恐怕还只是我的奢望，它不仅需要更广博的理论知识，丰富的实践经验和对大量错综复杂的社会经济问题的深刻洞察力，而且需要投入更长的时间和付出更多的精力。这些条件都是笔者目前所不完全具备的。克鲁格曼说，"我们的世界中，真正短缺的不是资源，更不是美德，而是对现实的理解和把握。"由于个人所选取研究角度的偏颇以及对研究方法掌握上的局限，论文中提出的观点和结论可能很不成熟，恳切希望能够得到财政金融学界各位专家、学者和同行们的不吝赐教、批评指正。

本书是在我的博士论文基础上修改而成的。这篇论文在我的导师艾洪德教授的悉心指导下完成。尽管导师的行政工作和学术活动非常繁忙，但他仍然对我的学业倾注了大量心血。在论文选题、结构、研究方法等方面都给我很大启发。艾洪德教授是我的硕士和博士研究生导师，在八年的求学历程之中，导师敏锐的思维、深刻的洞察力和切中肯綮的指点时常令我茅塞顿开，将我一步一步引向经济学研究的殿堂，而导师严谨的治学方法，诲人不倦的治学精神以及认真求实的科学态度更加使我受益终生。在此谨向导师表示由衷的感激与崇高的敬意。

我还要向林继肯教授、夏德仁教授、张贵乐教授、孙刚教授、王振山教授等专家学者表达深深的敬意和衷心的感谢。在我攻读博士学位期间，他们所给予的教诲和鼓励，令我感激之余也深感荣幸。东北财经大学金融学院的领导和同事们也给我提供了许多便利条件，为我营造了一个宽松的工作环境和浓厚的学术氛围。同时，还要感谢多年来支持我、帮助我的家人、同学和朋友们，他们无私的帮助和支持是我顺利完成学业的重要保障。

本书的构思及写作经历了多次修改和调整，在这个过程中，我不仅充分体会了学术研究的苦与乐，也深刻地感悟到"天下第一件好事，还是读书"。在整个写作期间，我参阅了大量中外文献，从中汲取了营养，在此也向这些作者表示感谢。中央银行是市场经济发展中一个重要的课题，其在理论上的丰富与完善，以及在实践中的探索与发展，需要几代人不断付出艰苦的努力。我愿在各位师长和同行专家的帮助与鼓励下，继续对这一课题进行更深层次的研究，从而为中国经济的健康发展贡献自己的微薄之力。

刘丽巍

2007年1月于东北财经大学

责任编辑:高晓璐
装帧设计:鼎盛怡园

图书在版编目(CIP)数据

当代中央银行体制:世界趋势与中国的选择/刘丽巍著.
-北京:人民出版社,2007.4
ISBN 978-7-01-006187-0

Ⅰ.当… Ⅱ.刘… Ⅲ.中央银行-银行管理体制-研究-中国
Ⅳ.F832.1

中国版本图书馆 CIP 数据核字(2007)第 056136 号

当代中央银行体制:世界趋势与中国的选择
DANGDAI ZHONGYANGYINHANG TIZHI:
SHIJIE QUSHI YU ZHONGGUO DE XUANZE

刘丽巍 著

人民出版社 出版发行
(100706 北京朝阳门内大街 166 号)

北京瑞古冠中印刷厂印刷 新华书店经销

2007 年 4 月第 1 版 2007 年 4 月北京第 1 次印刷
开本:710 毫米×1000 毫米 1/16 印张:17.5
字数:276 千字 印数:0,001-3,000 册

ISBN 978-7-01-006187-0 定价:36.00 元

邮购地址 100706 北京朝阳门内大街 166 号
人民东方图书销售中心 电话 (010)65250042 65289539